KB235631

대한민국 교육혁명
학교선택권

대한민국 교육혁명, 학교선택권

초판 1쇄 인쇄 2010년 12월 13일
초판 1쇄 발행 2011년 1월 2일

지은이 오호영
펴낸이 노경훈
편 집 김명진
디자인 박성대

펴낸곳 한바탕
출판신고 2010년 3월25일 제313-2010-88호
주 소 서울시 마포구 서교동 394-68 2층
전 화 02-6670-0048, 010-8760-2979
누리집 www.hanbatang.com

ISBN 978-89-964344-1-2 93370

대한민국 교육혁명
학교선택권

지은이 오호영

대한민국 교육혁명, 교육수요자의 학교선택권 보장으로 시작하자!

지금 전 세계적으로 선풍적 인기를 끄는 미국 애플사의 아이폰, 아이패드는 소비자의 욕구를 읽는 것이 얼마나 중요한지 보여주는 사례다. 50년 전쯤이라면 기업이 소비자의 요구에 다소 둔감해도 괜찮았다. 기본적으로 공급이 부족하던 시대였고 소비자도 까다롭지 않았기 때문이다. 하지만 오늘날의 소비자는 과거와 비교할 수 없을 정도로 영악하고 까다롭다. 초과공급의 시대에 소비자를 상대로 한 글로벌 기업들 간의 경쟁은 날이 갈수록 치열해지고 있다. 이 생존게임에서 살아남고자 한다면 소비자가 원하는 것이 무엇인지 빨리 파악해서 제품과 서비스에 반영해야 한다. 이것은 기업은 물론 정부, 정당 등 오늘날의 모든 조직에 부여된 사명이라 해도 과언이 아니다. 학교도 예외가 될 수 없음은 물론이다.

교사와 학부모는 공부에 지치고 싫증 난 아이들에게 ‘대학에 가려면 참고 공부해야 해!’ 라고 외친다. 그러나 한번 생각해보자. 대학진학률이 80%를 훨씬 넘는 오늘날 과연 대학에만 진학하면 모든 문제가 해결될까. 80년대까지만 해도 동년배 인구의 10%~20% 정도의 엘리트만이 대학에 진학했고 그들은 캠퍼스 낭만을 즐겨도 취업 걱정은 거의 없었다. 그러나 오늘날은 ‘고3병’보다 ‘대4병’이 더 무섭다는 시대다. 취업스펙을 쌓으려고 대학 1, 2학년 때부터 어학, 자격증, 학점에 목을 매지만 취업의 문은 갈수록 좁아지고 청년 백수가 그야말로 넘쳐난다. 한마디로 오늘날 대학은 더는 경쟁의 무풍지대가 아니다.

지금 초중고 교실에서 공부가 지겹고 의미를 못 찾는 학생들에게 더는 대학진학이라는 주술로 그들의 욕구를 누르려고 하지 말자. 대학에 진학해도 특별히 달라질 것은 없지 않은가. 대학생이 되어봐야 취업이라는 또 다른 관문이 그들을 기다리고 있고 취업을 하더라도 회사에서 살아남으려고 혹은 새로운 직업을 찾으려고 끊임없이 학습해야 한다. 기술이 빠르게 변화하고 기업의 수명이 갈수록 짧아지는 미래사회에서 평생직장, 평생직업은 더는 존재하기 어렵기 때문이다. 공부가 생존의 필수요건이 될 미래사회에서 대비하기 위해서라도 어려서부터 공부와 친숙해질 필요가 있다.

그렇지만, 학교는 학생의 흥미나 호기심은 제쳐놓고 교육과정에 규정된 대로 겉도는 수업을 진행한다. 심하게 말하면 학생들이 수업을 따라오는지, 이해하는지를 미처 챙기지도 못하고 교육과정에 규정된 대로 일방적으로 가르칠 뿐이다. 성적경쟁에 내몰린 학생들은 극심한 스트레스를 받고 그 결과 교내폭력, 왕따, 비행 등이 빈발한다. 또한, 학교에 부적응하여 초중고를 떠나는 중도탈락생이 한해 8만 명을 넘는다. 학교를 잘 견뎌낸 학생도 'SKY 대학'에 진학하지 못한 대다수는 열등감을 안고 교문을 나선다. 그리고 이들의 뇌리에는 경쟁의 낙오자, 자존감의 상실, 사교육에 좌우되는 불공정한 성적경쟁에 대한 적대감 등이 각인된다.

나는 이 책을 통하여 우리 교육개혁의 방향으로 교육소비자에게 학교선택권을 실질적으로 보장할 것을 제안한다. 구호로 외쳐왔던 수요자중심의 교육이 실천되고 학교현장에서 작동할 수 있게 하는 유일한 길은 교육소비자인 학생과 학부모에게 학교선택권을 보장하는 것이다. 학원을 골라서 다니는 것처럼 학부모와 학생들이 학교를 골라서 다닐 수 있을 정도로 거주지 주변에 학교가 많아야 한다. 이렇게 해야 학교 간에 실질적인 경쟁이 일어나고 차별화되고 다양한 교육서비스가 제공될 수 있기 때문이다.

학교선택권은 스웨덴의 자유학교, 미국의 차터스쿨 등을 통해 이미 교육개혁 정책으로 자리를 잡고 있다. 이들 나라에서는 1990년대 초반에 시작된 교육개혁이 이제 상당한 성과를 거두고 공교육에 대한 대안으로 평가받고 있다. 자유학교와 차터스쿨은 말 그대로 누구나 자유롭게 학교를 설립할 수 있도록 하고 교육비는 정부가 부담하는 제도다. 심지어 기업이 학교를 설립하고 학교운영으로부터 이익을 얻을 수 있도록 보장해주기까지 한다. 규제와 관료주의로 운영되는 공교육 시스템에 시장적 요소를 도입하여 혁신, 다양성, 자율성을 높인다는 점에서 새로운 시도로 평가받고 있다.

학교선택권 개혁의 선도국은 스웨덴이다. 스웨덴의 자유학교에 대해 자료를 모으고 공부하면서 불행하게도 스웨덴의 개혁사례와 관련된 한국의 연구자료는 거의 찾을 수 없었다. 단편적인 신문기사, 소감문 등만을 발견할 수 있었을 뿐이다. 스웨덴에서는 어떤 나라도 해보지 못한 교육개혁 실험을 이미 1990년대 초반에 시작했지만, 그 경과와 성과에 대해 왜 한국 교육계는 눈을 감고 있을까. 혹시 이것이 교육계에서 부지불식간에 금기시하는 주제는 아닐까 하는 생각도 가져 보았다. 그러면서 '어떤 이유에서건 남들이 하지 않는 분야라면 내가 한번 천착해보자!' 라는 호승심도 생겼다.

이 책은 전체 3부로 구성되었다. 1부에서는 현행 교육시스템이 안은 근본적인 한계가 지나치게 공급자 중심적이라는 점을 밝히고 교육소비자에게 학교선택권을 보장하는 발상의 전환이 필요함을 제기한다. 2부에서는 스웨덴, 미국, 영국 등 학교선택권 개혁을 추진한 사례를 검토해봄으로써 우리에 대한 시사점을 얻고자 한다. 스웨덴의 자유학교, 미국의 차터스쿨은 성공적인 사례로 의미가 있고 영국의 아카데미는 정책의 일관성이 얼마나 중요한지 보여주는 반면교사(反面敎師)이다. 3부에서는 우리나라가 학교선택권 개혁을 추진하는 데 있어서 쟁점이 되는 사안들을 짚어보고 열 가지 정책과제를 제시한다.

마지막으로 이 책이 세상에 나올 수 있게 된 연유는 한국출판문화진흥재단에서 시행하는 2010년 우수학술원고출판지원사업에 선정되었기 때문임을 밝히며 윤형두 이사장님 및 관계자 여러분께 지면을 빌어 감사의 뜻을 전한다. 모쪼록 이 책이 우리 교육개혁의 방향을 모색하는 길잡이로 조금이나마 이바지하길 희망한다.

2010년 만추(晩秋) 청담동 연구실에서
시경(時境) 오호영

1부
왜 교육혁명인가

1장

2010 대한민국, 돈+사교육=성공

지금의 학교교육은 상위 1%를 위한 것

왜 대한민국의 학부모들은 자녀를 학원에 조금이라도 더 많이 못 보내서 안달일까. 사교육 때문에 집을 줄이고, 엄마가 부업전선에 나서고, 부모의 노후설계는 엄두도 못 내는 오늘날의 상황은 그야말로 사교육 광풍이라 부를만하다. 사교육 때문에 소비가 줄어들어 서민경제가 위축되고 저축률이 낮아질 정도라고 한다. 더구나 저출산의 주요한 원인으로 높은 사교육비가 지목되는 지경에 이르렀다.

사교육의 창궐에 대해서는 여러 가지 설명이 있다. 자기 자녀가 조금 더 쉽게 좋은 학교성적을 받게 하려는 학부모의 반칙심리, 선행학습을 부추기는 특목고의 잘못된 입시제도 등이 대표적이다. 한 가지 분명한 사실은 학부모가 학교에서 가르치는 것에 만족하고 그것만으로도 자녀의 진로를 충분히 달성할 수 있다고 여긴다면 이토록 사교육이 번창할 수는 없을 것이라는 점이다. 기본적으로 학교교육에 무엇인가 부족한 점이 있기 때문에 학부모들이 사교육에 이토록 열을 올리는 것이 아니겠는가.

그렇다면, 사교육을 잡는 가장 현실적인 대안은 무엇일까. 솔직히 학원을 대상으로 세무조사를 하고 EBS 강의에서 수능시험을 더 많이 내고 방과후학교를 운영하는 방식으로는 사교육이 좀처럼 줄어들 것 같지 않다. 조금 더 획기적이고 근본적인 발상의 전환이 필요하다. 사교육을 줄이는 가장 확실한 대안은 우수한 학원을 학교로 전환할 수 있도록 허용하는 것이라고 생각한다. 학원을 학교로 만들어주면 학생들은 학교에서 자고 학원에서 공부하는 이중고를 덜 수 있게 된다. 학부모는 사교육비 부담을 지지 않아도 되니 일거양득인 셈이다.

스웨덴의 자유학교, 미국의 차터스쿨은 이 같은 아이디어의 현실 버전이다. 자유학교, 차터스쿨은 말 그대로 누구나 자유롭게 학교를 설립할 수 있도록 하고 교육비는 정부가 부담하는 제도다. 심지어 기업이 학교를 설립하고 학교운영으로부터 이익을 얻을 수 있도록 보장해주기까지 한다. 특히 스웨덴의 자유학교는 1992년에 시작되어 지금까지 운영되고 있으며 세계적으로도 혁명에 가까운 것으로 평가받고 있다.

지금 우리나라 초중등 학교의 현실은 21세기 학생을, 20세기 교사가, 19세기 학교에서 가르치는 형국이다. 학생들은 인터넷, 휴대전화 등 21세기 문명의 세례를 한껏 받아 저만치 앞서가고 그들의 사고방식, 가치관, 반응은 기성세대와 많이 다르다. 하지만, 학교를 규율하는 관료주의와 획일성은 19세기와 다를 바 없고 교사는 20세기 개발연대의 권위주의에서 벗어나지 못하고 있다. 감수성이 가장 예민한 초중등 12년 동안 줄기차게 'SKY대학'이라는 주술을 거는 것이 지금의 학교다. 전문계고마저 대학진학의 통로가 된 마당에 입시교육을 빼면 우리 학교에 무엇이 남아 있는가. 입시교육에 관심이 없는 학생들은 우리 교실에서 찬밥신세를 면치 못한다. 공부 못한다고 구박받으면서 그저 학교에서 시간만 축낼 뿐이다. 학교나 교사도 이들에게는 아무런 관심이 없다.

오로지 'SKY대학'에 진학해서 학교의 명예를 빛낼 학생들만이 학교의 관심권에 있다. 사실 'SKY대학'을 목표로 삼는 학생들은 학교나 교사가 큰 관심을 쏟지 않아도 스스로 잘할 수 있는 학생들이다. 목표가 뚜렷하고 성취욕이 있는 학생들이기 때문에 조금만 지도해줘도 자기주도 학습이 가능하다. 정작 학교가 관심을 쏟아야 할 학생들은 입시위주의 학교교육에 적응하지 못하고 겉도는 아이들이다. 미래에 대한 꿈도 희망도 비전도 없는 이 학생들에게 무엇을 가르치고 어떤 경로를 추천할 것이냐가 학교의 존재 이유가 되어야 하지 않을까. 병원이 건강한 사람보다 아픈 사람에게 더 절실한 곳인 것처럼 학교도 학습에 고충을 겪는 학생들을 위한 기관으로 거듭나야 한다.

학교가 대학입시라는 정형화된 틀에 적합한 학생들만을 위한 공간으로 자리 잡아서는 개성과 끼가 넘치는 청소년들이 설 땅은 점점 좁아진다. 서울대를 나와 판검사하고 고위공무원이 될 학생들에게서 대한민국의 희망을 볼 수 있을까. 공무원은 사회의 유지와 안정에 이바지할지 몰라도 신기술을 개발하여 물건을 만들고 외국에 수출하여 국가발전을 이끄는 것은 보이지 않는 곳에서 이 사회를 움직이는 무수한 갑남을녀이다. 또 흔한 말로 학교에서 우등생이 사회에서도 우등생은 아니다. 단적인 예로 지금 한류를 이끌고 우리 대중문화를 선도하는 스타들은 대부분 입시학원화 된 학교에서는 구박이나 받던 천덕꾸러기들이었다.

공부를 썩 잘하지 못하는 평범한 보통 사람들에게 학교는 무엇인가. 혹시 학교가 'SKY대학'에 갈 학생들과 비교하고 열등감을 부추겨 공부에 대해 아픈 기억을 갖도록 했던 장소는 아니었는가. 학습이 공부 잘하는 소수 엘리트만의 전유물이 아니고 공부는 학교에서만 하던 시대는 이미 지나갔다. 집단적 지식창조와 공유를 신조로 하는 '위키피디아', 개방, 공유, 참여로 주목받는 '웹 2.0', 사용자가 손수 제작한 콘텐츠인 'UCC(User Created Contents)' 등은 모두 지식인뿐만 아니라 일반인들이 참여하여 만드는 지식의 공간이다. 21세기는 누구나 자기분야에서 앞서 가려면 공부를 해야 하고, 일자리를 계속 유지하려면 평생학습을 해야 하는 시대이다.

대학입시를 준비하는 학생들에게조차도 지금의 학교는 문제다. 일반계 고등학교에서 예체능 학과를 준비하는 학생들에게 학교수업은 시간낭비일 뿐이지만 고등학교 졸업장이 있어야 대학입학이 가능하다. 대학입시에서 음악, 미술, 체육 등 실기 비중이 높아도 정작 학교에서는 가르칠 교사가 없고 비싼 돈을 들여서 학원에 가야 배울 수 있다. 음미대나 체육학과에 입학하려는 학생도 사회대나 공대에 진학하려는 학생들과 똑같이 천편일률적으로 수학, 영어, 국어 등을 배워야 한다.

그들의 귀에 교사의 강의가 들어 올 리 만무하다. 학교가 왜 학생 개개인의 진로나 관심과 무관하게 국가교육과정에 규정된 것을 준수해야 하는지 의문이다. 또, 중학교 때 잠시 한눈을 팔다가 진도를 놓친 학생들에게도 지금의 고등학교는 아무런 대책이 없다. 그저 교실에 앉혀놓고 일방적인 강의만 쏟아낼 뿐이다. 세상은 정신 차릴 수 없을 정도로 빠르게 변하고 분과학문의 경계가 점차 모호해지고 있지만, 학교에서 가르치는 것은 여전히 정형화된 교과목, 낡은 교과서의 틀에 갇혀 있다.

입시의 최고목표는 'SKY대학'이다. 'SKY대학'에 다니는지 그리고 'SKY대학'에 몇 명을 보냈는지가 학생의 능력을 가늠하고 고등학교를 평가하는 척도가 된 지 오래다. 이러한 분위기에서 자란 아이들은 어른이 되어서도 'SKY대학'을 성역처럼 여기게 된다. 그리고 자녀를 통해 자신의 한을 풀고 자신이 당한 '비 SKY대학' 출신의 설움을 되갚으려 한다. 교수, 시설 면에서 'SKY대학'과 다른 대학 간의 차이가 크게 줄었음에도 'SKY대학'에 대한 맹신이 더욱 높아지는 이면에는 이런 교묘한 재생산 구조가 숨겨져 있다. 현재의 초중등 학교교육 시스템이 붕괴하지 않고 그나마 굴러가는 것은 'SKY대학'에 대한 학부모들의 숭배 덕분이다.

이러한 구조에서 가장 피해를 보는 것은 학생이고, 학부모이다. 학생은 재미없는 공부를 견뎌야 하고 잠을 참아내야 하며 친구와 마음껏 뛰어놀지 못한다. 학부모는 사교육에 등골 빠지고 마음 편히 TV 음량 한번 못 올린다. 득을 보는 집단은 누구인가. 나는 그들을 '교육오적(敎育五賊)'이라 부르고자 한다. 학교를 지금처럼 설계하고 유지·강화하는 것으로 존재의미를 찾는 교과부와 교육청 관료, 독점적 교육공급자로서 안주하는 학교와 교사, 사교육으로 떼돈을 버는 학원, 교원의 권익만을 옹호하는 교원단체, 가만히 앉아서 최고의 두뇌를 골라가는 SKY대학이 그들이다.

낡은 교육시스템에 메스라도 댈라치면 이들은 암묵적으로 밀약이나 한 것처럼 일사불란하게 움직인다. 관료의 태업, 교원단체의 물리력과 단체행동, 교사와 교수의 여론전 등 그야말로 입체적이다. 또, 그들만이 아는 교육의 지뢰와 폭탄을 곳곳에 설치해놓고 교육개혁 세력이 뇌관을 누르기만 기다린다. 뇌관이 터지고 언론에서 개혁의 문제점에 대한 지적이 나오기 시작하면 이들은 기다렸다는 듯이 개혁세력의 무능과 무지를 탓한다. 다시 기존 교육계가 나서 개혁을 수용하는 시늉만 하면서 시간을 끌고 용두사미로 만들었던 것이 역대 교육개혁의 경위라 하여도 과언이 아니다.

국민이 교육문제의 본질을 똑똑하게 바라보지 못하면 우리 아이들은 물론이고 그 후대까지도 지금의 학교에서 한 치도 벗어날 수 없다. 학교를 바꿔야 한다고 말하면 '모두가 SKY대학에 가려고 하는 한 해답은 없다', '공부 많이 시키는 학교를 좋아하는 행태는 바뀌지 않는다', '사교육은 절대 근절될 수 없다'라고 반박한다. 나는 그들에게 반문하고 싶다. 그럼 지금의 학교가 좋다는 말인가. 교육에 문제가 많지만, 개혁은 불가능함을 주장하면서 '지금 이대로'를 외치는 집단이 누구인지 한번 살펴보라고.

'어떻게 잘 가르칠 것인가?', '무엇을 가르칠 것인가?'에 대한 고민보다 성적순으로 줄 세우기에만 몰두하는 학교는 필요 없다. 자녀를 안심하고 학교에 보낼 수 있도록 교내폭력, 왕따, 비행 등을 완벽히 통제하지 못하는 학교도 필요 없다. 창의력, 상상력, 소통, 인성 등 21세기가 요구하는 핵심역량을 키울 생각은 엄두도 못 내고 6, 70년대식의 낡은 주입식 교육방식을 고수하는 학교도 필요 없다. 학생들의 다양한 학습욕구를 충족시키지 못하고 선택의 여지가 없이 획일화된 교육만 강요하는 학교도 역시 필요 없다.

오늘날 우리 사회를 규율하는 법과 제도는 대부분 산업화 시대에 연원을 두고 있다. 어떤 경우에는 1960년대 이전의 농업사회에서 규정된 것이 지금까지 이어져 오는 일도 있다. 개별 제도, 법률에 대한 임기응변식, 누더기 깁기 식의 접근법이 아니라 21세기 지식기반사회에 맞는 새로운 제도를 전반적으로 재설계하고 제도 상호 간의 유기적 연계성을 높이는 패러다임의 전환이 중요한 시점이다. 그중에서도 교육제도의 개혁은 더는 늦출 수 없는 과제이다.

첫째, 지금 우리 교육제도는 1970년대 산업화 시대의 낡은 유물로 21세기 지식기반사회와 맞지 않는다. 1968년의 중학교 평준화, 1974년의 고교평준화를 근간으로 하는 학교교육시스템은 40여 년간 부동의 제도로 자리 잡아 지금까지 우리 교육을 규율하고 있다. 당시의 개혁배경에는 입시과열과 사교육이 있고, 여기에는 연간 출생인구 100만 명의 베이비붐 세대가 자리 잡고 있다. 하지만, 오늘날 한 해 태어나는 인구는 고작 40만 명 남짓이고, 이마저 앞으로 더욱 감소할 것이라는 우울한 전망이다. 그리고 오늘날 저출산 요인 중의 하나는 턱없이 높은 사교육비다. 젊은 층들이 아이를 낳아 제대로 키울 자신이 없어서 출산을 못한다는 이야기다. 이쯤 되면 이유 여하를 불문하고 현재의 교육제도를 근본적으로 손볼 필요성이 있다.

둘째, 교육제도는 전 국민적 관심사이고 제도개선의 이익이 국민 모두에게 돌아가는 현실적이고 미래지향적인 이슈이다. 달성할 수도 없는 거대담론을 공약으로 내걸거나, 경제성 없는 토목공사를 하겠다는 공약은 이제 국민의 관심을 끌기 어렵다. 토목공사는 특정 지역에 이익이 집중된다는 점과 환경파괴에 대한 우려 때문에 거부감이 높다. 오바마, 조지 W 부시, 클린턴, 아버지 부시 등 역대 미국 대통령들이 하나같이 교육 개혁을 공약으로 들고 나왔다는 점도 참고할 필요가 있다. 공급자 중심으로 운영되는 현행 교육제도를 수요자 중심으로 획기적으로 바꾸겠다는 공약은 국가 아젠다를 선점하고 국민적 공감을 이끌어내는 폭발력 높은 이슈이다.

셋째, 21세기 지식기반사회에서 교육경쟁력은 국가경쟁력을 확보하고 성장을 지속하기 위한 전제조건이다. 오늘날 세계는 하루가 다르게 급속히 변모하고 있다. 시장개방과 세계화, 정보통신기술을 필두로 한 기술혁명, 지구적 차원의 환경문제, 저출산과 노령화 등의 변화들은 모두 교육에 새로운 과제를 부여하고 있다. 그러나 기존의 학교 패러다임, 즉 교육과학기술부를 정점으로 하는 관료제의 틀에 갇혀 있는 학교에서는 이러한 문제들에 능동적으로 대응하는 것이 거의 불가능하다. 학생과 학부모들이 가진 교육에 대한 다양한 욕구들을 관료주의적 획일화 교육으로 무장한 학교가 충족시켜주기는 애초에 기대하기 어렵기 때문이다. 교육수요자들의 교육선택권, 교육에 대한 만족도를 출발점으로 삼아 교육제도 전반을 근본적으로 개혁하지 않으면 학교의 미래는 물론 우리 사회의 장래도 암담하다.

남이 하면 불륜, 내가 하면 로맨스

오늘날 우리 사회를 지배하는 키워드는 환경, 규제, 보호, 형평, 복지 등이다. 시장, 경쟁, 효율, 개방, 혁신을 이야기하면 내용은 둘째 치고 거부감부터 불러일으킨다. 아마 현 정부가 시장, 경쟁, 효율을 강조하다 보니 우리 국민 특유의 견제심리가 작동하는 모양이다. 환경, 규제, 보호, 형평, 복지는 한 마디로 표현하면 정부로 대변되는 가치들이다. 정부가 세금을 걷고, 공무원의 법 집행과 행정을 통해 이룰 수 있는 가치들이기 때문이다. 이와 반대로 경쟁, 효율, 개방, 혁신 등은 정부와 대척점에 있는 시장의 가치들이다.

당연한 말이지만, 시장과 정부는 서로 배타적이고 적대적인 관계는 아니다. 오히려 양자가 적절히 조화를 이루고 보완관계를 높일 때 국가발전과 개인의 행복이 극대화될 수 있다. 시장의 효율성이 발휘될 수 있는 여지가 있음에도 이것이 인위적으로 봉쇄된 영역에서는 시장을 도입하는 것이 사회적으로 더 바람직하다. 대표적으로 공기업에 시장원리를 도입하기 위한 민영화 정책은 독과점 구조를 해체함으로써 고객이라 할 수 있는 국민에 대한 서비스를 개선하고 경영혁신을 통해 기업의 경쟁력을 높일 목적으로 추진되고 있다.

또, 지나치게 시장을 강조한 영역에서는 정부의 적절한 규제가 도입되는 것이 더 나은 결과를 가져오기도 한다. 예컨대, 지난 2008년

하반기부터 시작되어 세계경제를 침체로 몰고 간 금융위기는 금융기관에 대한 적절한 규제에 실패했기 때문이라는 것이 학계의 중론이다. 캐나다는 금융위기의 진앙인 미국의 바로 이웃나라지만, 적절한 금융기관 규제를 폐기하지 않았기 때문에 금융위기로부터 비교적 안전할 수 있었다는 사실이 이를 뒷받침한다. 금융위기 이후 미국에서는 투자은행, 펀드 등에 대한 금융감독 장치를 강화하기 위한 일련의 제도 개혁이 이루어지고 있다.

국민이 환경보호, 규제강화, 형평과 복지 확대 주장에 자기도 모르게 귀를 기울이게 되는 데는 적어도 관념적으로, 혹은 심정적으로 약자에 대한 보호심리가 작용하기 때문이다. 그러나 국민이 환경보호, 규제강화, 형평과 복지 확대에 귀를 기울이기는 하지만, 그 주장의 현실성이나 실현가능성에 대해서는 그리 신뢰하는 것 같지 않다. 그렇다면, 관념적, 혹은 심정적으로 동조한다는 뜻은 무엇인가. 이것은 두 가지 의미를 내포한다.

첫째, 주장의 내용은 알려 하지도 않고, 혹은 잘 모르면서도 구호에 현혹되는 경향이다. 지난 교육감 선거에서 '무상급식'이 선거이슈가 되었는데, 사실 우리 교육의 당면 현안 중 무상급식은 빙산의 일각이라 해도 과언이 아니다. 전체 교육예산에서 무상급식이 차지하는 비중이 얼마 되지 않는다는 점이나, 무상급식이 대다수 학생에게 절박한 문제는 아니라는 점에서 그러하다. 물론 소년소녀 가장, 극빈층 자녀 등에게는 무상급식이 가장 중요한 이슈이겠지만 크게 보면 그렇다는 뜻이다. 고교평준화, 학력평가, 교원평가, 학교선택제 등 대다수 학생과 학부모에게 영향을 미치는 더 중요한 의제들이 수

두룩하다.

그러나 우리 국민은 '무상급식'에 대해 찬성이냐, 반대냐는 기준을 가지고 후보를 판단했고 유권자들의 눈치를 보던 다수 후보가 결국 '무상급식'을 공약으로 받아들였다. 자연스럽게 다른 선거 쟁점들은 '무상급식'에 묻혀 별 관심도 끌지 못한 채 사그라졌고 교육감은 선출되었다. '무상급식' 이외의 교육정책 공약에 관해서는 충분한 토론이나 논의가 이루어지지 않은 채 피상적인 이미지에 의존해 투표가 이루어졌고, 그 결과 유권자가 잘 알지도 못하는 공약이 집행될 상황에 처해있다.

교육감 선거를 자신의 문제, 혹은 자녀의 문제로 심각하게 받아들이지 않고 그저 구호만 보고 판단한 결과라 하지 않을 수 없다. 이럴바에야 차라리 교육감을 학생들이 뽑는 편이 더 나을지도 모르겠다. 교육정책의 영향을 가장 많이 받고 정책에 민감할 수밖에 없는 학생들이 스스로 선택하게 하면, 적어도 공약을 꼼꼼히 따져보지도 않고 투표하는 폐단은 없지 않겠는가. 교육에 무관심한 어른들이 정치적 심판의 연장선에서 표를 행사하고 무관심 속에 구호만 보고 투표하는 것은 우리 교육발전에 전혀 보탬이 되지 않는다.

둘째 실제 자신의 문제가 되거나, 구호가 아닌 실천의 수준으로 넘어오게 되면 전혀 다른 상황이 전개된다. 사교육에 반대한다고 열을 올리지만, 자신의 자녀가 학원에 다니는 것은 공교육이 부실하기 때문에 어쩔 수 없단다. 서열화된 대학이 문제라고 하면서도 자신의 자녀만은 서울대에 보내려고 갖은 애를 쓴다. 원정출산, 조기 유학을 비난하면서 자신의 자녀는 슬그머니 미국으로 유학 보낸다. 마치 자신은 무관한 사람인 것처럼 교육문제에 대해 날 선 비평가가 되지만, 실제 자기 자식의 문제가 되면 언제 그랬느냐는 듯이 스스로 비난한 행동을 그대로 답습한다. 아니 답습하는데 한 술 더 떠서 기상천외한 방법까지도 생각해낸다. 이러한 상황에는 '남들이 하면 불륜이지만 내가 하면 로맨스다.'라는 말보다 더 적합한 것이 떠오르지 않는다.

시장과 정부, 진보와 보수 모두를 떠나서 모두 교육문제에 더욱 솔직해질 필요가 있다. 자신의 자녀문제로 돌아오면, 이념과는 무관하게 지금의 교육체제하에서 승리자가 되려고 안간힘을 쓰는 스스로를 솔직히 인정하자. 자녀에게 더 좋은 교육환경을 줄 수만 있다면, 강남이건 어디건 이사 가고자 하는 심정도 부모라면 대부분 마찬가지다. 이러한 학부모들의 생각이 현재의 교육경쟁 구도하에서 특별하다고도, 또 비난받을 일도 결코 아니다. 사랑하는 자녀가 좀 더 행복하고 보람있는 삶을 살았으면 하는 부모의 소망이 만든 자연스러운 욕망이기 때문이다.

이처럼 학부모가 가지는 자녀교육에 대한 욕구, 절박한 소망을 있는 그대로 가감 없이 받아들일 때 한국사회가 직면하는 교육문제에 대한 해법도 모색할 수 있다. 좋은 대학에 보내려고 입시와 사교육에 목메는 학부모의 지나친 경쟁을 탓해서는 해법은 요원하다. 성인군자에게나 통할 법한 대안을 내놓고 이를 지키지 않는 학생과 학부모를 준엄하게 가르치려는 태도도 버려야 한다.

우선 당장 정책 담당자 자신도 실천하지도 못할 안을 내놓고 국민을 설득하고 비전을 줄 수는 없는 노릇 아닌가. '부동산 투기는 필패'라고 외치는 경제관료가 강남에 아파트를 몇 채 갖고 있다면 그 말을 곧이곧대로 믿을 국민이 누가 있겠는가. 우리 사회의 지도 층들 대다수가 강남에 살면서, 자기의 자녀, 손자 손녀는 모두 강남에서 교육시키면서 '사교육 효과 없다.', '학교교육만 충실히 받으면 좋은 대학 갈 수 있다.' 라고 국민에게 쏟아내는 말들에는 왠지 믿음이 가지 않는다.

한국교육은 인재양성을 통해 경제성장의 견인차 구실을 해왔고, PISA(Program me for International Student Assessment)와 같은 국제 학력평가에서 우수한 성적을 올리는 등 적잖은 성과를 거둬왔다. 그럼에도, 과도한 사교육비 부담, 입시위주 교육에 따른 창의성의 위축, 교육이 계급세습의 통로로 기능 하는 점, 공교육의 붕괴, 과도한 규제로 말미암은 교사·학교의 주도권 상실, 대학의 서열화 등 이루 헤아릴 수 없는 문제점 또한 안고 있다. 이러한 문제들은 고교평준화를 지킨다고 해서 해결되기 어렵다. 또, 정부에서 추진하듯이 특목고를 더 많이 만들고 학력평가, 교원평가를 강화하더라도 근본적으로 해결될 수 없다. 지금은 교육의 틀을 혁명적으로 바꾸는 쾌도난마(快刀亂麻) 식의 발상 전환을 하지 않으면 문제해결이 어려운 국면에 있다.

현행 평준화 제도는 계층상승의 장애물이다.

직장이 강남 한복판에 있는 덕에 강남 학생을 둔 학부모들을 자주 만난다. 회사동료 중에도 강남 학부모들이 많다. 이들에게 강남에 거주하는 이유를 물어보면 초중등 학생을 자녀로 둔 이들은 이구동성으로 좋은 교육여건을 든다. 명문학교와 수준 높은 학원이 가까이에 있고 중산층 이상의 가정배경을 가진 지역적 동질성이 있다 보니 부모나 학생 모두 공부에 대한 열의가 높고 면학분위기가 좋다는 것이다.

지금 대한민국의 교육을 지배하는 것은 돈과 사교육이다. 강남을 비롯한 소위 명문학군으로 이사 가려면 높은 집값, 생활비를 부담할 능력이 있어야 한다. 지방의 아파트 몇 채를 팔아도 강남으로 진입하기는 난공불락일 정도로 진입 장벽은 높다. 평범한 샐러리맨은 감히 자녀를 강남에서 키울 꿈조차 꾸기 어렵다. 명문학군에는 학교시설, 기자재, 교사의 질 등 공교육은 물론이고 학원을 비롯한 사교육도 최고를 자랑한다. 학부모들의 소득수준은 물론 학벌도 좋다 보니 학생들도 대체로 공부에 대한 열의가 높다. 사교육을 위해 주머니를 열겠다는 부모들의 열의가 높고 주머니도 두둑하다 보니 학원 중에서도 최고가 몰려든다. 한마디로 수준 높은 교육여건이 모두 갖춰지고 서로 상승효과를 일으키고 선순환을 일으키는 것이 명품 학군 강남의 현주소다.

강남의 선순환 이면에는 강북, 또는 지방의 악순환이 존재한다. 재력이 있고, 자녀 공부에 조금이라도 관심이 있는 학부모라면 강남을 두드린다. 돈만 투자하면 되기 때문이다. 재력이 달리는 부모는 허리띠를 졸라매고 빚을 얻어서라도 자녀를 강남으로 보내고 싶어 한다. 전세든, 월세든 강남에 주소만 옮기면 강남의 좋은 교육여건을 누릴 수 있기 때문이다. 학생에게 주어지는 좋은 교육여건이 자녀의 능력, 학업의지 등과는 무관하게 부모의 부에 의해 결정되는 셈이다.

교사도 마찬가지다. 기회가 되면 수도권으로, 강남으로 입성하길 희망한다. 교직에서 여교사가 초강세인 점은 익히 알려진 사실이다. 초등학교에서 여교사가 차지하는 비중은 전국 73%, 서울 86.7%에 달한다. 강남·서초 지역에선 이미 90%를 훌쩍 넘어섰다. 중학교, 고등학교 역시 마찬가지다. 그럼, 유독 강남에서 여교사 비율이 높다는 사실이 무엇을 의미하겠는가. 경제적 여유가 있고 교육열이 높은 여교사일수록 자신의 자녀 역시 강남에서 키우길 희망한다는 뜻일 것이다. 여교사 대부분은 맞벌이다. 남편 역시 여교사의 인기만큼이나 고학력에 고임금일 가능성이 크다. 교육열이 높은 강남지역에서 교사를 한다는 것은 자부심도 높을뿐더러 눈에 보이지 않는 여러 가지 이득도 있다. 이러한 상황에서 우수한 교사가 강남에 더 많이 몰릴 것은 자명한 이치다. 단적으로 서울교대의 수능점수가 이미 연고대를 제치고 서울대와 비슷한 수준으로 올라선 지는 이미 오래전이다.

흔히 교육성과를 결정하는 요소로서 교사의 질, 학교시설, 교육기자재 등이 중요하다고 한다. 발도르프 교육의 창시자인 루돌프 슈타이너(R. Steiner)는 '교육의 질은 교사의 질을 결코 넘어설 수 없다.'라고 했다. 우수한 교사의 중요성은 아무리 강조해도 지나치지 않은 것이다. 학생과 교사가 많은 시간을 보내는 학교시설이 쾌적하고 학습에 적합해야 교육의 성과를 높일 수 있다는 점에 대해서도 이견이 있을 수 없다. 아울러 교과서, 참고서, 실습장비 및 시설 등도 교육성과를 높이는 데 있어서 대단히 중요한 요소다.

그런데 지금 우리 초중등 학교의 현실은 어떤가. 말로는 평준화를 높이 부르짖지만, 학교마다, 지역마다 교육의 질은 판이하다. 강남으로 대표되는 명문학군과 지방의 격차가 대표적 현상이다. 진정한 평준화는 전국의 학교시설, 교육기자재, 교사의 질을 모두 동질적으로 만들어야 성공할 수 있지만, 현실은 그렇지 않다. 그렇다면, 왜 평준화가 성공하려면 전국의 학교시설, 교육기자재, 교사의 질이 모두 같아야 하는가. 정답은 앞에서 설명한 강남의 교육 선순환과 지방의 교육 악순환에서 찾을 수 있다. 좋은 교육여건을 찾아 지방에서, 강북에서 강남으로 학생이 몰리는 데에 평준화의 맹점이 있는 것이다.

평준화 제도가 가진 맹점은 우수한 교사, 질 높은 학교시설 및 기자재 등과 같은 좋은 공교육 여건을 학생의 재능에 의해서가 아니라 부모의 경제력에 의해 누리도록 한다는 데 있다. 현행 평준화 체제하에서는 부모가 돈 많은 부자라면 자녀의 학업능력과 무관하게 강남 8학군에서 좋은 공교육을 받을 수 있다. 자기가 전적으로 비용을 부담하는 사교육에서는 돈을 지급한 만큼 좋은 교육을 받는 것이 당연하다손 치더라도 국민의 세금으로 운영되는 공교육이 부자들에게 유리하다는 사실은 평준화의 맹점이다. 가난한 학생은 아무리 똑똑하더라도 원천적으로 강남의 명문학교에 진학할 수 없기 때문이다. 이러한 점에서는 과거 입시제도가 더 나은 측면이 있다. 적어도 가난한 학생에게 교사, 학교시설, 기자재가 좋은 경기중학교, 경기고등학교에 다닐 기회라도 열려 있었으니까.

정부가 평준화 체제를 도입하면서 전국적으로 교육의 질을 고르게 유지하는데 무관심했던 것은 아니다. 국공립학교는 교사가 한 학교에 계속 근무하는 것이 아니라 일정기간 근무 후에는 다른 학교로 전근 가도록 하는 교사 순환근무 제도가 대표적이다. 교사 순환근무 제도는 교사의 질적 차이에 따라 나타날 수 있는 학교 간 교육 불평등을 차단하고 학생들에게 교육기회를 균등하게 제공하기 위한 목적에서 도입되었다.

하지만, 우리 중고등 학교의 대부분을 차지하는 것은 사립학교이고, 사립학교에서는 이러한 순환근무제의 적용을 받지 않는다. 사립학교에서는 개인기업처럼 각 학교가 교원자격을 갖춘 적격자 중에서 교사를 선발하기 때문에 강남의 사립학교에 가장 우수한 교사가 지원할 것임은 삼척동자라도 짐작할 수 있다. 이에 따라 강남의 사립학교 교원의 질적 수준은 여타 지역보다 더 높게 유지될 수 있다.

학교의 차이보다 더 심각한 것은 학원 등 사교육 여건이다. 일류 학원, 일류 강사는 모두 강남에 몰려 있다고 해도 과언이 아니다. 어느 정도 아이들 가르치는데 노하우를 갖춘 학원장이라면 강남에서 경쟁하려고 한다. 자녀 교육에 아낌없이 지갑을 열려는 잘사는 부모들이 즐비하기 때문이다. 잘 가르친다고 소문이라도 나면 엄청난 돈을 벌 수 있고 강남의 성공을 바탕으로 다른 지역으로 진출하는 것도 쉽다.

학원 광고 문구 중에 '강남 엄마들이 선택한 학원'이 등장하는 판이니 강남은 사교육의 '테스트 베드(어떤 것을 세상에 내놓기 전에 그것이 성공할 수 있을 것인지를 미리 알아보려고 시험적으로 적용해보는 소규모 집단, 지역, 영역)'인 셈이다. 그 결과 지방은 공교육, 사교육의 경쟁력이 점차 낙후되고 학생들의 면학분위기도 갈수록 흐려진다. 지방 학생과 학부모들은 시간이 흐를수록 불안해지고 뒤지는 느낌이 들게 되고 교육격차가 점차 벌어지는 악순환에 빠지게 된다.

평준화는 그 장점에도 강남의 우수한 교육여건을 지방의 가난한 영재는 밟아보지도 못하도록 제한하는데 그 근본적인 한계를 안고 있다. 만민평등의 현대사회에서 교육의 가장 중요한 기능 중의 하나는 개인의 삶이 부모의 사회경제적 지위에 구속되지 않고 본인의 능력에 의해 발현될 수 있도록 하는 것에 있다. 계급사회에서는 누구나 선망하는 직업, 높은 자리를 결정하는 기준이 출신성분이었다면, 계급을 부인하는 현대사회에서 그 기능을 담당하는 것은 바로 교육이다.

계급의 세습을 부인하고 본인의 능력에 따른 권력의 분배를 지향하는 것은 문명국가라면 마땅히 채택해야 할 원칙이다. 능력본위주의(meritocracy)에서 누구나 선망하는 좋은 지위, 직업을 배분하는 유일한 기준은 본인의 능력이다. 부모의 경제력이나 직업은 고려요소가 아니다. 가장 능력 있는 자에게 사회적으로 가장 선망되는 자리에 대한 우선권을 주는 것이 대원칙이다. 학교교육은 능력에 따른 권력의 분배에서 핵심적 역할을 담당한다. 교육기회의 균등이라는 공정한 경쟁의 조건을 보장한 상태에서 각자가 재능과 열정을 발휘하는 무대가 바로 학교인 것이다.

그런데 사실은 학교가 동일한 출발점에서 공정하게 경쟁하는 장이 아니라는데 현대 공교육 제도의 한계가 있다. 강남 8학군과 같은 지역의 학생은 음으로 양으로 저만치 앞에서 출발하는 모순이 있는 것이다. 경쟁의 승자들이 단지 부모를 잘 만났기 때문에 그 자리를 차지한 것이라면 사회구성원 누구도 마음으로부터 동의하기 어렵게 된다. 기업의 경우를 보더라도 창업주에게는 존경을 보내지만 2세, 3세 경영인에게는 '부모 잘 만난 덕분'이라는 따가운 눈초리를 보내는 것이 우리 사회다.

능력본위주의는 현대사회를 결속하고 사회통합을 이루는 가장 중요한 기준이며 그 핵심에 교육이 있다. 즉, 각자가 타고난 능력과 소질, 노력을 바탕으로 교육의 장에서 자유롭게 경쟁하고 그 경쟁의 결과로서 배분되는 사회적 권력에 모두가 동의하게 만드는 것이다. 그런데 교육의 장에서 펼쳐진 경쟁의 결과가 사실은 부모에 의해 조작되고 왜곡된 것일 뿐이라면 사회의 지도자, 권위에 대해 구성원 누구도 마음으로부터 승복하지 못하게 된다. 오히려 불합리한 사회구조에 대한 불만만을 증폭시킬 뿐이다.

이러한 의미에서 적어도 학교교육은 부모의 사회경제적 지위가 아니라 본인의 능력을 기준으로 계층이동을 활성화하는데 이바지해야 한다. 현행 평준화 제도는 부모의 경제력 덕분으로 강남에서 좋은 교육을 받은 학생들이 서울대로 많이 진학하고 이들이 사회의 요직을 차지해 다시 미래사회를 주도하도록 한다는 점에서 계급세습제적 요소가 강하다. 평준화가 주는 평등한 어감과는 다르게, 계급의 존재를 부정하는 우리 헌법 정신을 근본적으로 부정하는 것이 평준화 제도인 셈이다. 헌법 제11조 제2항에서는 '사회적 특수계급의 제도는 인정되지 아니하며, 어떠한 형태로도 이를 창설할 수 없다.'라고 규정하고 있다.

　　신분제도로서의 계급은 세습에 그 본질이 있다. 부모의 지위를 자녀에게 물려주는 것, 부모가 가진 직업을 자녀에게 물려주는 것이 계급제의 본질이란 뜻이다. 청소부의 자녀는 대를 이어 청소부를 하고, 의사의 자녀는 의사를 하는 것 말이다. 여기에는 본인의 능력이라는 요소는 작용하지 않는다. 어쩌면 평준화를 부르짖는 사람 중에는 자신이 가진 사회적 지위를 교육을 통해 자녀에게 물려주려는 속셈이 있는지도 모르겠다. 가난한 수재를 경쟁의 대열에서 아예 제외하고 부자들끼리만 강남에서 경쟁하겠다는 얄팍한 술수 말이다. 남들이 평준화가 풍기는 기회의 균등이라는 주술에 취해 어리둥절하고 있을 때 자기 자식만은 강남에서 최고의 공교육과 사교육을 받도록 함으로써 입시경쟁에서 승리하겠다는 얄팍한 계산이 작용하지 않는지 의심된다.

학교와 학부모의 교육목적은 다르다.

　　독자 여러분은 교육의 목적이 무엇이라고 생각하는가. 즉, 학교에 다니는 이유가 무엇인지 묻고 있다. 먼저 우리나라 교육에 관한 기본적인 사항을 담은 교육기본법을 살펴보자. 동법 제2조에서는 교육이념을 밝히고 있는데, 이에 따르면 '교육은 홍익인간의 이념 아래 모든 국민으로 하여금 인격을 도야하고 자주적 생활능력과 민주시민으로서 필요한 자질을 갖추게 함으로써 인간다운 삶을 영위하게 하고 민주국가의 발전과 인류 공영의 이상을 실현하는 데에 이바지하게 함을 목적으로 한다' 라고 밝히고 있다. 교육자 즉 가르치는 입장이라고 볼 수 있는 정부에서는 교육을 이렇게 거창하게 규정짓고 있다.

그렇지만, 학습자 즉 배우는 입장에서는 다르다. 넓게 보면 민주국가 발전과 인류 공영에 이바지할지도 모르지만 아마 대부분 학생과 학부모는 좋은 대학에 진학하거나 안정된 직업을 가지려고 교육을 받을 것이다. 즉, 우리 교육기본법에서 밝힌 '자주적 생활능력을 키우기 위해' 학교에 다닌다는 이야기다. 설사 학교에 다니는 지금은 모를지라도 취업난이 심각한 오늘날 대다수 소시민에게는 궁극적으로는 그것이 가장 중요한 목표일 수밖에 없다. 아무리 인격을 도야하고, 민주시민으로서 필요한 자질을 훌륭하게 갖춘다고 하더라도 '자주적 생활능력'이 결여되어 있으면 아무 소용이 없는 것이 현실이다. 현대나 삼성에서 고매한 인격을 갖춘 민주시민을 뽑는 것은 아니지 않는가. 우리는 좀 더 솔직해질 필요가 있다.

교육 분야에 종사하는 분들을 존경하지만, 가끔 현실감각이 부족하고 너무 이상을 추구하는 것이 아닌가 하는 생각을 할 때가 있다. 이것은 교육을 담당하는 교육과학기술부, 시도교육청, 학교교사 할 것 없이 관찰되는 공통적인 특징이다. 교육과 사회가 따로 갈 수 없음이 자명하지만, 학교교육에 대해 기업, 사회가 목소리라도 낼라치면 교육계는 소스라치게 놀란다. 교육 분야의 전문가는 자기들인데, 비전문가가 교육에 대해 왈가왈부하는 것 자체가 불쾌하다는 투다.

교육계의 보수적인 분위기는 변화에 대한 둔감성으로 표출된다. 예를 들어, 학생들은 온갖 사교육을 받고 다양한 경험을 하며 교사들이 상상도 못하는 생각과 행동을 하고 있지만, 아직도 우리 교단은 권위주의에 의존하여 과거를 답습하고 있다. 어려서부터 감각적 동영상에 길들어 있고 댓글로 자신의 의견을 표출하는데 익숙한 학생들에게 텍스트 중심의 아날로그식 강의만 일방적으로 쏟아낸다. '공부가 왜 이렇게 재미가 없는가?' 란 의문에 대해 '공부는 참고 하는 것' 이라면서 학생들을 질타하지만, 그 말에는 무게가 실리지 않는다.

지금은 강남의 일타강사(1등 스타 강사) 강의를 인터넷을 통해 전국에서 볼 수 있는 시대다. 학생들이 이들과 학교 선생님의 강의를 비교하게 되니 학교와 교사의 권위는 날이 갈수록 추락한다. 학교강의는 분명히 EBS 강의나 인터넷 강의보다 '쌍방향 학습' 이라는 이점이 있지만, 이것이 얼마나 우리 교실에서 활용되는지는 의문이다. EBS 강의나 인터넷 강의는 깔끔하고 군더더기 없이 정리는 됐지만 준비한 대로 일방적으로 쏟아내는 한계가 있다. 하지만, 교실에서는 학생들의 이해도에 따라 교사가 탄력적으로 대응할 수 있고 질문과 답변, 토론, 참여 등을 통해 쌍방향 학습이 가능한 이점이 있다.

학교와 교사는 법령에 따라 공교육의 독점적 공급자로서 지위를 갖는다. 하지만, 사교육으로 말미암아 지금 학교는 학습의 주된 장으로서 그 지위를 위협받는 지경에 이르렀다. 만약 지금 이 순간부터 학교와 학원이 자유롭게 경쟁하도록 한다면 어느 정도나 학교를 선택할지 의문일 정도다. 그럼 이처럼 학교가 교육기관으로서 권위가 실추된 이유는 무엇 때문인가. 학원은 끊임없는 혁신을 통해 교육수요자의 욕구를 충족하는 데 성공적이었지만 학교는 스스로 쌓은 독점의 울타리에 갇혀 학생과 학부모를 오만하게 대했다. 학교의 교육 독점 울타리가 너무 높아 변화를 직시하지 못하고 안주한 결과가 오늘날 공교육의 총체적 위기로 나타나는 것이다.

이렇게 된 데는 커리큘럼, 시수, 교육내용 등에 이르기까지 정부의 규제가 너무 철저하기 때문에 교사가 현장에서 부딪치는 문제들을 탄력적이고 능동적으로 대응하기 어려운 한계가 자리 잡고 있다. 교사에게 주어진 자율권이 너무도 적다 보니 학교현장의 문제가 중앙으로 보고되어 정책으로 입안돼 다시 내려오기까지 시차가 길고 절차가 복잡하다. 학교 간 차이가 없고 지나치게 획일화되다 보니 학교에는 혁신을 위한 활력이 사라졌다. 모나지 않고 개성이 없는 교사는 흔하지만, 교육적 열정을 가지고 새로운 변화를 시도하는 교사는 찾아보기 어렵다. 성과와 무관하게 똑같이 나눠 가지는 문화가 학교를 지배하여 유능한 교사에게 보수, 승진 등에서 적정한 대우를 못해 주고 이들이 교단을 떠나 학교의 활력이 더욱 떨어지는 악순환이 나타나고 있다. 숨 막히는 각종 규제가 공교육의 품질을 떨어뜨리고 교사, 학생, 학부모 모두를 고통스럽게 만드는 주범임을 직시해야 한다.

가르치는 쪽, 보다 정확하게 표현하면 교육관료가 모든 것을 장악하는 현재의 교육시스템을 근본적으로 바꾸지 않는 이상 평준화가 됐든 그 무엇이 됐든 우리 교육이 당면하는 문제들을 근본적으로 해결하기 어렵다. 교육을 제공하는 주체인 학교와 교육의 수혜자인 학생과 학부모가 스스로 교육내용, 교육과정을 결정하고 통제할 수 없는 것이 비극의 출발점이다. 멀리는 일본강점기, 가깝게는 해방 후의 혼돈 속에서 규정된 수많은 교육 규제들이 선진국의 문턱에 진입한

21세기 한국교육의 숨통을 조르는 기현상을 고치지 않고서는 우리 교육은 한 치도 나아가기 어렵다. 학생, 학부모의 희생을 토대로 굴러가는 현재의 교육시스템을 개혁하려면 교육수요자인 학생과 학부모를 중심에 두고 우리 교육을 전면적으로 다시 설계할 필요가 있다.

교육의 근본문제는 무엇을 가르칠(배울) 것인가, 어떻게 가르칠(배울) 것인가, 누가 가르칠(배울) 것인가라고 할 수 있다. 이 세 가지 본질적인 문제 모두에 있어서 현재의 교육 패러다임은 문제를 안고 있다. 하나하나 어떤 심각한 한계가 있는지 살펴보자.

첫째, 가르칠 내용, 즉 지식을 결정하는 자는 누구인가. 바로 공무원이다. 교과서를 검인정하여 최종적으로 사용하도록 승인해주는 주체가 교육과학기술부이기 때문이다. 무슨 무슨 위원회가 있지만, 궁극적인 결정권은 교육과학기술부 장관에게 있다. 교육과학기술부는 학생들에게 무엇을 어떻게 가르칠 것인가에 대한 기준이라고 할 수 있는 '교육과정'을 정한다. 이 기준이 정해지면 각 출판사에서는 그에 따라 교과서를 만들고 교과부에서 심의해서 교과서를 검정하고 인정한다. 국가에서 만드는 국정교과서를 쓰지 않고 민간에서 만든 것을 단지 교과부가 검인정할 뿐이라지만 각 교과서의 교과 내용은 사실상 같다. 세부적인 서술방식, 문제, 사진 및 그림자료, 디자인 등에서 약간의 차이가 존재할 뿐이다.

중국 진시황이 분서갱유를 통해 서로 다른 지식을 정리하여 통일되고 정제된 지식을 토대로 제국을 만든 점은 주지의 사실이다. 사회가 유지되려면 최소한의 공통분모를 공유할 필요가 있고, 이러한 점에서 가르칠 내용을 통제할 필요성을 주장할 수는 있다. 그러나 지금은 교과서 외에도 널린 것이 지식이다. 최근에는 스마트폰을 통해 언제 어디서나 지식에 접근할 수 있는 유비쿼터스 시대가 현실화되었다. 사이버 공간에는 학교나 정부가 통제할 수 없는 그야말로 다양한 관점과 사고방식, 지식이 넘쳐난다. 아마 진시황제가 다시 온다고 해도 인터넷을 통제하기는 어려울 것이다. 이런 마당에 학생들이 배워야 할 지식을 정부가 결정하고 통제하겠다는 발상은 실효성이 낮다.

사실 교과서에 실릴 만큼 확정적인 지식이란 것도 논란거리다. 창조론과 진화론이 대립하고, 경제학자가 손을 쓸 수 없는 예기치 않은 세계금융위기가 닥치며, 식품이나 약품의 효능에 대해서도 엇갈린 견해가 많다. 하물며, 역사, 문학, 철학, 사회 등의 학문에는 다양한 관점과 사고방식이 백가쟁명식으로 대립하고 있다. 여기서 어떤 특정한 사실과 관점만을 취사선택해 모든 학생에게 일방적으로 가르치겠다는 것은 국가의 횡포일 수 있다. 무엇을 배울 것인가에 대한 국가의 개입은 민주시민사회 유지를 위한 최소한의 한도에 그쳐야 하며, 과도한 개입은 오히려 부작용이 더 클 수 있음을 직시해야 한다.

국어교과서를 보자. 국어교과서에 실린 시나 문학작품만이 정말 가치 있는 것인가. 누가 여기에 확신을 할 수 있는가. 세상에는 수없이 많은 문학작품이 있고, 마찬가지로 수없이 많은 학생이 있다. 그렇다면, 자신의 취향에 맞는 문학작품을 찾아 읽는 것이 자연스럽지 않은가. 21세기 인재는 다양성, 창의성을 갖춰야 한다고 말한다. 지금과 같이 똑같은 교과서를 읽고, 똑같은 교복을 입으면서 어떻게 다양성, 창의성이 자라날 수 있겠는가. 교과서는 최대한 얇게 만들어야 한다. 필수적으로 읽어야 할 문학작품이 있다고 하더라도 그것을 최소한으로 놓고 나머지 부분에 대해서는 학생과 교사에게 재량권을 주는 것이 합리적이라는 얘기다. 가령 수업시간에 필수적으로 읽어야 할 문학작품은 전체 수업시간의 1/2 정도로 하고 나머지 시간은 자유롭게 문학작품을 골라서 읽고 토론하고 생각을 나누면 되는 것이 아닌가. 이것은 어느 과목이나 마찬가지다.

둘째, 어떻게 가르칠 것인가 역시 규제의 대상이다. 예를 들면, 중학교 1학년 1학기 수학에서는 방정식을 가르쳐야 한다고 규율하고 있다. 수업시간은 45분이고, 쉬는 시간은 10분이다. 그런데 한번 생각해보자. 어떤 중학교 1학년 학생들에게 조사를 해봤더니 이미 학원에서 방정식을 배운 학생들이 태반이 넘었다. 그럼 반을 나눠서 방정식을 가르치는 반, 방정식을 건너뛰고 함수를 가르치는 반으로 나누는 것이 합리적이다.

그런데 현행 체제하에서는 이것은 용납될 수 없다. 교사는 미리 입력된 로봇처럼 어떤 상황에서도 중학교 1학년 1학기 수학에서는 방정식을 가르쳐야 한다. 교사설명서에 충실히 따르자면, 교사는 어떤 상황이 닥치더라도 방정식에 대한 개념을 설명하고 예제를 풀고 하는 방식으로 수업해야 한다. 그럼, 학생들은 어떻게 될까. 이미 방정식을 아는 학생들은 수업에 흥미를 잃게 되고, 방정식을 모르는 학생은 교사가 '너희 방정식 학원에서 배웠지?' 하며 대충 넘어가도 '아닌데요!' 하기 어렵다.

또 하나 생각해볼 문제가 있다. 예를 들어 어떤 중학교에서 국어, 수학, 영어, 사회, 과학, 도덕, 기술가정이 기본 과목이고, 미술, 음악, 한문, 컴퓨터, 일본어, 체육 등을 배운다고 해보자. 이 10여 개 과목을 일주일을 단위로 교대로 가르치도록 한 것이 지금의 규제방식이다. 그러나 학습효과 면에서는 한 과목을 집중적으로 배우는 편이 훨씬 효과적이다. 미술을 일주일에 한 시간 편성하는 것보다는 몰아서 배우는 것이 학습효과가 더 높다는 것이다. 또, 그림을 그리는데 수업시간 45분이 부족하다면 충분히 그림을 그릴 수 있는 만큼 미술시간을 늘리는 것이 합리적이다. 미술뿐만 아니라 다른 과목도 교육상의 필요에 따라 시간편성을 탄력적으로 할 필요성이 있겠지만, 현행 규제 하에서는 이마저도 불가능하다.

이같은 교육과정의 문제점을 극복하고자 교과부에서는 2007년에 이어 2009년에 교육과정을 개정하였다. 2011년부터 적용될 2009 개정 교육과정에서는 '학교자율화'를 신조로 단위학교에 자율성을 대폭적으로 확대하였다. '학년 군', '교과 군' 개념을 도입하여 여러 학년과 학기에 나누어 배우던 과목을 학교의 재량으로 한 한 년, 또는 한 학기에 몰아서 배우도록 하여 학기당 과목수를 8과목 이내로 축소하였다. 체험활동을 강화하고 고교 모든 과정을 선택교육과정으로 개편하였다. 학교가 과목을 가르치는 시기, 시간 수를 결정할 수 있게 됨으로써 학교별로 특색있고 다양한 교육과정의 운영이 가능해진다. 이러한 교육과정 개정의 방향에는 충분히 공감이 가지만 수요자 중심의 교육이 이 정도의 조치로 달성될 것인가에 대해서는 의구심이 있다. 이에 관해서는 후에 상론한다.

셋째, 누가 가르칠 것인가도 논란거리다. 과거 절대다수의 국민이 저학력이었던 시절에는 교사가 되기 위한 자격조건으로서 일정 수준의 교원양성 교육을 받도록 한 것이 당연했다. 무자격자가 교사가 되는 것을 막아야 했기 때문이다. 그러나 지금은 동년배 80% 이상이 대학에 진학하는 고등교육 대중화 시대이다. 가르칠 능력이 없는 사람이 교원이 될 확률은 극히 낮다고 보아야 한다. 많은 경우 대학을 졸업했다면 자신의 전공분야에는 초중등 학생들을 가르칠 충분한 자격이 된다. 이러한 점에서 사범대학, 교원대학, 교육대학 등을 졸업해서 교원자격증을 가진 자만이 교사가 될 수 있도록 하는 규제는 시대와 맞지 않는다.

일반대학을 나왔어도 교수학습법이나 교육학에 대한 기초소양 정도만 3~6개월 정도 연수를 받으면 초중등 학교에서 가르칠 수 있도록 바꿀 필요가 있다. 더구나, 석사나 박사의 경우 대학에서는 교수가 될 수 있지만, 초중등 학교에서는 교원이 될 수 없게 한 것도 이상하다. 또한 학원에서도 교육이 이루어지고 있지만, 이들에 대해 자격조건을 규제하지 않더라도 학원사업은 날로 번창하고 있다. 이것은 무엇을 말하는가. 교원이 될 자격을 지금과 같이 엄격하게 규제하지 않더라도 교육시스템은 잘 굴러 갈 수 있음을 보여주는 것이다. 결국, 교원자격을 엄격하게 규제하는 것은 교육계가 자신들의 기득권을 지키려고 만든 성에 지나지 않는다.

칭기즈칸과 함께 대제국을 이룬 돌궐출신의 명장 톤유쿠크는 "성을 쌓고 사는 자는 반드시 망할 것이며 끊임없이 이동하는 자만이 살아남을 것이다."라는 말을 남겼다. 교육계가 자신들을 지키려고 성을 높이 쌓을수록 교육의 경쟁력은 약화할 것이며, 국민의 성원도 멀어질 뿐이라는 사실을 직시할 필요가 있다. 성을 허물고 외부의 인재들이 교육계에 진입하여 교육의 질을 높이고 혁신할 수 있도록 바꿀 필요가 있다.

2장

미래의 학교, 어떻게 바뀔 것인가

급변하는 교육환경과 학교

4층 혹은 5층짜리 시멘트 건물, 흙먼지가 이는 운동장, 똑같은 넓이의 교실들, 그리고 일자로 쭉 뻗은 복도. 학교 하면 떠오르는 전형적 이미지다. 최근 초등학교는 건물디자인을 어린이들의 눈높이에 맞춘 학교들이 등장하고 있지만, 아직도 많은 중고등학교의 전형적인 모습은 정감이 없고 메마른 회색도시와 닮아 있다.

오늘날 우리가 보는 학교는 근대의 산물이다. 애초부터 학교의 모습이 지금과 같지는 않았다는 뜻이다. 공교육 제도가 보편화한 것은 대체로 19세기 이후 근대국가의 성립과정에서 민족국가의 등장, 종교혁명, 산업혁명, 민주주의가 맞물리면서 시민으로서의 권리와 의무수행, 공공복리에 대한 개인의 기여 등이 중시되면서부터다. 이때부터 공교육은 국가가 관장하고 그 대상은 특정 계급이나 엘리트 집단이 아니라 일반대중, 나아가 국민 전체로 확대되었다. 그 이전에 교육은 특정신분이나 단체가 관장하고 소수의 지배계급이나 엘리트 집단만을 대상으로 했었다.

우리 사회에 근대적인 공교육제도가 도입된 것은 1895년 갑오개혁을 전후한 시기이다. 1880년대 중반 서양 선교사들에 의해 근대적인 학교가 생겨나기 시작한 이후, 일본강점기를 거치는 동안 유교를 중심으로 한 전통적 교육체제가 사라지고 그 자리를 서구식 학교가 대신하게 되었다. 1945년 해방 이후에 이르러서야 비로소 우리의 손으로 교육제도를 정비하기 시작하여 많은 시행착오를 거쳐 발전해왔다.

인간은 순간을 살지만 영원을 지향하는 속성이 있고, 현재 목격하는 익숙한 것들이 영원불멸한 것처럼 착각하기도 한다. 과거의 패턴이 미래에도 그대로 재현될 것이라는 고정관념, 지금 눈앞에 보이는 현상이 미래에도 지속할 것이라는 관성, 서서히 진행되는 미세한 변화의 움직임에 대한 둔감성, 이러한 것들이 변화를 가로막는 장애물이다. 대부분의 변화라고 하는 것은 부지불식간에 서서히 진행되다가 변곡점을 넘어서면 폭발적으로 전개되는 양상을 띠지만 변화에 대한 인간의 대응은 고정관념에서 벗어나기 어렵다.

예를 하나 살펴보자. 19세기 후반 증기선이 처음으로 대서양 항로에 투입되었을 때 바람의 힘으로 움직였던 범선 업계의 위기감은 극에 달했다. 운반시간, 운반량 등에 있어서 증기선에 대적하기 어려워 고객들이 떨어져 나갈 것이 불을 보듯 뻔했기 때문이다. 범선업계는 새로운 운송수단인 증기선을 받아들이려는 것이 아니라 기존

방식의 강화로 대응했다. 돛을 더 많이 달아 속도경쟁에 나선 것이다. 그러나 그들의 대응은 처참한 실패로 끝났다. 돛을 많이 달아 속도는 빨라졌지만, 안정성도 그만큼 떨어져 배가 기울어 침몰했기 때문이다. 오늘의 대한민국 교육이 직면한 상황이 마치 이런 것은 아닐까. 폭풍전야의 고요와도 같은 변화의 변곡점에 놓여 있음에도 아무런 준비 없이 무방비 상태로 있다가 직격탄을 맞을 것이라는 위기감이 든다.

미국의 동영상 사이트인 유튜브(www.youtube.com)에는 "Did You Know"라는 동영상이 화제를 끌고 있다. 여기에서 보면 2010년에 가장 수요가 많은 상위 10대 직업은 모두 2004년에는 존재조차 하지 않았다. 미국 노동부에서는 현재 학생들은 38세가 되기 전에 10~14개의 직업을 가져야 하리라는 전망을 내놨다. 더욱이 미국에서는 근로자 4명 중 1명이 현재 다니는 회사를 1년 이내에 그만두고, 2명 중 1명이 5년 이내에 그만둔다고 한다. 이것은 무엇을 말하는가. 오늘날의 학교는 과거와 달리 사회가 어떤 지식을 필요로 하는지 알 수 없는 상황에서 가르쳐야 하는 딜레마에 빠져 있음을 의미한다. 학생들이 앞으로 종사해야 할 직업은 현재 존재하지 않으며 무슨 기술과 지식이 필요할지도 모르는 상황이다. 이러한 상황에서 과연 학생들에게 어떤 준비를 시키는 것이 이들이 직면하게 될 미래사회에 더욱 잘 적응하도록 만드는 길일까.

오늘날 새로운 기술정보의 양은 매 2년마다 2배가 되고 있는데, 이것은 공대 학생이 1학년 때 배운 지식의 절반은 3학년이 되면 이미 낡은 지식이 되리라는 점을 의미한다. 정보의 유통속도 역시 광

섬유, 무선랜(Wi-Fi) 등의 등장으로 비약적으로 상승하여 매 6개월마다 3배 이상 빨라지고 있다. 이 같은 정보혁명은 정보의 유통과 확산을 용이하게 함으로써 변화의 폭과 규모를 확장시키고 있다. 단적으로 새로운 제품이나 서비스가 5,000만명의 소비자를 확보하는 데 걸리는 시간이 점차 단축되고 있는데, 라디오 38년, TV 13년, 인터넷 4년, 아이팟 3년, 페이스북(www.facebook.com) 2년 등이다. 한번 시작된 변화는 걷잡을 수 없는 속도로 빠르고 광범위하게 진행되는 것이 오늘날의 특징이다.

시대변화와 더불어 학교의 모습, 교육방식이 변화되는 것은 어쩌면 당연한 일이다. 학교에 대한 사회의 인재양성 요구, 부모와 학생의 교육욕구는 학교가 변화하고 진보하는 가장 중요한 원천이 된다. 거창하게 학교의 역사나 변천을 논하지 않더라도 우리 학교가 지금 이대로는 곤란하다는 인식은 이미 충분한 공감대가 형성되어 있다. 교육의 소비자인 학부모와 학생이 고통을 받고 있으며, 학교에서 기른 인재를 활용하는 기업 역시도 우리 교육에 대해 불만이 많다. 지금 우리가 느끼지 못하고 있지만, 교육의 대변혁에 대한 조짐은 곳곳에서 감지된다. 대다수 국민에게 가장 심한 고통을 주는 높은 사교육비, 아이들로부터 외면받는 학교교육, 창의성과는 거리가 먼 주입식 강의, 학교에 보내놓고 불안에 떠는 학부모 등등…….

신기술이 발표되고 그에 따라 신산업이 성장하면 새로운 직업이 등장하게 된다. 예를 들어 풍력발전이 하나의 산업으로 부상하게 되면 풍력발전부지 개발자, 풍력발전시스템 엔지니어, 설치기사 등의 직업에서 인력수요가 발생하게 된다. 그런데 이처럼 새로 부상하는

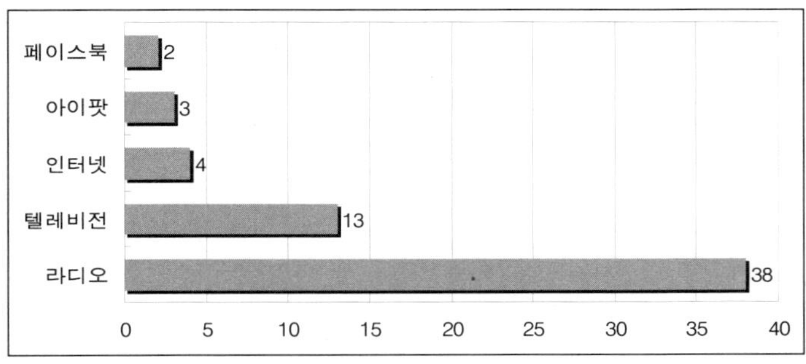

출처: www.youtube.com(2009).
Did You Know—Shift Happens: Education 3.0.

직업에서 인력수요는 많이 증가하지만, 직무를 수행할 능력을 갖춘 인력을 양성하는 데는 시차가 존재한다. 단적으로 스마트폰 등 새로운 정보통신기기의 등장으로 소프트웨어 엔지니어에 대한 수요가 폭발적으로 증가하고 있지만, 기업에서 요구하는 기술과 경험을 갖춘 인력은 크게 모자라 구인난이 벌어지는 것과 같은 상황이다. 정보통신(IT), 바이오(BT), 나노(NT) 등 급속한 기술혁신으로 새로운 숙련을 요구하는 산업과 직업이 급속히 성장하고 있다. 또한, 자동차, 조선 등 기존직업에서도 정보화, 로봇화가 가속화됨에 따라 업무수행을 위해 필요한 지식, 역량이 과거와 다르게 빠르게 변화하고 있다.

그런데 학교교육은 과연 이러한 사회의 인력양성 요구를 교육에 잘 반영하고 있는 것일까. 통상 기술혁신에 따라 새로운 인력수요가 발생한 때로부터 실제 학교에서 인력양성이 이루어기까지 걸리는 기간은 4.5~10년 정도라고 한다. 기업에서 새로운 인력수요가 나타나고 있음을 교육 당국에서 인식하는데 1년, 커리큘럼 보완·교재개발

등 새로운 교육을 위한 준비기간이 1년, 실제 교육과정에 도입하기
위해 의사결정권자를 설득하고 행정처리 등을 하는데 3년, 학생을
모집하는데 2년, 인력을 양성하는데 3년 등 총 최대 10년이 걸린다
는 것이다. 이 시차를 줄여 국가발전에 필요한 인재를 적기에 양성
하는 것이 학교의 사명이며 학교가 환경변화에 뒤처지지 말아야 할
이유가 된다.

　학교가 변화의 무풍지대에 놓여 있을 수 없음은 분명하다. 책임
이 누구에게 있느냐를 따지기 이전에 우리가 직면하는 교육의 문제

<새로운 숙련수요 발생과 인력양성간의 단계별 시차>

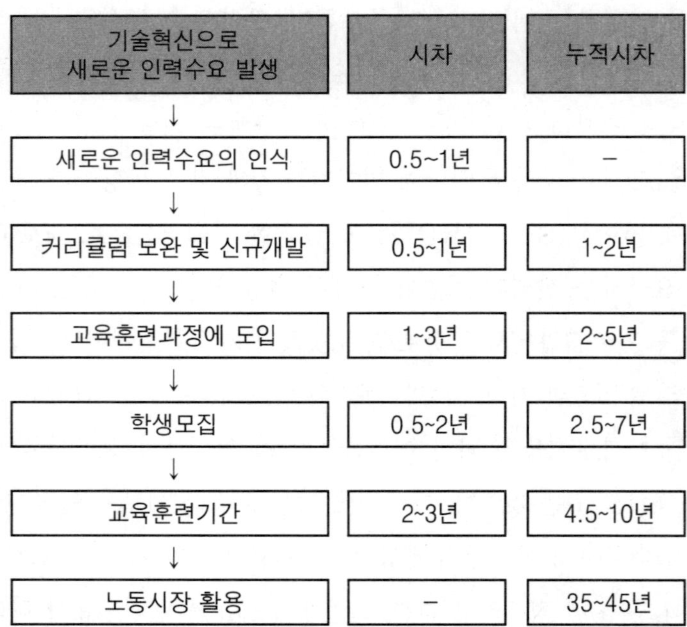

기술혁신으로 새로운 인력수요 발생	시차	누적시차
새로운 인력수요의 인식	0.5~1년	−
커리큘럼 보완 및 신규개발	0.5~1년	1~2년
교육훈련과정에 도입	1~3년	2~5년
학생모집	0.5~2년	2.5~7년
교육훈련기간	2~3년	4.5~10년
노동시장 활용	−	35~45년

자료 : Descy, P. and Tessaring, M. Training and learning for compe-
tence, (2002), p. 300.

들이 무엇인지 살펴보고 미래 우리 교육이 어떤 방향을 지향할 것
인지 모색할 시점이다. 지식기반사회의 진전과 정보통신혁명은 우리
삶은 모든 면에 영향을 미치고 있으며, 교육 분야도 예외가 될 수 없
다. 인구구조의 변화와 노령화, 제조업의 축소와 서비스업의 확대와
같은 산업구조의 변화는 우리 교육이 과거 산업화시대의 낡은 패러
다임에서 하루빨리 벗어나야 함을 일깨운다. 익숙한 것으로부터의
결별은 고통을 동반한다. 그러나 익숙한 것에 대한 집착은 장기적으
로 더 큰 고통으로 되돌아올 뿐이라는 사실을 명심할 필요가 있다.

교육개혁의 한계

수요자 중심의 교육, 학교 간 경쟁을 강화하기 위해 정부가 내놓은
안이 교원평가, 학교별 학력평가, 정보공개, 특성화 고교, 2009 교육
과정 개정 등이다. 이러한 정책들은 평준화의 문제점을 어느 정도 완
화할 수 있다는 점에서 긍정적이지만 근본적인 한계 또한 안고 있다.
이 정책들이 가진 의미와 한계들을 하나하나 살펴보자.

먼저 평준화의 틀을 벗어난 특성화 고교 확대 정책은 고교교육의
다양성을 높이고 소비자 선택을 확대한다는 점에서 긍정적으로 평
가할 수 있다. 하지만, 엘리트 교육을 지향한다는 점에서 평준화와
양립하기 어려운 한계를 갖는다. 앞에서 근거리학교 배정원칙을 핵
심으로 하는 평준화 정책의 한계를 지적했지만, 다수의 평준화 학교
와 예외로서의 특성화 고교를 인정하는 어정쩡한 정책은 엘리트 교

육의 부작용을 피하기 어렵다.

특성화 고교가 성적을 기준으로 입학생을 선발하는 이상 중학교에서의 입시과열, 일반계 고교에 진학한 학생들의 열등감은 피하기 어렵다. 특성화 고교의 높은 학비, 특성화 고교가 소재한 지역으로 이사할 경제적 능력이 없는 저소득 계층은 고품질의 교육을 받을 수 없게 되고 이것이 계층세습을 고착화하는 요인으로 작용할 우려도 있다. 보다 근본적인 문제점은 특성화 고교의 숫자가 300개로 제한되어 있기 때문에 소비자선택권이 제약을 받는다는 사실이다. 특성화 고교는 엘리트교육을 희망하는 모든 학생과 학부모에게 문호를 개방하지 못하고 이는 교육소비자들이 원하는 형태의 교육이 중산층 이상의 소수 엘리트에게만 귀속되는 결과를 가져올 수 있다.

또, 특성화 고교가 성적이 우수한 학생들을 뽑고 이들이 선행학습을 해서 이미 고교과정을 상당 부분 학습했다는 전제하에 교육한다는 점도 문제다. 선행학습을 하지 않은 학생들은 사교육을 통해 이를 보충하고 특성화 고교에서는 입시위주 문제풀이 중심으로 수업을 진행한다니 학원에 다닐 수 없는 저소득층 학생에게는 이래저래 고역이다. 학생과 학부모의 명문대 입시 열기가 뜨거운 현 상황에서 학교가 입시위주로 가르치겠다는 것은 어쩌면 당연하다. 학부모가 원하고, 학생이 원하는 것을 학교가 제공하겠다는데 뭐가 문제란 말인가. 인성교육을 내세우면서 학생이 자던, 딴 짓을 하던 아무 상관하지 않는 학교보다는 최소한 더 낫지 않은가. 하지만, 입시위주의 교육방식을 채택한 학교에서조차 선행학습을 하지 않은 학생들을 내버려둔 채로 문제풀이 위주로 가르치겠다는 것 역시 다수의 이름으로 행해지는 횡포이기는 마찬가지다. 학교가 입학단계에서 이러한 사실들을 솔직히 밝히고 그러한 교육방침에 공감하는 학생들만 선별해서 모집한 것도 아니다.

많은 학부모가 특성화 고교를 선호하는 이유 중의 하나는 면학분위기가 좋기 때문이라고 한다. 평준화 일반고교에서는 공부를 포기한 학생들이 많아서 자녀가 나쁜 영향을 받을까 봐 우려하는 학부모들이 많다. 또, 특성화 고교를 졸업한 학생들이 대학입시에서 우대받는다는 믿음도 있다. SKY 대학에 진학한 학생들의 출신고를 보면 과학고, 외고 등의 특목고가 상위를 차지한다. 그렇지만, 이러한 결과가 대학이 일반고교 출신을 차별하고 특목고 출신을 우대한 결과인지, 아니면 특목고 출신들의 수능점수가 높기 때문인지는 분명치 않다. 같은 수능성적이라면 일반고 출신보다 특목고 출신을 대학이 더 선호할는지도 불분명하다.

특목고가 성적을 기준으로 입학생을 선별하는 것은 심각한 문제다. 중학교에서 배우지도 않은 고교교육 과정을 입시문제로 출제하여 선행학습을 위한 사교육을 부추기기 때문이다. 또, 학교가 공부 잘하는 학생을 뽑아 특별한 노력도 하지 않고 가만히 앉아서 학교의 명성을 즐기려는 경향이 나타날 수 있기 때문에 바람직하지 않다. 다른 학교와 똑같은 학생을 뽑아 차별화된 교육방법을 적용하여 성적을 올리고 능력을 개발했다면 좋은 학교라고 할 수 있지만, 중학교 성적 상위 1~2%의 우수한 학생을 뽑아 거둔 성과는 학교의 기여라고 보기 어렵다. 중학교까지는 공부를 잘하지 못했지만, 고등학교에 가서 열심히 공부하고자 하는 학생에게는 기회조차 주지 않는 한계도 있다.

어느 날 점심을 먹으러 가는 길에 회사 근처의 고등학교 정문에 걸린 현수막을 보았다. '학력평가 일반계 남자고등학교 전국 1위'를 자축하고 학교의 성과를 알리는 내용이었다. 이를 보다가 '과연 이 학교가 전국 1등을 하는 데 있어서 학교의 기여도가 몇 퍼센트나 될까?' 라는 생각이 떠올랐다. 강남 한복판에 있는 8학군 명문 고등학교이니만큼 이러한 성과의 이면에는 학교나 교사의 역할보다는 사교육과 부모의 교육열, 학생들의 성취욕이 상호작용을 일으킨 덕일 가능성이 크다. 이것은 마치 서울대학교가 고시 합격자나 연구업적 등에서 다른 대학보다 우수한 성과를 올리는 것이 상당 부분 우수한 학생을 선발한 덕분인 것과 마찬가지다.

다음으로, 교원평가, 학교별 학력평가, 정보공개에 대해 생각해보자. 평준화 체제에서 학교는 독점적 지위를 갖는다. 어떤 점에서 학교가 독점적 지위를 갖는가. 학교가 가만히 있어도 정부에서 강제로 학생들을 배정해준다. 아무나 학교를 설립할 수도, 교원이 될 수도 없다. 학교를 설립하려면 정부가 정한 까다로운 기준을 충족해야 하고 허가도 받아야 한다. 교원이 되려면 기본적으로 사대, 교대를 나오거나 교원자격증을 갖고 있어야 한다. 이러한 체제에서는 학교가 교육의 질을 높이고 소비자 만족도를 높이려고 혁신적인 노력을 할 것이라고 기대하기 어렵다. 배짱 식으로 학교를 운영해도 학교와 교사는 아쉬울 것이 없기 때문이다. 학교는 교육에 적극성이 부족한 채 학생과 학부모만 몸이 달아 입시에 목을 매온 것이 그간 우리 교육의 실상이다.

학교 간, 교사 간 경쟁이 치열하게 펼쳐져야 혁신적인 교육방법도 개발되고, 교육의 질도 높아질 것이라는 생각은 누구나 할 수 있다. 이를 위해 도입된 것이 교원평가, 학력평가, 학교정보 공개의 3종 세트다. 교사 간 경쟁을 유도하기 위해 잘 가르치는 교사와 못 가르치는교사를 선별하여 그 보상을 차등화하겠다는 것이 교원평가이다. 또한, 학교 간 경쟁을 유도하기 위해 학생들의 학력평가 점수를 토대로 학교별 지원을 차등화하겠다는 것이 학력평가이다. 물론 학력평가는 학생 개개인의 학력을 진단하는 의미도 있기는 하다. 정보공개는 학교의 학력평가 점수를 학부모에게 공개함으로써 학교에 대한 교육수요자들의 압력이라는 시장의 힘이 작동할 수 있도록 하겠다는 것이다.

그러나 평준화 체제를 유지한 채 학력평가로 학교 간 경쟁, 교사 간 경쟁을 유도하겠다는 것은 순진한 발상이다. 강남과 같은 지역은 교사가, 학교가 가만히 있어도 사교육과 높은 교육열 덕분에 학력평가 점수가 높게 나온다. 반면 시골 지역의 학교에서는 정반대의 상황이 펼쳐진다. 교사와 학교가 아무리 용을 써도 점수는 쉽게 올라가지 않는다. 교사들이 4~5년에 한 번씩 이 학교, 저 학교로 전근 다니고 교장이 임기제로 운영되는 상황에서 누구에게 책임을 물어야 할지도 의문이다. 교사로서는 점수가 높은 학교로 전근을 가기만 하면 학력평가는 걱정하지 않아도 된다.

교육과학기술부, 교육청 등이 만든 규제로 말미암아 학교가 새로운 교육적 시도를 하는 것이 거의 불가능한 상황에서 학교와 교사가 학생들의 학력평가 점수에 얼마만큼이나 책임이 있는지도 생각해볼 일이다. 학교가 교육방법을 놓고 서로 자유롭게 경쟁할 수 있도록 규제를 풀고 나서 그 결과에 대해 책임을 묻는다면 이해할 수 있다. 하지만, 학교가 자율적으로 할 수 있는 것이 거의 없도록 손과 발을 모두 묶어 놓은 상태에서 경쟁하라고 다그치는 것은 이해하기 어렵다. 더구나 그 결과에 대해 책임을 묻겠다는 발상은 강남학교를 우대하고 강북학교를 차별하겠다는 것에 불과하다.

커리큘럼, 시수, 교육내용, 교원자격 등에 대해 엄격하게 규제하는 상황에서 평가만이 강화된다면 학교는 '방과 후 학습', '자율학습' 등을 강화하는 방식으로 반응할 가능성이 크다. 교육방법 혁신, 교수학습 자료개발 등과 같은 질적인 측면의 경쟁이 아니라 학습시간이라고 하는 양적 경쟁이 전개될 것이라는 점이다. 열심히 뛰어놀고 친구를 사귀는 것이 수학문제, 영어단어 하나를 더 풀고 외우는 것보다 중요할 수 있는 초등학교, 중학교의 어린 학생들을 장시간 학습에 내모는 것이 과연 바람직할까.

학생에 대한 체벌로 성적을 높이고 명문학교가 되고자 하는 학교가 많은 상황에서 체벌의 강화를 통해 좋은 평가를 받으려는 행태가 증가하리라는 우려도 있다. 즉, 성적이 떨어진다고 매질하고, 수업시간에 존다고 때리고, 지각한다고 얼차려를 시키는 학교가 더 늘어날 수 있다. 학생들에게 매질에 대한 공포심리를 조장하여 면학분위기를 만들고 성적을 올리는 학교와 교사가 더 늘어나는 것은 절대 바람직하지 않다. 군대에서도 구타가 사라진 오늘날 학교에서 매질로 성적을 올리겠다는 발상은 노예의 강제노동과 무엇이 다른가.

공부시간 늘이기 경쟁, 체벌의 강화 등과 같은 것들이 혹시 우리 학생들에게 어려서부터 공부란 재미없는 것이라는 그릇된 선입견을 심어주어 정작 공부가 중요한 대학교와 그 이후의 시기에 공부라면 치를 떠는 사람으로 키우는 것은 아닐까. 진정한 교육개혁이란 학생들이 조금 공부하면서도 더 높은 성과를 올릴 수 있는 효과적인 방법을 찾고 이를 학교교육 현장에 적용하는 것이리라. 그리고 이를 위해 교사, 교육관료, 연구자와 같은 어른들이 피나는 노력을 하게 하는 것이다. 어린 학생들을 점점 더 경쟁의 구렁텅이로 몰아넣는 교육개혁은 차라리 아니 한만 못하다.

교과부에서는 '학교자율화'를 신조로 2011년부터 적용될 2009 개정 교육과정에서는 단위학교에 교육과정과 관련된 여러 가지 자율성을 확대하고 있다. 하지만, 이러한 교육과정 개정의 방향에는 충분히 공감하더라도 수요자 중심의 교육이 이 정도의 조치로 달성될 것인가에 대해서는 의구심이 있다.

역시 평준화 체제가 그대로 온존하고 학교선택권이 실질적으로 보장되지 않는 가운데 학교가 얼마나 특성화에 매달릴지 의문이다. 국공립학교 교사의 순환 근무제 역시 문제를 더 어렵게 만들 가능성이 크다. 4~5년마다 교사가 학교를 옮겨서는 새로운 교육과정을 뿌리내리는데 한계로 작용할 것이다. 실패한 학교에 대한 대책이 빠져 있다는 문제도 존재한다. 학교에 자율권을 주고 경쟁을 시키면 불가피하게 성공하는 학교와 실패하는 학교가 나타나게 된다. 그런데 교원평가만으로 실패한 학교문제를 치유할 수 있을까? 교사는 순환 근무제에 편승하여 실패한 학교를 떠나면 그뿐이다.

실패한 학교를 재생할 방안이 빠졌다는 점에서 자율성의 확대만으로는 소기의 성과를 거두기 어렵다. 실패한 학교가 학생들로부터 외면받을 때 대안은 무엇인가. 학교의 신설이 없고 성공한 학교의 정원이 늘어나지 않는다면 학생들을 실패한 학교로 강제배정 하는 수밖에 다른 도리가 없을 것이다. 그럼 실패한 학교로 강제배정된 학생들에게는 배정이유를 어떻게 설명할 것인가. 실패한 학교의 문제는 평준화 체제와 양립하기 어려운 근원적 맹점이 된다.

이상에서 간단하게 살펴보았듯이 임시방편적인 대증요법으로는 우리 교육을 21세기에 적합하게 새롭게 혁신하는데 근본적인 한계가 있다. 지금은 앞으로 학교를 둘러싼 환경이 어떻게 변화될지를 염두에 두면서 학부모가 가진 교육에 대한 불만을 없애는 방안을 찾을 때다. 교육개혁을 위해 우리 교육이 안고 있는 문제점에만 주목하면 과거지향적으로 흐르기 쉽지만, 앞으로 학교가 직면하게 될 문제들을 함께 고민하면 미래지향적인 해법이 도출될 수 있다.

학교를 둘러싼 미래 환경변화에 따라 학교가 어느 방향으로 변화해 나가야 할 것인가라는 주제는 OECD와 같은 국제기구에서 일찍부터 주목해왔다. 우리 학교가 직면하는 문제점뿐만 아니라 미래학교가 수행해야 할 역할을 함께 그려보면서 우리 교육의 개혁방향을 모색해 보자.

학교를 둘러싼 환경의 변화

서두에 언급한 바와 같이 학교라고 하는 조직은 사회변화에 따라 그 형태와 조직, 기능이 바뀌어 왔다. 미래 학교가 어떤 모습을 하고 있을지, 현재와 어떤 차이점이 있을 것인지 전망해보는 것은 우리 교육의 미래, 학교개조를 위해 중요한 문제가 아닐 수 없다. 교육은 백년대계라는 말이 있는 바와 마찬가지로 미래 교육의 변화방향을 염두에 두고 교육개혁을 추진할 때 개혁의 효과가 발휘될 것이다. 미래에 대한 통찰력 없이 당면한 교육문제에만 집착할 때 학교에 혼란만 가중시키고 정권이 바뀔 때마다, 장관이 바뀔 때마다 개선안을 덧대는 누더기가 되기 십상이다.

학교의 미래에 대해서는 OECD에서도 관심이 높다. OECD에서는 1997년에 '미래의 학교교육(Schooling for Tomorrow)' 프로젝

〈학교를 둘러싼 환경변화〉

영역	내용
1) 인구	출산율저하, 고령화, 인구구조, 국가 간 인구이동, 다양한 가족형태
2) 경제의 새로운 현상	경제의 세계화, 지식집약적 서비스 경제
3) 직업과 노동	여가확대와 노동의 중요성 감소, 고용안정성의 감소, 여성의 근로확대
4) 평생학습	고학력화, 국제유학의 증대
5) 정보통신기술	정보혁명, Web 2.0
6) 사회와 가치	가치관의 변화, 건강을 위협하는 생활방식, 환경문제

출처: OECD(2008). Trends Shaping Education에서 정리

트에 착수하여 2003년에는 '미래의 학교교육(schooling for to-morrow)'이라는 제목의 보고서를 발표했다. 이를 통해 앞으로 예상되는 학교를 둘러싼 환경변화에 따라 미래학교가 어떤 방향으로 진화해나갈 것인지 시나리오를 제시하였다. 미래사회에서 학교가 어떤 기능을 수행하고, 그러한 기능을 수행하기 위해 어떤 형태로 남을 것인지는 현재 교육개혁의 방향을 설정하는데 실로 중요한 문제가 아닐 수 없다. 장기적인 안목을 가지고 변화의 방향을 예상하고 변화에 순응하고 선도하는 학교개혁에 대한 공감대를 얻는 것은 개혁추진의 가장 중요한 동력이 되기 때문이다.

21세기는 변화의 세기라 할 만큼 빠른 속도로 변화가 이루어지면서 인간을 둘러싼 불확실성이 고도로 높아지고 있다. 급속한 변화에 무작정 따라가려다 보니 당장 발생하는 문제들에 집착하게 되고 변화의 큰 흐름을 보는 여유를 잃어 결과적으로 변화에 역행하고 문제를 더 악화시키는 선택이 종종 일어난다. 이를 회피하려면 미래 환경변화의 방향을 예상하고 이에 대한 대비책을 모색할 필요성이 있다.

OECD에서 학교를 둘러싸고 미래에 진전될 변화로서 주목한 요인들은 다음과 같다.

1) 인구구조 변화

인구구조로서 주목해야 할 변화는 저출산, 독자가정의 증가, 고령화, 청년층의 감소, 국제 인구이동의 증가 등이다.

첫째, 저출산은 학교에 직접적으로 영향을 미친다. 출산율의 감소가 교육에 미치는 일차적 영향은 학생 수의 감소와 이에 따른 학교 폐쇄이다. 이러한 변화는 교사가 부족한 국가에서는 축복이지만 반대의 경우에는 남아도는 교사와 학교시설을 어떻게 활용할 것인가가 중요한 이슈가 된다. 이 문제는 이미 우리나라에서 현실화되고 있다. 학생 수보다 학교와 교사가 부족하여 과밀학급이 중요한 이슈였던 서울 등의 도시지역에서는 학생 수 감소에 따라 과밀학급이 저절로 해결되고 있다. 반면, 농촌지역에서는 학생의 감소에 따라 학교폐쇄가 본격화되고 있으며 폐쇄된 학교시설을 어떻게 활용할 것인지가 관심사로 부상하고 있다.

학교폐쇄는 교육의 다양성을 해치고 학부모의 학교선택권을 제약할 가능성이 크다. 우리나라 농촌은 학교폐쇄에 따라 통학거리가 증가하고 지역과 학교가 유리되고 학생의 학교에 대한 소속감이 저하되는 부작용이 이미 나타나고 있다. 1970년대 초까지만 하더라도 한 해 90만 명 이상의 신생아가 태어났지만, 오늘날에는 불과 45만 명에 그치고 있다. 산술적으로만 따지더라도 학교시설이 2배 이상 여유가 생긴 셈이다. 학생 수의 감소는 또한 교육에 커다란 기회 요인이 될 수 있다. 학교신축, 교사충원에 주로 투자했던 교육재정을 학교시설의 현대화, 새로운 교수학습방법의 개발, 창의성과 상상력을 기르기 위한 체험학습의 확대 등과 같은 교육소프트웨어의 강화에 투자할 수 있을 것이기 때문이다.

둘째, 저출산은 가정 내 출산자녀 수의 감소를 수반하며 독자가정의 증가를 가져온다. 형제·자매 없이 혼자 자라는 학생들의 증가에 학교는 어떻게 대응해야 할 것인가. 과거 형제·자매가 많았던 시절에는 형제·자매와 부대끼면서 자연스럽게 가정 내에서 사회화가 이루어질 수 있었다. 독자가정이 대세인 오늘날의 가정에서 학생의 사회화가 불가능하다면 학교는 이들의 사회화를 어떻게 지원할 것인가. 소득이 증가했지만, 자녀는 한 명인 상황에서 자녀의 교육에 대한 부모의 관심은 뜨겁다. 물심양면으로 자녀교육에 아낌없이 투자하겠다는 부모가 증가하고 있는데 학교가 이들의 높은 교육욕구를 어떻게 충족시킬 것인지도 숙제다.

셋째, 고령화는 학교의 전통적 기능에 중대한 도전과제가 될 전망이다. 인간의 수명이 50~60세 불과했던 과거와 달리 100세 가까이 연장될 미래사회에서는 학령기 학생중심의 전통적 학교기능에 대한 변화압력이 증대할 전망이다. 직업세계의 변동이 심화함에 따라 사람이 일생 종사하는 직업의 수가 많아지고, 지식의 수명이 점차 짧아지는 현재의 추세 속에서 20세 중반까지 학교에서 배운 지식이 사회에서 얼마나 활용이 될까. 학교에서 학생들에게 정말 가르쳐야 할 것은 무엇일까. 학교교육의 대상도 학령기 학생중심에서 성인으로 확대되어 재충전을 위한 계속교육, 평생교육의 필요성 증대에 대응해야 할 것이다. 아울러 은퇴한 고령자의 삶을 보람있게 만들기 위해 학교가 해야 할 역할도 새롭게 모색해볼 필요성이 있다.

넷째, 젊은 층이 감소하고 노령인구가 증가하는 인구구조의 변화역시 교육에 중대한 도전이 될 전망이다. 노인인구의 증가는 복지비용의 증가를 수반하고, 일하는 젊은 층의 감소는 조세수입의 감소를 가져와 정부재정을 압박할 것이다. 이 경우 세출구조의 조정이 필요해질 것이며 교육분야에 대한 정부의 투자감소는 불가피하다. 이에 대처하려면 학령기 교육기간을 축소하고 노동시장 진입연령을 낮추는 한편 추가적인 교육이 필요한 시점에 계속교육을 받을 수 있는 시스템으로의 전환을 생각해볼 수 있다. 학령기 교육기간의 단축과 동시에 노동시장 진출연령을 낮추는 것은 교육비용의 절감과 세수확보라는 두 마리 토끼를 잡을 수 있는 묘책이다.

다섯째, 국가 간 인구이동 역시 중요한 문제이다. 세계화에 따라 전 세계적으로 국가 간 인구이동이 활성화되면서 외국인 유입이 증가하고, 이는 필연적으로 외국인과 그 자녀의 교육문제로 연결된다. 우리나라만 하더라도 2009년 12월 말 기준으로 117만 명의 외국인이 거주하고 있고 상당수의 학령기 자녀가 있지만, 이들을 학교교육에서 어떤 방식으로 흡수할 것인가에 대해서는 이렇다 할 사회적 합의나 대책이 없는 실정이다. 외국인과 그 자녀가 계속해서 증가하고 이들의 교육요구를 공교육에서 흡수하지 않고 내버려둔다면, 교육을 통해 사실상의 외국인 분리정책을 시행하는 결과를 가져오고 이것은 인종대립과 같은 치명적인 사회갈등으로 비화할 수 있다. 외국인을 학교교육에서 어떻게 수용할 것인가와 더불어 우리 학생들에게도 외국인과 더불어 살아가야 하는 시대적 변화에 발맞춰 그에 필요한 태도와 능력을 가르쳐야 할 것이다.

마지막으로 편부·편모 가정의 증가, 결혼기피 등은 전통적 가족제도의 해체 우려를 낳고 있다. 전통적 가족제도하의 학생 비중이 줄어들고 새로운 형태의 가족을 가진 학생이 증가한다면, 학교와 가정의 역할은 어떻게 바뀌어야 할 것인가. 학교는 새로운 형태의 가족을 가진 학생들에게 어떻게 가르쳐야 하며, 가족이 책임졌던 자녀의 사회화를 학교가 어느 선까지 책임져야 할 것인지 성찰이 필요하다.

2) 경제의 새로운 현상

21세기 경제에서 나타나는 주목할 만한 변화로는 세계화의 진전과 지식사회의 심화를 들 수 있다.

첫째, 상품, 서비스 등의 무역자유화, 자본이동을 위한 투자자유화, 국가 간 자유무역협정, EU, NAFTA 등과 같은 경제블록의 확대강화 등 전 세계적으로 경제의 세계화 바람이 거세다. 국내경제를 보호해줄 울타리가 사라지고 '만인의 만인에 대한 투쟁'의 치열한 경쟁이 전 지구적 차원에서 전개됨으로써 국가, 기업, 근로자의 경쟁력이 중시되는 새로운 현상을 낳고 있다. 국가 대 국가, 기업과 기업, 개인과 개인 간의 무한경쟁이 펼쳐지는 세계화는 필연적으로 승자와 패자를 낳고 패배의 아픔은 1997년 외환위기로 상징되는 국가적 재난으로 귀결된다.

경제의 세계화가 교육에 주는 메시지는 국가, 기업, 개인이 경쟁력을 확보하는데 교육이 어떻게 이바지할 수 있느냐는 것이다. 경쟁력 확보를 위해서는 끊임없는 혁신이 일어나야 하고 혁신은 창의력에서 나오므로 결국 어떻게 하면 창의적인 인재를 양성할 수 있느냐는 문제로 귀결된다. 기존의 학교시스템을 그대로 두고 창의적인 교육이 과연 가능한 것일까. 또한, 지금의 교육 거버넌스 체제를 그대로 둔다면 교육내용, 커리큘럼, 수업시간 등을 결정함에 있어서 국제 경쟁이 과연 얼마나 고려될 수 있을까. 국사와 세계사, 국토지리와 세계

지리, 전통적 예의범절과 국제매너 등 실제 교육현장에서 직면하는 문제들에 어떻게 대처하는 것이 현명한가.

다음으로, 지식집약적 서비스 경제의 확대라는 산업구조 변동에 대한 대처문제이다. 산업혁명 이후 농업비중이 극적으로 감소하는 가운데 제조업이 증가했다면 이제는 제조업의 비중감소와 서비스업의 확대가 진행되는 경제의 서비스화를 목격하고 있다. 산업구조의 급격하고 대규모적인 변동은 직업세계에 직접적으로 영향을 미치게 되고 이것은 학교교육과 직업에서 요구하는 능력 간의 괴리를 심화시킬 것이다. 과연 지금 학교에서 배운 지식을 가지고 학생들이 사회에 진출해서 활용할 수 있을까. 미래세계에서 확대될 직업은 무엇이고 학교에서는 여기에서 요구하는 능력을 어떻게 키워줄 수 있을까.

지식기반사회가 필연적으로 연구개발에 필요한 고학력자에 대한 수요를 확대할 것이라면, 초중등 학교도 학생들의 고학력화 추세에 초점을 맞춰 연구개발에 필요한 능력을 신장하는 데 집중할 필요가 있다. 아울러 기존의 학교교육이 수리력, 언어능력, IT능력 등과 같은 '인지적 능력(cognitive ability)'의 신장에 주로 집중해왔다면 이제는 지식기반사회에서 강조되는 상상력, 친화력, 협동심, 윤리의식 등과 같은 '연성능력(soft skill)'의 개발에도 관심을 둬야 한다.

3) 직업과 노동

노동의 중요성 감소는 특히 남성에서 두드러진다. 근로시간의 감소, 생애 근로 기간의 단축은 노동의 중요성이 감소하고 여가가 증가하는 경향을 보여주는 지표들이다. 여가의 증가는 교육에 어떤 과제가 될 것인가. 여가를 활용하는 차원에서 학습하려는 성인들에게 학교는 어떤 역할을 해줄 것인가. 학부모의 여가 증가를 자녀교육에 결합시키기 위하여 학교는 어떻게 학부모를 학교교육에 참여시킬 수 있을 것인가. 여가의 증가에 맞춰 가정과 학교의 역할분담을 어떻게 합리적으로 조정할 것인가.

일자리의 불안정성 증대는 빠른 기술진보와 세계화가 가져온 해악이다. 기업수명의 점진적 단축, 산업구조의 변화, 경쟁의 격화, 비정규직의 확대 등은 일자리의 불안정성을 증대시키는 요인들이다. 일자리의 불안정성 증대는 개인이 일생을 살면서 여러 직업에 종사해야 하는 근로 패턴의 변화를 가져오게 되고 이것은 학교에서 누구를 대상으로 무엇을 가르칠 것인가에 관한 근본적인 질문을 제기한다.

직업세계의 불안정성이 높고, 학생들이 어떤 직업에 종사할게 될지 가늠하기조차 하기 어려운 미래사회에서 초중등 학교가 학생들에게 어떤 능력을 얼마만큼 키워주어야 하는가. 초중등 학교에서 학생들에게 가르쳐야 할 것은 무엇인가. 대학진학을 전제로 학문하는데 필요한 능력을 키워주어야 하는가. 아니면 직업에서 필요한 전문적인 직업역량을 키워주어야 할 것인가. 아니면 인성교육을 강화하여 사회생활의 기초를 강화하는 선택을 할 것인가. 또한, 직업의 불확실성 증대는 진로교육의 강화를 통해 학생들에게 사회변동과 직업세계 변화에 대한 대처능력을 키워줄 필요성을 제기하는데 초중등 학교 진로교육에서 이러한 시대적 요구를 어떻게 담아낼 수 있을 것인가.

여성의 경제활동참여는 뚜렷한 증가추세를 보이고 있다. 남성의 여가 확대와 여성의 경제활동 증대라는 새로운 상황에서 학교는 학생들에게 성별 역할분담을 어떻게 가르쳐야 하는가. 여성의 출산과 자녀양육 문제를 고려했을 때 학교에서 여학생과 남학생의 진로지도를 아무런 차이 없이 가르치는 것이 과연 바람직한지, 아니면 성별 차이를 반영해야 할 것인지 고려해야 한다. 또한, 일하는 어머니의 증가는 자녀교육에 대한 어머니의 비중을 축소하고 학교교육을 강화하는 방향으로 학교와 가정의 역할분담을 요구하고 있는데 이에 학교는 어떻게 대처할 것인가. 여성의 경제활동참여 증가로 자녀교육에서 어머니와 학교 간의 협력이 감소하고 있다면 아버지를 교육에 참여하도록 유도할 방안은 무엇인가.

4) 평생학습

교육분야에서 가장 두드러진 현상 중의 하나는 고학력화이다. 고학력화는 지식기반사회의 진전에 따라 지식과 숙련의 중요성이 높아지는 수요자 측 요인과 소득증가로 교육투자가 증가하는 공급자 측 요인이 맞물리면서 나타나는 현상이다. 고학력화한 학부모는 자연스럽게 자녀의 학교교육에 대해 높은 기대치를 갖게 될 것인데 이에 대해 학교는 어떻게 대응할 것인가. 고학력 학부모가 학교교육에 참여하여 교육의 성과를 높이고 보완성을 높일 방안은 무엇인가. 고학력 학부모들이 가진 교육에 대한 다양한 관점과 가치관의 차이는 교육수요의 다양성을 증폭시킬 것이다. 공립학교가 여기에 적절히 대응하지 못하면 대안학교, 사립학교 등으로 학생들이 몰리고 공립학교에 대한 사회적 지지는 약화할 것인데 이에 대한 대비책은 무엇인가.

국제유학의 증가추세 역시 하나의 경향으로 자리 잡고 있다. 전 세계적으로 국외유학생은 1975년 60만 명 수준에서 2005년에는 270만 명으로 30년 만에 4.5배 증가했다. 소득수준의 향상, 세계화의 진전, 국가 간 지식격차의 확대, 교육정보 유통비용 절감 등으로 말미암아 국제유학의 증가추세는 앞으로도 지속될 것이다. 국제유학의 증가는 교육경쟁력이 높은 국가에게는 새로운 시장을 창출하고 수익을 획득하는 기회가 되겠지만 그렇지 못한 국가는 학생 수의 감소에 직면하게 될 것이다. 우리나라에서 확대되고 있는 조기 유학은 영어격차(English device)를 벌리는 요인이 되고 이들이 다시 상류층으로 편입되는 새로운 구조의 정착을 의미할 수 있다. 이것이 사실이라면 우리 학교교육은 어떻게 여기에 대응해야 할 것인가. 지금의 커리큘럼과 교육방식을 고수할 것인가, 아니면 영어격차를 획기적으로 없앨 수 있는 파격적인 대책을 모색해야 하는가.

5) 정보통신기술

다음으로, OECD에서 주목한 것은 정보통신기술의 비약적 발전이다. 특히, 소형화, 경량화, 저렴화하는 반면 성능은 더욱 막강해지고 있는 컴퓨터, 더욱 확장되고 있는 인터넷과 집단지성이라고 평가받는 웹 2.0, 스마트폰 등에 주목하였다. 이제 컴퓨터, 인터넷, 휴대전화 등의 정보화기기를 떠난 인간의 삶은 상상할 수 없으며 정보통신기술은 자동차, 선박 등의 기존 제품 업그레이드에 직접 사용되는 것은 물론이고 우리가 사용하는 제품 대부분을 생산하는데 필수적으로 되고 있다. 기계로 인식되었던 자동차가 전자제품으로 불릴 정도로 전자식 엔진, 각종 제어장치, 편의장치 등이 모두 전자화되고 있다. 생산과정은 물론 품질관리, 자동화 시스템 등에 프로그래밍과 정보처리가 더욱 광범위하게 활용되고 있다. 정보통신기술을 어떻게 교육에 접목하고 활용하여 지식에 대한 접근성을 높이고 활용능력을 키우느냐가 21세기 교육의 가장 중요한 과제로 부상하고 있다.

정보통신기술의 발전에 교육이 어떤 속도로 따라가야 하는지, 취사선택은 어떤 기준을 가지고 할 것인지, 교사들의 정보통신에 관한 지식과 기술을 어떻게 지속적으로 향상시킬 것인지, 학교에 정보통신기기를 어느 정도로 확보하고 활용해 나갈 것인지 등이 중요한 고려사항이다. 정보통신기술의 발전에 학교와 교사가 어떻게 대응할 것인가는 단순히 이러한 문제들에 그치지 않는다. 더욱 중요한 변화는 정보통신기기의 활용을 통해 학교나 교사를 거치지 않고 학생이 직접 지식에 접근하는 것이 보다 쉬워지리라는 점이다.

이미 학습용 로봇이 출시되고 있지만, 2020년경이 되면 인공지능을 장착한 로봇이 본격적으로 등장하여 '인간에 의한 학습'을 '기계에 의한 학습'으로 바꿔버릴 수도 있다. 이미 컴퓨터를 활용한 이러닝을 통하여 자기주도적이고 상호작용이 가능하며 자기 스스로 학습성과를 향상시키는 유형의 학습방식이 등장하고 있다. 이러한 학습환경의 변화에 학교는 어떻게 대응하고 기존의 교육방식을 변모시켜 나갈 것일까.

인터넷을 통한 자유로운 지식에의 접근은 분과학문 단위로 학습해온 오랜 전통과 배치되는 것이다. 키워드, 하이퍼텍스트를 기반으로 지식을 검색하고 학습하는 인터넷 환경에서는 교육방식도 학제 중심에서 벗어나 다 학문적, 융합적 형태로 바뀌어야 할 것이다. 정제된 지식을 가르치는 닫힌 교육이 아니라 특정 주제에 대해 탐색하고 채워나가는 열린 교육으로의 변신이 필요하다.

더구나 인터넷이 단순한 검색이 아니라 사용자들의 참여와 상호작용을 전제로 하는 웹 2.0 시대로 접어듦에 따라 손수제작물(UCC: User Created Contents)이 크게 확산되고 있다. 짧은 영화, 사진, 온라인 백과사전인 위키피디아, 블로그 등은 웹 2.0 시대에서 확산되고 있는 참여의 대표적 형태들이다. 이제 지식은 소수의 지식인이 만들어 정리하고 창조하는 방식에 의해서가 아니라 인터넷에 접속하는 모든 사람이 참여와 상호작용을 통해 집단지성을 발휘하는 시대로 넘어가고 있다. 이러한 시대에 전통적 학교교육에서 중시해왔던 사실적 지식의 전달, 암기, 반복학습 등과 같은 교육방법은 의미를 상실해가고 있다. 정보의 홍수 속에서 필요한 정보를 찾고, 해석하고, 학습하고, 활용할 수 있는 능력을 키워주는 쪽으로 학교교육이 바뀌어야 한다. 지식인이 아닌 일반인들도 지식의 단순한 소비자가 아니라 생산자로서 만들고 참여해야 한다면 우리 교육의 모습은 어떻게 바뀌어야 할 것인가. 글쓰기, 말하기, 상상력, 창의력, 멀티미디어 작성 등 새로운 시대에 필요한 능력을 키울 수 있도록 커리큘럼과 교육방식을 근본적으로 바꿔야 하지 않을까.

6) 사회와 가치관

인간을 둘러싼 환경의 급속한 변화는 가치관의 변화를 가져온다. 특히, 젊은 세대일수록 새로운 가치관을 빠르게 받아들이므로 학생들과 교사 간에는 가치관의 괴리가 심화된다. 한 사회의 가치관 변화를 측정하는데 있어서 세계적으로 권위를 인정받는 조사에 '세계가치관조사(World Values Survey)'가 있다. 이에 따르면 자기의사의 표현, 삶의 질에 대해 중시하는 경향이 강해지지만, 종교, 가족, 국가 등과 같은 전통적 권위에 대해서는 중요성이 약화되고 있다.

전통적 가치와 권위에 대한 복종이 약화되고 있다면 학교에서 학생과 교사 간의 관계는 어떻게 재설정해야 할 것인가. 학교와 교사의 권위는 어떻게 바뀌어야 하며 보다 근본적으로는 교실에서 교사는 어떤 역할을 해야 할 것인가. 교사가 과거와 같이 가르치는 역할에 중점을 둘 것인지, 아니면 학습의 방향을 제시해주고 자기주도적 학습을 지원하는 상담과 조언자로서 남을 것인지 역할의 재정립이 필요하다.

교사의 권위에 대한 학생들의 복종이 약화된다면 교사는 어떻게 학생들을 대하고 가르쳐야 할 것인가. 학생들의 자기표현 욕구, 삶의 질에 대한 욕구가 높아지는 상황에서 이들에게 자기표현의 방법, 삶의 질을 높일 방법을 학교에서 가르쳐야 하는가. 학교의 교육과정에서 이를 수용하려면 기존의 커리큘럼과 조화시키는 것이 과연 가능할 것인가. 다양한 가치관에서 나와는 다른 가치관을 가진 사람들과 협력하면서 살아가는 방법을 학교에서 가르는 방법은 무엇인가.

학생은 교육소비자로서의 지위와 학교에서 배우는 학습자로서의 지위를 동시에 갖는데 교육소비자로서 자신을 인식하는 경향이 강화되면 교사가 이를 수용하는 방식에도 고민이 필요하다. 우리나라처럼 교사의 권위를 강조하는 학교문화에서 교사와 학생의 관계를 어떻게 재설정하는 것이 바람직한가. 교육을 과거에는 공공서비스로 인식했다면 점차 소비재로 인식하는 경향이 강화되고 있는데 학교는 이에 어떻게 대처해야 하는가. 공공성을 더욱 강조할 것인가, 아니면 소비재로서 학생과 학부모에 대한 서비스를 강화할 것인가.

풍요로운 미래사회에서 학생들의 건강은 나쁜 습관 때문에 심각하게 위협받을 가능성이 크다. 음주, 흡연, 비만은 청소년들의 건강을 위협하는 주요 요인들이며 사회가 풍요해질수록 더욱 심화될 가능성이 큰데 학교교육에서 이러한 문제들에 어떻게 대처할 것인가. 학교급식은 학생들의 비만문제에 적절하게 대처하고 있는가. 학생들의 음주, 흡연에 대해 학교의 대처방식은 과연 적절하다고 평가할 수 있는가. 학생들의 보건, 건강, 바람직한 생활습관과 관련하여 학교와 학부모 간의 역할분담, 협력관계는 어떻게 구축하는 것이 바람직한가. 학교교육에서 사실적 지식의 전달을 강조할 것인가, 아니면 학생들의 육체적, 정신적 건강도 함께 책임져야 할 것인가. 커리큘럼에서 이들 간의 구성비는 어떻게 반영하는 것이 바람직한가.

전 세계적으로 인구가 지속적으로 증가하고 산업화가 가속화됨으로써 지구환경의 파괴와 생태계의 혼란은 인류 전체의 삶 자체를 위협하는 수준에 이르렀다. 지구온난화에 따른 빈발하는 기상이변, 해수면 상승 등의 문제에 학교교육은 어떻게 대처하는 것이 바람직한

가. 학생들의 환경에 대한 지식, 태도, 가치를 어떻게 가르치고 이것
을 커리큘럼에 반영하는 방법은 무엇인가.

미래의 학교, 어느 방향으로 진화할 것인가?

　OECD에서는 이러한 환경변화에 대응하여 학교가 어떻게 변화할
것인가를 시나리오 기법으로 분석하였다. OECD가 예견한 시나리오
는 모두 6가지인데, 학교가 변하지 않고 현상유지하는 경우, 학교를
새롭게 개혁하는 경우, 기존학교를 폐기하는 경우로 나누고 각각의
경우에 대해 다시 2개의 하위 시나리오를 제시하였다.

〈미래의 학교에 관한 시나리오〉

개혁방향	시나리오
기존학교 현상유지	1) 관료주의적 학교시스템 강화
	2) 학교의 붕괴
기존학교의 개혁	3) 핵심적 사회통합센터
	4) 학습조직으로서의 학교
기존학교 폐기	5) 학습네트워크에 흡수되는 학교
	6) 시장모델의 확장-수요자주도

　이를 시나리오별로 구체적으로 살펴보면 다음과 같다.
　첫째, 학교가 변화압력을 거부하고 현상유지하는 시나리오다.

이것은 다시 현재의 '관료주의적 학교시스템'을 강화하여 학교가 그대로 유지되는 시나리오와 '학교붕괴' 시나리오로 나누어진다.

우선 '관료주의적 학교시스템 강화' 시나리오에서는 교과부를 정점으로 한 관료주의적 통제가 전국의 모든 학교를 더욱 강력하게 규율함으로써 학교교육을 위협하는 요인들에 대처하는 방식이다. 학교개혁 시도에 대해 교원단체가 외곽에서 공공연한 저항과 무력화 시도를 함으로써 학부모들의 학교교육 개혁요구를 좌절시킨다. 교육 내부적으로는 관료주의가 교육의 주도권을 더욱 움켜쥐고 변화압력에 저항하고 거부함으로써 현재의 획일적 교육시스템은 별로 바뀌지 않고 오히려 유지·강화된다.

이 시나리오에서도 사회에서 지속적으로 제기되는 교육에 대한 불만과 개혁요구의 분출은 막을 수 없다. 부분적이나마 이러한 요구를 충족시켜 주지 않고서는 기존 학교시스템의 존속이 어려워서 학교에 대한 관료주의적 통제와 요구는 더욱 증가하고 학교와 교사의 부담은 가중된다. 예컨대, 높은 사교육비 부담에 대한 국민의 불만을 잠재우려고 '방과후학교' 정책을 도입한 것은 관료제적 학교통제시스템을 그대로 둔 채 교사와 학교의 부담만을 가중시키는 정책의 전형이라 할 수 있다. 정보통신기술은 학교를 근본적으로 변화시키는 데 활용되는 것이 아니라 기존 학교교육을 강화시키는데 부분적으로만 활용될 뿐이다. 교사는 국가공무원으로서 지위를 가지며, 강력한 교원노조가 존재하고, 교원에 대한 처우는 획일적으로 규율되기 때문에 우수교원을 확보하는데 한계가 존재한다. 이 같은 시나리오 하에서는 학교교육이 학생과 학부모의 다양한 교육수요를 충족시켜주는 데 실패하기 때문에 외면받을 가능성이 크다.

'교사 대탈출-붕괴' 시나리오에서는 관료주의적 통제와 간섭에 따라 교사들이 학교를 떠나거나 교사의 인기가 떨어져 교사가 부족해진다. 교사의 급속한 노령화가 교사부족을 촉발하는 가장 중요한 요인으로 드러나며 대규모 교사충원에는 시간이 소요되기 때문에 단기간에 교원을 확보하는데 곤란을 겪는다. 과목별, 지역별로 교원부족의 규모와 정도는 다르게 나타날 것이며 이것이 개혁과 변화를 위한 계기가 될 수 있다. 그러나 자칫 잘못 대응할 때 교원부족-갈등의 증폭과 같은 악순환에 빠질 수도 있다. 한국은 교사가 인기직종으로 주목받고 있기 때문에 이러한 시나리오가 현실화될 가능성은 작으나 유럽의 여러 국가에서 교사부족은 현실적 문제가 되고 있다.

둘째, 교육에 대한 시대적 요구에 부응하여 주요 개혁조치를 단행함으로써 학교쇄신을 추진하고 학교를 완전히 새롭게 재탄생시키는 것이다. 이것은 다시 학교를 '핵심적인 사회통합센터'로 만드는 시나리오와 '학습조직'으로 만드는 시나리오로 구분된다.

학교를 '핵심적인 사회통합센터'로 만드는 시나리오에서는 학교가 사회통합을 위한 가장 효과적인 기관으로서 지위를 갖게 된다. 학교가 위치한 지역공동체의 목표나 과업에 따라 학교의 기능을 달리 정의한다. 학교는 지식의 전수기관이라는 고유 역할보다는 지역공동체의 가치와 규범을 지키는 사회센터로서 기능 하게 된다. 가령, 학교는 학령기 아동만을 대상으로 하는 전통적인 학교가 아니라 공동체의 상황과 요구에 따라 평생학습기관으로서의 기능에 중점을 둘 수 있다. 즉, 학교는 다른 공동체 조직과 함께 사회에 대한 포괄적 책임을 공유하고 사회에 전문성을 제공하고 수준 높은 교육을 실시하는 기관으로 재탄생한다.

이러한 시나리오 하에서 학교는 비형식 학습(non-formal learning)에 강조점을 두며 학교조직 역시 이에 걸맞게 다양한 형태를 보인다. 모든 공동체 구성원의 질 높은 학습 환경을 보장하고 교사와 학생의 학습을 촉진하기 위해 재정지원이 확대된다. 정보통신기술은 광범위하게 사용되며, 의사소통과 네트워킹을 위한 핵심적 수단이 된다. 사회통합의 핵심적인 역할을 하는 교육 전문가에 대한 보수는 높으며 개별 교사의 보수수준은 역량과 성과에 따라 차등화된다.

'학습조직으로서의 학교' 시나리오에서는 학교가 강력한 지식교육의 산실로서 거듭나 고품질, 다양성, 혁신의 문화 속에서 운영된다. 학교에서 새로운 형태의 평가, 역량개발이 활발하게 시도되고 학교가 명실상부한 학습조직으로서 지식관리, 고등교육과의 포괄적 연계를 이룬다. 소외지역을 위한 대규모 투자가 이루어지고 정보통신기술도 광범위하게 활용된다. 균등한 교육기회의 보장이 최고의 가치로 여겨지는 동시에 고품질의 교육, 다양한 교육이 화두로 등장한다. 새로운 교육학적 방법론과 학습과학의 등장으로 교육의 지평이 학령기 일방향 교육에서 쌍방향의 평생학습으로 진화한다. 교사의 동기유발을 강화하기 위한 성과보상이 확대되고 교사의 근무여건 역시 크게 개선된다.

셋째, 기존 형태의 학교가 문을 닫음으로써 학교시스템이 붕괴하는 시나리오이다. 이 시나리오는 다시 '학습네트워크에 흡수되는 학교', '시장모델의 확장-수요자 주도'로 나누어진다.

　‘학습네트워크에 흡수되는 학교’ 시나리오에서는 기존 학교에 대한 교육소비자의 실망과 정보통신기술의 발달, 대안학교의 등장 등 기존학교에 의존하지 않고 학습할 수 있는 새로운 가능성이 열림에 따라 기존학교는 사라진다. 네트워크 사회의 한 부분으로서 학습자 네트워크가 구축되며 학교는 이러한 학습네트워크의 일 구성요소로 흡수된다. 학습네트워크는 기본적으로 교육에 대한 문화적, 종교적, 공동체적 요구에 기반을 두며 그 형태는 다양하게 나타날 것이다.

　어떤 학습네트워크는 실제 지리적 위치에 의해 규정될 것이나, 다른 학습네트워크는 원격, 국가 간 네트워킹에 의해 구성될 것이다. 소규모 그룹, 홈 스쿨링, 개별화된 학습 등이 광범위하게 확산되고 기존의 학교교육에 요구했던 관리감독과 책무성에 대한 요구는 현저하게 감소할 것이다. 정보통신기술은 네트워킹과 원격학습을 위한 핵심적 도구이기 때문에 광범위하게 사용될 것이다. 전통적 의미에서 교사는 사라지게 되고, 교사와 학생, 부모와 교사, 교육과 공동체의 구분이 모호해지고 경계가 파괴되며 새로운 학습전문가가 등장한다.

　‘시장모델의 확장－수요자 주도’ 시나리오에서는 정부가 교육의 다양성을 촉진하고, 학교교육에 대한 직접적인 관여를 하지 않고 시장에 맡김으로써 시장에 의해 교육이 주도된다. 스웨덴의 자유학교, 미국의 차터스쿨이 대표적인 유형이라 할 수 있다. 학습시장에 새로운 공급자들이 자유롭게 진입하고, 교육재정 배분방식, 유인체계, 규제 등에 대한 혁신적인 개혁이 이루어짐으로써 학교의 다양성이 비약적으로 증가한다.

학교가 시장이 원하는 방향으로 다양하게 진화해 나가는 한편으로 교육소비자의 선택에 따른 다양한 교육 경로가 존중된다. 인지적 학습에 중점을 두는 가운데 가치를 중시하는 경향도 혼재하는 등 교육의 다양성이 획기적으로 증대한다. 정부의 직접적인 감시와 커리큘럼 규제가 폐기되고 교육지표와 인증시스템에 의해 교육이 규율되며 학교교육에 기업가 정신이 발휘됨으로써 새로운 교육산업의 혁신을 주도한다. 학교교육의 혁신과 학교 간 경쟁이 심화됨에 따라 불평등과 교육격차 해소가 새로운 사회문제로 부상한다. 교사의 전문성이 높아지고, 정규직, 비정규직 등 다양한 형태의 교원이 등장한다.

이러한 6가지 시나리오 중 현재 학교의 모습과 가장 가까운 것은 당연한 이야기이지만 현재의 '관료주의적 학교시스템'이다. 학교가 직면하는 환경이 급속히 변화하는 가운데 언제까지 '관료주의적 학교시스템'을 고수하면서 변화에 저항할 수 있을 것인가는 국민의 개혁요구 강도와 기존 학교시스템의 저항의지에 달렸다. 그러나 한 가지 분명한 것은 세계화와 정보통신기술의 발달은 교육에 대한 국가의 독점적 지위를 약화시키고 '관료주의적 학교시스템'의 기반을 하나씩 잠식해 들어감으로써 궁극적으로 그 해체가 불가피하다는 점이다.

경제의 개방성이 높아지고 서비스시장이 개방됨에 따라 국가 간 교육경쟁도 회피할 수 없는 추세가 될 전망이다. 기존의 학교교육에서 교육수요자의 다양한 요구를 충족시켜주지 못할 때 조기 유학과 같은 문제들이 더욱 확산될 것이며 학교교육에 대한 불신과 개혁요구는 더욱 거세질 것이다. 정보통신기술의 발전은 '홈스쿨링'과 같

은 개별화된 학습을 확산시키고 학교교육과 같은 획일화된 집체교
육 방식을 약화시키는 힘으로 작용할 수 있다.

3장

학교선택권, 왜 중요한가?

진정한 수요자중심의 교육을 위해

'수요자중심 교육'이라는 말이 교육정책의 캐치프레이즈로 등장한 것은 1995년 발표된 "5.31 교육개혁안"이다. "학습자 중심교육, 교육의 다양화, 자율과 책무성에 바탕을 둔 학교운영"을 개혁의 핵심목표로 내세웠지만, 아직도 교육의 주도권은 교육과학기술부, 교육청, 학교에 있지 학생과 학부모에게는 별다른 대안이 없다. 이것은 앞에서 제기했던 교육의 3대 문제, 즉 무엇을 배울지, 어떻게 배울지, 누구한테 배울지를 결정함에 있어서 학생과 학부모는 아무런 권한이 없다는 점에서 그러하다. 학생과 학부모는 단지 자신이 사는 동네의 학교에 배정될 뿐이다. 그리고 학교 내에서도 교사, 학급, 배울 내용 등이 모두 타율적으로 결정된다. 학교를 선택하고 싶으면 원하는 학교가 있는 동네로 이사를 가야 한다. '고객이 왕이다.'라는 말은 적어도 교육 분야에서는 통하지 않는다. 대신에 교육 분야에서는 '공급자가 왕이다.'가 현실이 된다.

대한민국 학생들은 학교에서 고객으로서 대우받지 못한다. 학생 수가 많이 줄어들어서 학생 개개인에 대해 개성을 가진 인격체로서 존중할 법도 하지만, 개인보다는 학급과 같은 집단으로 대하고 통제의 대상으로 인식하는 경향이 강하다. 입시교육에 무관심한 학생들이 상당수 있지만, 그들은 교실에서 철저히 배제된다. 일반계 고등학교에서 예체능 대학입시를 준비하는 학생들에게 학교수업은 시간낭비일 뿐이지만 학교에 다녀야 대학입학이 가능하다. 너무도 당연시하는 학생들에 대한 반말은 그렇다 쳐도, 심각한 욕설을 서슴없이 남발하는 교사도 분명히 교단에 남아있다. 스승은 하늘이고 스승의 그림자도 밟아서는 안 된다는 유교적 관념은 학생들의 머릿속에서 사라진 지 오래지만, 교사와 학생 간의 관계는 권위주의 시대의 그것과 별반 달라지지 않았다.

최근 학교장 재량 하에 학기 중 임시휴무를 학교별로 실시할 수 있는 제도가 도입되었다. 학교 혹은 지역의 사정에 맞춰 휴일을 탄력적으로 운영할 수 있는 재량권을 부여한 취지가 학생과 학부모를 위한 것임은 두말할 필요가 없다. 그렇다면, 임시휴무를 하기 전에 학부모에게 수요조사를 한다든지, 미리 공지해서 가정에서 대비할 수 있도록 학교가 배려할 법도 하지만 언제나 일방적인 통보만이 있을 뿐이다. 아마 교사와 학교가 쉬고 싶은 날에 쉬기 위한 제도로 오해한 모양이다. 이뿐이 아니다. 학교급식의 질이 형편없어도, 수학여행이 낸 돈에 비해 부실해도 이의제기하기가 쉽지 않다. 그 결과 심심치 않게 터지는 교육비리 사건에는 어김없이 이들 업체로부터 뒷돈을 건네받은 검은 양심의 스승들이 등장한다. 여기에는 학생을 아무렇게나 대해도 뒤탈을 걱정할 필요가 없다는 학교의 오만이 깔려있다.

자녀가 학교에서 부당한 대우를 받거나 수업이 부실한 교사가 있을지라도 학교에 항의하기는 웬만한 용기를 내지 않고는 쉽지 않다. 학교에 항의했다가 자칫 잘못해서 자녀가 찍히기라도 하면 아이만 손해라는 두려움 때문이다. 또한, 중, 고등학교와 같이 수행평가가 내신에서 중요한 비중을 차지하는 상황에서는 어떤 불이익을 받을지 모르기 때문에 조심스러워진다. 학생과 학부모는 학교의 고객이 아니라 학교에서 가르치는 대로 처분하는 대로 이의 달지 않고 고분고분 따라야 하는 봉이다. 오죽했으면 서슬 퍼런 판검사도 자녀가 다니는 학교교사에게는 고개를 숙인다는 말까지 나왔을까.

구호로서만 외쳐왔던 수요자 중심 교육은 학부모에게 '학교선택권'을 보장해줄 때 비로소 구현할 수 있다. 거주지역에서 누구나 선택할 수 있는 학교가 여러 개 있어야 실질적인 의미에서 수요자가 교육의 주도권을 쥐는 것이 가능해지기 때문이다. 학부모의 선택을 받지 못한 학교가 자신의 미래를 걱정하지 않을 수 없을 때 수요자 중심의 교육이 실현되는 것이다.

가령, 사는 동네에 슈퍼가 하나라면 슈퍼주인이 갖다 놓은 과자나 과일 중에서 사먹을 수밖에 없다. 소비자가 먹고 싶은 과자나 과일이 없더라도 울며 겨자 먹기로 슈퍼에 갖다놓은 물건 중에서 구매해야 한다. 슈퍼주인은 자신에게 가장 이윤이 높은 품목을 들여놓을 공산이 크고 이렇게 되면 소비자와 슈퍼주인의 이해관계는 상충하게 된다. 가격도 슈퍼주인이 주도권을 쥐게 되어 다른 곳보다 높아진다. 이 문제를 해결하는 가장 손쉬운 방법은 슈퍼를 하나 더 만들어 경쟁을 시키는 것이다. 슈퍼끼리 경쟁하는 가운데, 소비자가 무엇을 원하는지에 귀를 기울이게 되고 소비자는 자신이 원하는 과자와 과일을 보다 저렴하게 사먹을 수 있게 된다.

그런데 학교에 관해 이런 이야기를 하면 마치 큰일이라도 난 것처럼 쳐다보는 사람이 많다. 어떻게 감히 신성한 학교를 동네 구멍가게에 비유하느냐는 표정이다. 나는 우리나라 교육계의 가장 큰 인식 상의 한계는 교직은 천직이고 교육은 신성한 것이기 때문에 교육을 시장으로 보거나 산업으로 바라보길 거부하려는 태도라고 생각한다. 여기에는 학생을 고객으로 대우하겠다는 서비스 정신은 전혀 없고, 교육을 단지 어른인 교사가 아이인 학생을 가르치는 행위로 인식하는 권위주의가 깔려있다. 교사와 학생이 인격적으로 동등하다는 인식의 전환이 없는 이상 수요자 중심의 교육은 요원하다. 학생과 학부모가 어떻게 감히 정부와 학교의 교육방침과 교육내용에 감 놔라, 배 놔라 하고 간섭하려는 것이냐는 권위주의로는 우리 공교육의 문제가 결코 해결되기 어렵다.

이것은 마치 무지한 백성을 교화하고 가르치려 들었던 전근대적 권위주의의 낡은 유물과도 닮아있다. 과거 공무원들이 행정을 국민에 대한 통치행위로 인식했던 시대가 있었지만, 이제는 행정을 국민에 대한 서비스로 인식하는 시대가 되었다. 영어에서 공무원을 'civil servant', 즉 '시민에 대한 봉사자'로 부르는 것도 바로 이러한 시대적 변화를 담은 것이다. 사정이 이러함에도 교육을 교육서

비스가 아닌 다른 그 무엇으로 인식하려는 태도는 분명히 시대착오
적이다.

지금은 대학진학률이 80%가 넘고, 온갖 지식이 넘쳐나는 21세기
다. 교사보다 더 많이 배우고 세상을 더 많이 아는 학부모가 한둘이
아니고, 학생들도 과거와 달리 알 것, 모를 것, 보고 들은 것이 너무
도 많다. 요즘 아이들의 생각은 상상을 초월한다. 예를 하나 들어보
자. 내 친구 중 초등학교 4학년 아들을 둔 이가 있다. 그런데 그 아이
친구들 사이에서는 이명박 대통령이 인기가 없다고 한다. 이유를 물
어봤더니 현 정부에서 추진하는 '학력평가' 때문에 초등학생의 학
습부담이 늘어나고 더 오래 공부해야 하기 때문이란다. 참 놀라운
세상이 아닌가. 어떻게 초등학생이 '학력평가'를 알고 그것 때문에
대통령 인기가 떨어진다니…. 이런 아이들에게 '교육은 신성하다.'
라는 주문이 통할 것 같은가. 이들의 다양한 욕구와 생각들을 잠재
울 수 있다고 생각하는가. 아니 될 말이다.

이런 교육계의 태도는 마치 중세 교회와 닮아있다. 중세교회의 성
직자는 자신들만이 신과 소통할 수 있다는 주술을 걸고 면죄부를
팔아먹는 말도 안 되는 사기를 치다가 종교혁명과 르네상스의 철퇴
를 맞았다. 교육을 교육 당국과 학교가 독점하겠다는 생각이 신과
의 소통을 성직자만이 하겠다는 것과 무엇이 다른가. '배정해주는
학교에 군말 없이 다녀라.', '가르치는 대로 배워라.', '스승의 말씀
에 무조건 복종해라.' 라는 전근대적 사고방식으로는 분출하는 교육
욕구를 잠재울 수 없다. 오히려 교육 당국과 학교에 대한 신뢰만 손
상할 뿐이다. 이제부터라도 학생과 학부모가 당당한 교육의 소비자

요, 주체라는 점을 분명히 하고 '학교선택권'을 현실적으로 보장할 방안을 모색해야 한다.

공사석에서 주변의 교육전문가들에게 '학교선택권'을 이야기하면 어김없이 제기되는 반론이 있다.

첫째, 학부모와 학생은 선택을 원하지 않는다는 것, 단지 자신이 사는 동네에 좋은 학교가 있으면 충분하다는 생각이다. 사랑하는 자녀를 검증되지 않은 학교에 다니게 하면서 좋은 학교를 찾아 시행착오를 거치면서 옮겨 다니길 원하는 학부모는 아마 없을 것이라는 점에서 일리가 있는 주장이다. 좋은 학교는 선택의 대상이 아니라 모든 학생에게 보장되어야 할 당연한 권리다. 학교선택권이라는 단어 속에는 좋은 학교와 나쁜 학교 사이에서 선택한다는 의미가 내포되어 있고 이것은 필연적으로 선택하는데 '실패한 자'를 낳게 된다.

둘째, 교육에 시장적 요소를 도입할 경우 이윤에 눈이 먼 업자가 저질의 학교를 세워 학생들의 학습권을 침해하고 돈만 챙겨 결과적으로 교육은 내팽개쳐질 것이라는 불안감이다. 정부가 제공하는 공교육에 대해서는 최소한의 질이 보장될 것이라는 믿음이 가지만, 기업이 학교를 세워 교육하는 것에 대해서는 왠지 불안감이 높다.

셋째, 또 다른 염려는 학교선택권이 자칫 사회적 약자에게 불이익이 크게 발생하는 역효과가 있지 않은가 하는 점이다. 학교선택권이 실질적으로 보장되는 상황에서는 학교선택의 권리와 책임은 모두 학부모에게 귀속된다. 어떤 학교가 자기 자녀에게 가장 적합하고 어떻게 학교선택권을 행사하는 것이 가장 좋을지 생각하고 판단할 주체는 학부모이기 때문이다. 이러한 상황은 똑똑한 학부모에게는 더없이 좋은 기회로 작용하겠지만, 좋은 학교를 판단하는 데 필요한 정보력이 떨어지고 또 수집한 정보를 어떻게 활용할지 잘 모르는 취약계층 학부모에게는 선택의 기회가 오히려 독으로 작용할 수 있다.

자칫 잘못하면 같은 동네에서도 부자가 취학하는 학교, 취약계층이 취학하는 학교로 갈라져 위화감이 조성되고 계층 간 갈등이 한층 고조될 수 있다. 가난하고 못 배운 취약계층의 자제는 교육기회가 더욱 봉쇄돼 교육불평등이 심화할 염려도 있다. 적어도 평준화 하에서는 어떤 학교에 갈 것인지 고민하지 않더라도 정부가 강제로 배정해주니 선택의 곤란은 겪지 않는다.

마지막으로 '학교선택권'을 도입하여 교육의 패러다임을 근본적으로 뜯어고치는 모험을 하기보다 지금 우리가 아는 교육의 문제들을 하나하나 고쳐나가는 편이 더 현명하지 않은가 하는 생각도 있다. 교육을 개혁하려다 교육을 망쳐버리는 교각살우(矯角殺牛)의 우(愚)를 범할 수도 있지 않은가 하는 염려다. 예컨대, 국공립학교 교사의 순환 근무제가 교육의 책무성을 묻기 곤란하게 만드는 주요인이라서 개혁이 필요하다는데 공감하지만, 어느 순간 '동작 그만!' 하고 순환을 중지시킬 수 있느냐고 비판한다.

그럼, 또다시 묻고 싶어진다. 교사를 위해서 교육이 존재하는 것이냐고. 교원이 이해할 수 없으면 학생과 학부모는 십 년이고 백 년이고 현재와 같은 시스템에서 살아야 하느냐고. 헌법도 국민의 의사를 물어 뜯어고치는 민주사회에서 교육제도를 건드리면 무슨 대혼란이라도 벌어질 것처럼 과장하는 자세는 바람직하지 않다. 물론 선무당이 사람 잡는 식으로 무자비하게 개혁의 칼을 휘두르고 보자는 맹

동주의 역시 경계해야 할 바이기는 하지만 말이다. 그래서 필요한 것이 전문가와 학부모들이 머리를 맞대고 교육개혁을 위해 중지를 모으고 합리적 대안을 만들어가는 노력이다. 시간이 걸리더라도 하루 빨리 논의가 진행되어야 우리 어린 학생들과 학부모가 고통을 덜 받고 국가발전도 앞당길 수 있다.

좋은 학교를 만드는 지름길은 학교 간 경쟁

학교선택권의 핵심은 바로 모든 부모가 열망하는 양질의 교육서비스를 학원이 아닌 학교에서 받을 수 있도록 하자는데 있다. 따라서, 학교선택권과 좋은 학교를 만드는 것은 결코 동떨어진 생각이 아니다. 동전의 양면과도 같은 셈이다. 학교선택권이 보장될 때 기존의 학교들도 더 좋은 학교가 되려고 노력할 유인이 생긴다. 동네에 하나뿐이었던 슈퍼마켓이 더 생기면 기존 슈퍼마켓의 서비스도 함께 좋아지는 것과 같은 이치다. 쉽게 표현하자면, 학교선택권은 경쟁을 통해 교육분야에 시장 메커니즘이 작동되게 하자는 것이다. 유능한 교육공급자가 학교를 설립해서 교육에 참여하고 경쟁을 펼치게 되면, 변화의 무풍지대에 있던 학교들이 혁신에 나서지 않을 수 없다. 교육의 품질을 높이는 데 실패한 학교는 자연스럽게 시장에서 도태됨으로써 결과적으로 학교시장에는 유능한 교육공급자들만 남게 된다.

현행 평준화 체제에서도 학교 간 격차는 엄연히 존재하며 좋은 학교와 나쁜 학교가 병존하고 있다. 2009년 조선일보가 분석하여 공표한 '2008년 대학수학능력시험 고교별 점수격차 현황'은 이를 극명하게 보여준다. 외국어 영역은 상위 100개 일반고 평균점수가 113.7점인 데 비해 하위 100개 일반고의 평균점수는 70.3점으로 무려 43.4점의 격차를 보였다. 수리 영역도 상위 100개고 평균점수는 112점인 데 비해 하위 100개고는 69점으로 43점 차였다. 언어 영역은 상위 100개교 112.9점, 하위 100개교 76.9점으로 36점 차이가 났다.

<2008년 대학수학능력시험 고교별 점수격차 현황>

구분	상위 100개교	하위 100개교	격차(A-B)
외국어 영역	113.7	70.3	43.4
수리 영역	112	69	43
언어 영역	112.9	76.9	36

출처 : 조선일보. 「'수능 국·영·수(언어·수리·외국어 3과목 평균 합산)' 대원외고 1위, 민사고 2위」 기사 중에서. 2009.10.12

수능점수로 구분한 좋은 학교와 나쁜 학교는 상당 부분 학교가 소재한 지역의 사회경제적 특성에 주로 기인한다. 취약계층이 많이 거주하는 저소득층 거주지역의 학생들은 부모로부터 학업에 관련된 지원을 적게 받고, 가정 내의 학업여건이 좋지 않다. 학교에서 교사가 아무리 수업에 더 많은 노력과 열정을 바치더라도 학생들의 성적은 쉽게 올라가지 않는다. 설상가상으로 학력평가 점수를 교원평가와 연동시켜 연봉, 승진 등에 영향을 미치게 되면, 교사들은 강남과 같이 좋은 학교로 옮겨가려고 노력할 유인을 갖게 된다.

유능한 교사일수록 더 쉽게 학교를 옮길 수 있을 것이므로 이제 나쁜 학교는 더욱 교육여건이 나빠지는 악순환에 빠진다. 반면 좋은 학교는 교사의 천국이다. 학부모들이 자녀의 교육에 아낌없이 지원하고 각종 사교육을 경쟁적으로 시키니 교사는 가만히 있어도 학생들의 성적은 쑥쑥 올라간다. 시간이 지날수록 좋은 학교와 나쁜 학교 간의 학력격차는 더욱 벌어지게 된다.

평준화 체제에서는 개별학교의 교육여건, 학생들의 사회경제적 계층, 교육에 대한 관심, 학력수준 등과 무관하게 동일한 커리큘럼, 시수, 교육내용을 가지고 전국의 모든 학생을 똑같이 가르치도록 강요한다. 교육과학기술부의 지휘와 시도교육청의 감독하에 전국의 수많은 학교, 학생, 교원이 일사불란하게 움직이는 것이다. 이 과정에서 개별 학교의 특성, 학생들의 요구는 철저히 무시되고, 교육평등의 기치 아래 똑같은 방식으로 같은 내용을 정확히 같은 시간에 가르치게 된다. 이 숨 막히는 평준화의 규제감옥에서 고통받고 희생당하는 것은 못 배우고 가진 것이 없는 취약계층이며 승리자는 강남 8학군의 고학력 부자들이다.

학교선택권은 학생, 학부모의 다양한 교육요구에 부응하여 교육서비스가 제공될 수 있는 시스템을 구축함으로써 교육의 다양성을 보장하려는 것이다. 중앙정부의 획일적 통제와 규율을 과감히 제거하여 교육수요자의 요구에 적합한 교육이 제공될 수 있도록 유연하고 탄력적인 학교를 지향한다. 유연하고 탄력적인 학교를 만들려면 커리큘럼, 시수, 교육내용 등에 있어서 중앙정부의 규제를 대부분 과감하게 철폐하고 학교에 전권을 위임해야 한다. 교원의 임용, 보수 등 인사권도 학교장에게 과감하게 위임해야 한다. 개별학교 단위로 책임 경영제가 정착되도록 경영상의 자율권을 주는 대신 그 결과에 대해서는 철저하게 책무성을 묻자는 것이다.

이것은 부유층이 거주하는 지역에도, 취약계층이 거주하는 지역에도 모두 이득이 될 것이다. 예컨대, 강남과 같이 교육여건이 좋고 학생들의 학력수준이 높은 지역에서는 그 지역의 학부모와 학생이 원하는 심화학습, 선행학습 기회를 제공하는 학교가 생겨날 것이다. 또, 교육여건이 좋지 않은 지방, 저소득층 거주지역에서는 학생들의 학력수준에 맞춰 기초부터 차근차근 공부할 수 있는 학교가 등장할 것이다.

같은 지역 내에서도 다양한 학교들이 생겨날 수 있다. 기존학교에 적응하지 못하는 학생들을 위한 더욱 자유로운 분위기의 학교, 저학력 학생들의 학력신장에 보다 중점을 두는 학교, 우수 학생들의 심화학습에 중점을 두는 학교 등이 다양하게 생겨날 수 있다. 새로운 학교들이 생겨나면, 기존 학교들도 긴장하지 않을 수 없고 지역의 교육수요에 맞는 학교로 탈바꿈하기 위한 자발적인 노력이 가속화될 것이다.

현재의 교육시스템 하에서는 교육방법의 혁신이 일어나기도 전파되기도 모두 쉽지 않다. 사범대학, 교육대학, 교원대학에서 비슷비슷한 교육을 받은 교사들이 중앙집권적인 각종 통제에 길들여지다 보니 혁신적인 교육방법을 생각해내기도 어렵고 과감하게 시도하는 것에는 더 큰 용기가 있어야 한다. 정부는 2009년 5월 대대적인 '학교 자율화 추진 방안'을 확정 발표했다. 교육과정, 교원인사 등 핵심적인 권한을 학교 단위에 직접 부여해 교육수요자 중심의 학교교육 다양화를 유도하는 한편 학교들이 다양하고 특색 있는 교육과정을 운영해 학교 간 경쟁으로 경쟁력을 높이자는 의도가 담겨 있다.

세부적으로 학교 자율화 방안을 살펴보면 학교장의 권한을 강화해 과목별 수업 시간 등을 20% 범위 내에서 증감할 수 있도록 하였다. 또한, 학교장은 교사 정원 20%까지 다른 학교 교사를 선택해 채용할 수 있고, 산업계나 예체능 전문가, 수학 과학 외국어 분야 박사학위 소지자는 교사 자격증이 없어도 교사로 임용할 수 있다. 나아가 교육과정을 자유롭게 운영하는 자율학교를 2009년 282곳에서 2010년까지 2천500곳으로 확대할 방침이다. 학교에 운신의 숨통을 틔워주는 최소한의 조치라 할 수 있다.

하지만, 교육과학기술부의 '학교자율화 추진 방안'은 기존 학교들끼리만, 기존 교사들끼리만 제한적으로 경쟁을 허용하는 조치라는 점에서 또한 일정한 한계를 갖는 것이 사실이다. 학교시장에 대한 진입규제는 그대로 둔 채 이처럼 경쟁을 일부 허용하는 방식으로는 고질적인 교육 독과점 구조를 깨기 어렵다. 가령 내가 거주하는 지역에 자녀를 보낼 수 있는 학교가 1개뿐이라면 아무리 정부가 학교 간 경쟁을 조장한들 상당수 학부모에게는 실질적인 학교선택권의 행사가 곤란해질 것이다. 어떤 학교가 성공적이어서 학부모들 사이에 인기가 높다고 가정하면, 그 학교에 입학하기 위한 경쟁이 치열해져서 대다수는 대기자 신세가 될 수밖에 없다는 한계도 있다.

교육과학기술부의 '학교자율화 추진 방안'은 성공한 학교의 특정한 교육모델을 널리 확산시킬 구체적인 수단이 없는 절름발이가 될 가능성이 크다. 몇몇 성공한 학교 사례를 만들어 낼 수 있을지는 몰라도 대한민국 학교 전체의 변화라는 관점에서는 보자면 매우 미흡하고 불만족스러울 수밖에 없다. 교육수요자의 만족도라는 관점에서는 크게 개선될 가능성이 크지 않다는 것이다.

또한, 교육과학기술부의 '학교자율화 추진 방안'은 미국의 현행 공교육 제도에 비해서도 크게 못 미치는 것이다. 미국의 경우 커리큘럼은 지역마다, 학교마다, 교사마다 차이가 있다. 학교별로 다양한 주제와 과목이 교육되고 있으며 사립학교에서는 종교 수업도 필수과목으로 이루어질 정도다.

커리큘럼이 워낙 다양하다 보니 커리큘럼의 표준화에 대한 필요성이 부각되었고 학교의 국유화와 국가 차원의 커리큘럼 표준화 논쟁이 일어나기까지 했다. 또한, 학교장은 교사의 채용, 급여 등에 대한 포괄적인 권한을 갖고 있다. 그럼에도 공교육의 비효율과 학생들의 낮은 학업성취도 때문에 차터스쿨, 바우처 제도 등 교육소비자의 학교선택권을 확대하는 조치들이 시행되고 있는 것이 현실이다. 미국수준에도 못 미치는 '학교자율화 추진 방안'은 그 자체로서 한계가 자명하다고 할 수 있다.

학교의 자율화를 획기적으로 높이고 학교 간 경쟁을 보다 활성화하기 위해서는 참신한 교육혁신 능력을 갖춘 새로운 교육주체들의 학교시장 진출을 적극적으로 허용해야 한다. 새로운 학교의 자유로운 설립, 능력 있는 교사의 영입이라는 두 가지 핵심적인 조건이 충족될 때 교육방법의 다양성, 창의성, 독창성을 가지고 학교끼리, 교사끼리 유효한 경쟁이 일어날 수 있다. 한때 유행했던 '메기론', 즉 미꾸라지 수조에 메기를 풀어놓으면 미꾸라지가 긴장해서 죽지 않고 더 오래 산다는 주장은 학교에서도 통용될 수 있다. 학교를 혁신하기 위한 가장 효과적인 전략은 유능한 교육서비스 공급자들이 학교를 세워 다양한 혁신을 시도할 기회를 열어 주는 것이다.

그렇다면, 유능한 교육서비스 공급자들이 학교시장에 활발하게 진입하게 하려면 어떻게 해야 하는가. 가장 손쉬운 방법은 역시 능력에 따라 이윤을 획득할 수 있는 통로를 열어주는 것이다. 보다 직접적으로 표현하면 현재 비영리법인만이 설립, 운영할 수 있는 학교를 기업과 같은 영리법인에도 허용해주자는 것이다. 기업이 학교를 세워 성공적으로 운영하고 남는 이윤을 가져갈 수 있도록 한다면 우수한 교육공급자를 학교시장에 유도할 수 있게 된다. 학교 하나를 설립하여 성공적으로 운영한 기업이 그 노하우를 가지고 똑같은 모델의 학교들을 전국에 만들어 나간다면 교육기법의 보급, 교육의 혁신이 엄청난 속도로 이루어질 수 있다. 이에 관한 구체적인 내용은 2부에서 소개할 스웨덴의 자유학교, 미국의 차터스쿨 사례를 참조하라.

한편, 이윤을 목적으로 학교설립자들이 난립하여 이전투구하는 양상이 전개될 수도 있기 때문에 최소한의 규제는 불가피하다. 그러나 이 경우에도 인·허가권을 비롯한 규제권한은 중앙정부가 아니라 지역의 특성을 파악하는 지방 교육청이 가져야 한다. 학교선택 시스템을 도입하려면 지나치게 중앙집권화되어 있는 교육과학기술부의 권한을 지방으로 이양하는 것이 필수적이 된다. 지방 교육청의 수장인 교육감은 교육 자치의 차원에서 지역주민들의 투표에 의해 선출되기 때문에 학교선택 시스템을 효율적으로 운영하지 못한 교육감은 표의 심판을 피하기 어렵다. 교육분야에서 책임정치의 원리가 자연스럽게 구현되는 셈이다. 완전한 시장은 아니더라도, 교육에 시장적 요소의 도입을 확대함으로써 결과적으로 교육의 질을 획기적으로 높이는 것이 가능해진다.

학교선택권, 정상사회로 가는 길

학교선택권은 자녀가 어떤 학교에 다닐 것인지 선택할 기회를 학부모에게 권리로서 실질적으로 보장하는 것을 의미한다. 정부가 학생의 거주지를 중심으로 학교를 강제배정 하는 것이 아니라 학부모가 자녀가 다닐 학교를 선택할 수 있도록 바꾸자는 것이다. 1955년 경제학계의 거두 밀턴 프리드만(Milton Friedman)은 학부모가 학교선택권을 행사하는 것이 계층의 고착을 막고 안정적 민주주의를 이루기 위한 필수요건임을 강조하면서 바우처(Voucher) 제도를 주창했다.

바우처란 정부가 특정 수혜자에게 교육, 주택, 의료 따위의 복지 서비스 구매에 대하여 직접적으로 비용을 보조해 주려고 지급을 보증하여 내놓은 전표이다. 현금이 아닌 일종의 상품권이기 때문에 학교를 다니는 데만 활용된다. 즉, 공교육을 받는 모든 학부모에게 바우처(쿠폰)를 주고 자녀가 다닐 학교를 선택할 수 있도록 하여 교육소비자의 요구에 맞는 교육을 받을 수 있도록 하자는 것이다.

이것은 모든 사람에게 동등한 학습기회를 제공해주고 안정적인 민주주의의 기반을 마련하자는 믿음에서 출발한 공립학교의 이념과는 일견 배치되는 것으로 보인다. 국가가 동일한 수준의 학교시설, 커리큘럼, 교사를 배치하여 전국의 모든 학교를 똑같이 만들고 학생들은 어느 학교에 다니든 똑같이 양질의 교육을 받을 수 있도록 하자는 것이 보통교육을 하는 공립학교 의무교육의 이념이다. 모든 학교가 동질의 교육을 제공한다면 더 좋거나 못한 학교가 없을 것이기 때문에 학교선택도 의미를 상실하게 된다. 적어도 이론적으로는 그럴듯해 보인다. 그러나 만약 학교별로 교육수준에 차이가 있다면 어떻게 되는가.

안타깝게도 오늘날 교육의 질에 있어서 학교별로 차이가 없다고 생각하는 사람은 많지 않다. 최근 공개되기 시작한 학교별 학력평가 점수, 수학능력시험점수를 보게 되면 같은 서울 하늘 아래에서도 고교별 편차는 천차만별이다. 학부모라면 누구나 선망하는 강남 고교는 소문으로만이 아니라 실제로도 점수가 높다는 것이 사실로 드러났다. 정부가 아무리 숨기려 하고 학교가 모른척해도 이미 학부모와 학생들은 어느 학교가 잘 가르친다, 어느 선생님 실력이 좋다는 평가를 이미 내리고 있었던 상황이다. 눈 가리고 아웅 이란 바로 이런 경우를 두고 하는 말인 모양이다.

학교별로 교육의 질에 차이가 있고, 부자동네의 학교들이 더 잘 가르친다고 인식되는 상황에서 학교선택권마저 정부가 갖고 있으면 학부모들이 대처하는 방법은 단 한 가지다. 부자동네로 이사 가서 자녀가 좋은 학교에 배정받는 것이다. 부모의 경제적 능력이 부자동네의 높은 집값을 감당할 수 있다면 좋겠지만, 학부모 대부분에게 이것은 불가능하다. 학생의 능력이 아무리 뛰어나도 부자 부모를 두지 못하면 강남소재 학교에 다닐 수 없다. 교육기회를 계층과 무관하게 공평하게 보장하는 것이 아니라 계층에 따라, 소득에 따라 철저하게 차별하는 것이 현재의 평준화 시스템이다.

결과적으로 모든 사람에게 동등한 학습기회를 제공해주고 이를 기초로 안정적인 민주주의의 기반을 마련하자는 공립학교의 이념은 그 근본에서부터 흔들리게 된다. 계층에 따른 차별을 없애고 모두에게 똑같은 기회를 제공해주기 위해 만든 평준화 시스템이 오히려 계층에 따라 차등화된 교육을 하고 계층세습의 도구로 사용되는 역설적인 상황이 벌어지는 것이다. 강남에 사는 교육관료, 교육전문가, 사회지도층들은 이미 경쟁에서 유리한 조건을 선점하고 있다. 그래서 이들은 겉으로는 평준화에 반대하는 척하지만 내심 '이대로!'를 외치면서 평준화를 지지하는 암묵적 담합의 상황마저 의심이 드는 상황이다. 이것이 현재의 평준화 시스템을 근본적으로 뜯어고쳐야 하는 **첫 번째** 이유가 된다.

둘째로 평준화 시스템하에서는 학부모와 학생의 교육 눈높이에 맞는 서비스 제공이 불가능하다. 현재의 평준화 시스템하에서 학교는 독점적 교육 공급자로서의 지위를 갖기 때문에 소비자인 학생과 학부모의 요구에 둔감하다. 또한, 교과부와 교육청에서 대부분의 권한을 다 쥐고 있기 때문에 교육과 관련하여 학교와 교사가 자율적으로 결정할 수 있는 영역은 매우 제한적이다. 학교가 상급기관인 교과부와 교육청의 지시에는 민감하게 반응하면서도 정작 가장 중요한 고객인 학생과 학부모에게 무심하고 만족스러운 서비스가 제공되지 않는 구조적 이유다.

몇 가지 예를 들어보자. 요즘 학생들을 대상으로 한 범죄가 워낙 기승을 부리다 보니 부모들은 아이가 밖에 나가면 안절부절못한다. 혹시라도 하라는 공부는 하지 않고 딴 짓이나 하지 않을까, 범죄의 표적이나 되지 않을까 걱정인 경우도 많다. 학원은 이점을 간파하여 학생이 학원에 도착하고 학원을 떠날 때 이 사실을 알리는 휴대전화 문자를 부모에게 보내주는 서비스를 도입한 지 오래다. 학원에서는 학생 개개인의 학습에 대해 관심을 두고 개인의 특성에 맞는 교육을 한다. 수학과목을 예로 들면, 학생의 학습방법에 무엇이 문제고 어떤 점을 보완해서 공부하면 좋겠다, 함수는 잘하는데 대수는 약하다 등 무엇을 중점적으로 공부해야 할지 입체적으로 지도해준다. 지금 학부모들이 원하는 교육은 내 자녀에게 맞는 개별화된 고품질 학습인데 반해 현재의 학교시스템에서는 이것을 제공해주기가 불가능에 가깝다.

모두가 가난했고 학교에 다니는 것만으로도 행복했던 시절에는 정부가 제공하는 평준화된 공교육이 힘을 발휘했다. 교사가 부족하고 학교도 없던 시절에 정부가 나서 일정 수준 이상의 교육을 하는 것에 모든 국민이 열광했다. 아마 이런 시절은 1980년대에 종언을 고하지 않았나 싶다. 오늘날의 교육소비자는 분명히 1970, 1980년대와 다르다. 그들은 산업화시대의 획일화된 싸구려 대량교육에서 탈피하여 개별화된 고품질 교육을 요구하고 있다.

요즘은 그렇지 않겠지만, 물자가 부족했던 예전 군대 신병교육대에서는 군복, 군화를 나누어줄 때면 으레 벌어지는 사건이 있었다.

남들보다 덩치가 좀 작거나 큰 신병은 군복이나 군화가 맞지 않는다고 교관에게 보고하면 무조건 '얼차려' 부터 받았다. 한참 이리 구르고 저리 구르고 얼이 빠질 때쯤이 되면 훈련교관은 신병들을 모두 집합시켜 놓고 일장 연설을 한다. '여러분은 사회에서 몸에 맞는 옷을 입었을 것이다. 하지만, 군대에서는 옷에 몸을 맞춰야 한다. 군인은 명령에 죽고 명령에 사는 것이기 때문이다.'

소비자의 요구에는 귀를 닫고 평준화다 뭐다 이념의 잣대만 들이대면서 자연스러운 욕구를 억누르려고만 하는 교육계의 행태가 '옷에 몸을 맞추라.' 라는 과거 군대식의 사고방식과 무엇이 다른가. 공교육의 질을 높여야 한다는 원론에는 공감하면서도 예산 부족 탓, 교원부족 탓만 늘어놓으면서 소비자의 교육욕구를 기존 공교육의 틀 속에 가두려고만 드는 낡은 태도로는 학부모와 학생들을 설득하기가 점점 어려워질 것이다.

셋째, 규제와 관료주의에만 의존하고 시장의 힘이 작동되기 어려운 평준화 체제에서는 교육공급 여건을 개선하는 것이 구조적으로 불가능하다. 즉, 교육재정에만 대부분 의존해서 현재의 학교 교육여건을 획기적으로 개선하는 데는 한계가 있다. 한마디로 과도한 규제 때문에 민간자본을 학교시장에 끌어들이기 어려운 상황이다. 사립학교 설립 시 거액을 기부해야 하고 또 매년 운영비를 투입해야 하기 때문에 그야말로 교육독지가가 아니면 학교설립에 나서기 어려운 것이 지금의 구조이다. 실제로, 내 대학동기 중에 주식으로 꽤 많은 돈을 번 친구가 고등학교를 하나 인수하려고 봤더니 학교인수대금은 둘째 치고 매년 10억 정도 학교운영비를 넣어야 한다고 해서 포기한 사례도 있다.

민간자본을 학교교육에 끌어들이는 것이 사실상 불가능한 상황에서 교육소비자의 높아진 교육욕구를 충족하려면 정부의 교육예산을 늘리는 수밖에 도리가 없다. 교육예산을 늘리자면 국방, 복지, 토목 등 다른 부문의 예산을 줄이고 거기서 남는 예산을 끌어와야 한다. 예산을 뺏겨야 하는 다른 부문에서 가만히 있을 리 만무하다. 결론적으로 현행 교육 시스템하에서 교육혁신은 근본적으로 불가능해진다. 참 교묘하게 물고 물리게 하여 개혁은 감히 엄두도 못 내게 되어 있다.

개혁의 칼을 높이 들다가도 이런 사정을 간파할 때쯤 되면 교육의 큰 틀은 건드릴 엄두도 못 낸다. 이어서 한쪽이 이익을 보면 다른 쪽은 손해를 보는 제로섬 게임 양상의 대책이 나온다. '특성화 고교 300'과 같이 기숙형 공립고교 150개교, 자율형 사립고 100개교, 마이스터고 50개교를 만들어 이를 중점적으로 지원하는 안이 대표적이다. 이러한 정책이 시행되면 다른 일반고등학교로 돌아갈 예산이 줄어들고 일반고등학교 교육의 질은 더욱 저하된다. 사태가 이렇게 되면 학생과 학부모는 특성화 고교에 진학하기 위해 사교육에 목을 매게 되고 사교육의 폐해는 더욱 심각해지게 된다.

또, 전문계 고교가 고사위기에 몰리자 정부가 전문계고 출신을 대입시 정원외 특별전형으로 5%를 선발하도록 한 조치도 마찬가지다. 전문계고로 학생들이 몰리게 됐지만, 일반고는 특성화 고교에도 전문계 고교에도 갈 실력이 못 되는 학생들이 진학하는 학교라는 오명을 뒤집어쓰게 되었다. 간단히 말하면 교육의 파이를 키울 생각은 하지도 못하고 파이를 어떻게 나눌 것인가에만 골몰했던 것이 지금까지 이루어진 교육개혁의 모습들이다.

이제는 교육의 틀을 근본적으로 새로 짜야할 때이다. 현재의 평준화 틀 속에서 아무리 고민하고 해법을 모색해보아도 역시 제로섬 게임이다. 누군가 이득을 보면 반드시 손해를 보는 학교, 학생이 나오게 되어 있는 구조라는 말이다. 교육소비자가 요구하는 교육을 제공해주는 방법을 원점에서 생각해보자. 평준화라는 주술에서 벗어나 21세기 시대가 요구하는 교육의 모습을 성취하려는 방법을 근본에서 고민해보자는 말이다.

교육수요자의 높아진 눈높이에 맞는 새로운 교육적 시도를 하는 학교들이 많이 생겨날 수 있도록 규제를 풀어주면 간단히 해결될 수 있다. 정부의 예산만으로 학교를 만드는 것이 힘에 부친다면 민간자본을 학교로 끌어들이면 된다. 자본을 유치하려면 능력에 따라 이윤을 획득하는 것이 가능하도록 허용해주어야 한다. 또한, 학교가 자유롭게 여러 가지 새로운 교육방법론을 개발하고 적용하는 경쟁이 가능하도록 커리큘럼, 수업방식, 교원인사권 등에 대해 자율권을 줄 필요도 있다. 교육서비스 공급자의 확대, 그리고 학교 간 경쟁이 있어야 교육의 질이 높아지고 소비자의 만족도도 함께 올라갈 수 있다.

쉽게 말하여 좋은 학교, 좋은 학군을 따라 교육소비자가 이사 가게 하는 것이 현재의 평준화 시스템이다. 맹모삼천지교(孟母三遷之敎) 역시 현대적으로 해석하자면 좋은 학교를 찾아 강남으로 이사 가는 것과 매한가지니 공급자 중심의 교육시스템은 수 천 년 된 유구한 역사를 갖고 있다. 반면, 수요자가 있는 곳에 학교가 설립되도록 하자는 것이 학교선택권 개혁안이다. 학생이 있는 곳에 학교가 찾아가게 하자는 것이다. 수요가 있는 곳에 마트가 들어서고, 가게가 생기고, 학원이 들어서는 것이 자연스럽듯이 학생들이 있는 곳에 학교가 자유롭게 설립될 수 있게 하여야 한다. 그것이 시장경제이고 수요자중심의 교육이 아니겠는가.

이제는 발상을 바꾸자. 평준화는 절대로 물러설 수 없는 금과옥조라는 교조주의를 버리자. 우리가 언제부터 평준화를 했는가. 평준화가 만고불변의 진리라도 되는가. 시대가 바뀌고 소비자의 욕구가 바뀌면 그에 맞춰서 교육도 변해야 하지, 현행 학교의 틀에 맞춰서 배우든지 말든지 알아서 하라는 권위주의적이고 고압적 태도로는 우리 학교가 한 치도 나아질 것이 없다. 교육 당국, 학교, 학부모가 머리를 맞대고 한국 교육개혁에 대해 소통하고 합의점을 찾아갈 때가 됐다.

학교선택권의 이념과 가치지향

교육의 이념이나 가치지향에서 학교선택권 체제는 평준화 체제와 근본적으로 다르다. 평준화 체제가 교육의 국가독점을 전제로 하는 것이라면 학교선택권 체제는 민간의 자율과 창의를 그 바탕으로 한다. 지금의 학교교육은 마치 과거 6, 70년대 경제개발기에 정부주도로 경제를 운용하면서 민간기업의 투자, 외환, 자금, 원자재 등까지 정부가 수립한 계획의 틀에 맞춰 일일이 통제하던 방식과 너무도 닮아있다. 개발연대에 정부가 수립한 경제개발계획에 따라 기업이 움직였듯이, 오늘날의 학교는 교과부와 교육청의 지휘·감독을 받으면서 개발연대의 기업과 마찬가지로 행동하고 있다.

하지만, 경제 분야에서는 1990년대 들어서 과거 정부가 담당했던 자원의 배분, 생산, 투자 등의 의사결정을 관 주도에서 민간주도로 개혁하였다. 정부가 간섭해서 좋은 성과를 올리기에는 이미 경제의 덩치가 너무 커져 버렸고, 시장에 맡겨 민간의 자율과 창의를 바탕으로 혁신을 추구할 필요성이 높아졌기 때문이다. 오늘날의 학교 역시 정부가 틀어쥐고 있기에는 너무도 많은 것이 변했다. 학부모의 학력이 높아져 고품질 교육에 대한 수요가 급속히 증대하고 있고, 자녀가 하나 혹은 많아야 둘인 상황에서 교육의 기대치가 크게 높아졌고, 학원 등 사교육과 공교육 간의 격차가 점차 벌어지는 것 등이다.

대표적으로 영어교육의 경우를 보면, 우리 공교육에서 학생들의 영어실력을 획기적으로 높일 현실적인 대안은 마땅히 떠오르지 않는다. 학부모와 학생들의 영어교육 수요는 과거와 비교할 수 없을 정도로 기대치가 높아졌지만, 학교에서 이를 충족시키기는 역부족이다. 통계청 자료에 따르면 2010년 1월 현재 조기 유학의 다수를 이루는 3개월 이상 국외체류 목적의 0~20세 이하 내국인이 16만 500여 명으로 2008년 8월 이후 가장 많은 것으로 나타났다. 이 중에서 2008년 말 기준 미국에 유학 중인 한국인 유학생(초·중·고·대학생 기준)은 7만 5,500명으로 나타났다.

학교의 영어교육이 학생과 학부모로부터 외면받는 데는 이유가 있다. 무엇보다 영어 시수, 영어단어, 교과서 등이 모두 국가에서 정한 세밀한 커리큘럼으로 모두 묶여 있어 현장감 있는 영어교육이 이루어지기 어렵다. 회화나 작문 등의 영역에서는 효과적인 수업에 곤란을 겪는 영어교사들도 존재한다. 영어 시수의 경우만 놓고 보면 그 심각성이 분명히 드러난다. 현재 커리큘럼에서 정하는 영어수업 시간이 어학실력을 늘리기 위해 부족하지만, 다른 과목을 줄이지 않는 이상 적정 시수를 확보하기는 원천적으로 곤란하다. 학년별 하루 수업시간, 과목별 수업시간이 모두 커리큘럼에 정해져 있기 때문에 영어 수업시간을 늘리려면 다른 과목 수업시간을 줄여야 하는 제로섬 상황이다. 어떤 과목 선생님이 자신의 밥줄인 수업시간을 줄이도록 수수방관하겠는가. 이처럼 국가가 모든 것을 통제하는 현행 교육시스템 하에서는 학생 개개인이 가진 다양한 교육수요를 충족시키기가 원천적으로 불가능하다.

그렇다면, 학교선택권 체제가 지향하는 가치는 기존의 평준화 체제와 비교하여 어떤 특징이 있는가.

첫째, 평준화 체제는 공급자 중심이지만, 학교선택제 체제는 수요자 중심이다. 평준화 체제는 교과부가 정한 교육이념, 커리큘럼, 교과서를 전국의 모든 학교에서 획일적으로 적용해야 하기 때문에 수요자의 요구가 반영될 여지가 거의 없는 탑-다운(top-down) 방식의 의사결정 구조를 갖는다. 반면, 학교선택권 체제에서는 수요자의 교육요구를 더욱 잘 충족시키는 학교에 많은 보상이 돌아가기 때문에 교육에 대한 의사결정권한이 공무원이 아니라 학부모의 손으로 넘어오는 버텀-업(bottom-up) 방식이다.

<평준화와 학교선택권의 가치 비교>

	평준화	학교선택권
주도자	공급자(정부, 학교)	수요자(학부모, 학생)
교육내용과 방법	통일성 추구	다양성 추구
질 관리	사전적 규제와 과정관리	사후적 성과관리
교육의 효율성	규모의 경제	경쟁과 혁신
인재유형	정형화된 인재	개성과 창의력을 갖춘 인재

둘째, 평준화 체제가 교육의 통일성을 중시하는 데 반해 학교선택권 체제는 교육의 다양성을 추구한다. 평준화 체제는 획일적인 커리큘럼, 검인정 교과서 등을 전국적으로 적용함으로써 학교별 편차가 없는 표준화되고 보편적인 교육을 추구한다. 반면, 학교선택권 체제는 최소한의 커리큘럼, 자유로운 교육방법 개발과 적용 등으로 규제는 최소화하고 학교의 자율성은 최대한으로 보장하여 학교별로 다양하고 특성화된 교육을 하도록 유도한다.

셋째, 평준화 체제는 사전적 규제, 관료주의, 양적 통제 등을 통해 과정관리에 주안점을 두지만, 학교선택제 체제에서는 사후적 평가, 자율과 책임, 질적 수준유지 등을 통해 성과관리에 초점을 둔다. 평준화 체제는 모든 학교가 표준적이고 동질적인 교육을 제공하도록 하는 것이 목표이다. 그래서 사전적으로 세밀하게 규정된 커리큘럼, 검인정교과서, 교육방법, 시수 등을 개별학교가 철저히 준수하도록 유도하고 관료주의를 통해 이를 관철한다. 반면, 학교선택제 체제에서는 과정관리보다는 성과관리에 초점을 두어 학생의 학력, 교육의 질을 중시하고 시장기능의 작동을 통해 이를 관철한다.

넷째, 평준화 체제는 교육의 효율성을 규모의 경제에서 찾지만, 학교선택제 하에서는 교육의 효율성이 경쟁과 혁신으로부터 나온다. 평준화 체제는 규모의 경제가 발생할 수 있도록 일정규모 이상의 학교를 운영하여 1인당 교육비를 낮추는 전략을 추구한다. 하지만, 학교선택제 체제에서는 교육비용을 낮추기 위한 학교 간 경쟁과 혁신을 바탕으로 교육의 효율성을 추구한다. 평준화 체제에서 개별학교는 정부가 제정한 각종 규제를 충실히 준수하는 것만으로 책임이 끝나기 때문에 비용절감을 추구할 유인이 없다. 반면, 학교선택제 체제에서는 교육비용의 절감이 학교의 수익을 높이는 수단이 되므로 혁신적인 시도가 활성화된다.

다섯째, 평준화 체제에서는 개성 없는 표준적인 인재의 대량생산을 목적으로 하지만, 학교선택제 체제에서는 개성, 창의성, 다양성을 갖춘 인재양성을 추구한다. 똑같은 커리큘럼, 개성없는 교과서, 동일한 수업시간을 특징으로 하는 평준화 체제에서는 학생 개개인의 개성과 창의성을 발현시키기보다 국가가 정한 교육의 틀에 맞추려는 경향이 강하다. 반면, 학교선택제에서는 학교마다 교육이념, 교육방법, 학교운영방식 등이 모두 자유화되어 있고 개별화된 교육, 고품질의 다양한 교육을 지양하기 때문에 학생의 개성과 다양성이 보장되고 창의적인 인재양성이 가능해진다. 평준화 체제에서 교육은 국가가 설정한 틀에 맞춰 학생들을 똑같은 인재로 찍어내려 한다. 학교선택제에서는 학생 개개인의 개성에 따라 맞춤식 교육을 제공함으로써 다양성, 창의성을 신장시킨다.

학교선택권의 유형

　근대적 공교육 제도의 유래에 대해 논란이 있기는 하지만, 1713년 프로이센의 황제인 빌헬름 1세가 발표한 「보통교육에 관한 교육령」에서 찾을 수 있다. 여기에서는 5세부터 12세까지의 아동을 의무적으로 취학케 하고 빈곤층의 수업료 면제, 학교시설 및 교사봉급을 국고에서 보조할 것을 규정하였다. 이것이 산업혁명을 막 시작한 서구 선진국으로 보급되어 공장제 대량생산을 위한 노동력 양성의 관점에서 제도권 학교교육이 시행된 것으로 보는 견해가 있다. 근대적 공교육 제도를 부정적으로 보는 학자들은 출퇴근 시간, 휴식시간 등 규정된 시간표를 잘 지키고, 주어진 일을 성실히 수행하며, 상사에게 복종하는 근로자를 양성하고 훈련하는 것이 근대적 학교가 길러내고자 하는 인재의 표준적 유형으로 인식하였다.

　이러한 점에서 미셸 푸코(Michel Foucault)의 「감시와 처벌」에서는 근대적 학교제도를 사실상 군대나 공장, 정신병원과 같은 구조를 지닌 것으로 이해하였다. 감시와 처벌의 기제로서 근대적 학교가 갖는 폭력성과 권위주의는 표면적으로만 조금 약화하였을 뿐 그 본질은 변함없이 이어져 오고 있다. 미셸 푸코의 주장을 급진적이라고 간주하더라도 오늘날의 학교는 19세기 대량생산 시기의 학교 상에서 크게 벗어나지 못하고 있다. 공장처럼 개성 없는 학교건물, 똑같은 크기의 교실과 의자, 똑같은 커리큘럼·교과서·시수를 적용하여 학생들을 가르친다. 성실하고 규칙을 잘 지키고 지시에 순종하며 무조건 암기하는 19세기 인간형을 키우는데 적합한 구조다.

그러나 21세기 기업이 원하는 인재상은 19세기의 그것과는 많이 다르다. 학교가 사람이 세상을 살아가고 가정을 꾸리는 데 필요한 지식과 기술을 전수해야 한다는 데는 누구나 공감할 것이다. 오늘날은 따듯한 감성, 풍부한 상상력, 번뜩이는 창의력을 발휘하면서 타인과 협력하여 목표를 달성할 수 있는 인재가 환영받는 시대다. 19세기형 학교에서 길러지는 인재가 21세기 미래사회에서 필요한 지식과 역량을 얼마나 키울 수 있을지 걱정스럽다. 붕어빵처럼 똑같은 제도권 학교교육을 혁신하지 않는 이상 학교의 미래, 나아가서 대한민국의 미래는 어둡기만 하다.

학교선택권은 교육수요의 다양성을 인정하고 학교시스템에서 이를 보장하기 위한 소비자 주권이다. 붕어빵처럼 똑같은 획일화된 학교가 아니라 교육목표와 방법에서 혁신적인 시도를 하는 수많은 학교가 교육수요자의 다양한 수요를 맞추기 위해 서로 경쟁하게 만들자는 것이다. 따라서, 학교선택권은 어떤 특정한 학교교육 형태를 전제로 하지 않는다. 다만, 학교가 자신의 거주지에 따라 강제배정 되는 것이 아니라 공립학교, 사립학교를 불문하고 수요자의 선택에 의해 결정되는 특징을 가질 뿐이다.

학교선택권을 보장하는 수단이 몇가지 있는데, 이들은 서로 독립적으로 운영되기도 하고 국가에 따라서는 몇 가지 형태가 한꺼번에 동시에 적용되기도 한다.

첫째, 개방형 입학제이다. 학군 내에 소재한 학교에 국한하여 학생을 배정하는 방식이 아니라 학부모가 원하는 모든 학교에 학군을 불문하고 자녀를 입학시킬 수 있는 제도이다. 다만, 다른 학군의 학교를 희망할 때는 해당 학교에 남은 자리가 있을 경우에 한해서 입학할 수 있다. 미국과 같이 사립학교에서 수업료를 받는 국가는 공립학교만을 대상으로 시행하기도 한다.

둘째, 모든 학생에게 바우처(voucher, 쿠폰)를 주고 공립학교, 사립학교 등 학교형태를 불문하고 어느 것이라도 선택할 수 있도록 하는 바우처 제도이다. 미국은 개방형 입학제가 공립학교만을 그 대상으로 함에 비해 바우처 제도는 수업료를 받는 사립학교까지도 선택의 범위에 포함시킨 점에서 구분된다. 즉, 학부모는 수업료를 받는 사립학교를 선택하고 그 학교에 정부로부터 받은 바우처를 제출하면, 학교는 학생들로부터 받은 바우처를 근거로 정부로부터 재정지원을 받는다. 어떤 학교가 학생들로부터 얼마나 선택을 받았느냐에 따라 학교별 재정지원 규모가 결정되는 시스템이며, 흔히 사립학교에 대한 교육재정 지원 제도로 활용된다.

셋째, 세금 감면제도이다. 교육관련 지출에 대하여 일정 액수까지는 세액공제를 허용하는 제도로서 개인과외, 교재 및 컴퓨터 구입비, 사립학교 수업료 등의 공제항목을 포함한다. 공제금액, 공제항목 등은 시행하는 주체에 따라 다르며 감면제도의 운용은 개인의 교육지출에 대해 세금감면을 하는 방식과 개인이나 기업이 교육단체에 기부한 금액에 대해 세금감면을 하는 두 가지 방식이 있다. 세금감면은 개인이 지출한 교육비용을 국가가 세금감면의 형태로 보전해준다는 점에서 바우처 제도와 유사한 측면이 있다. 그러나, 바우처 제도가 모든 학부모에게 재정지원을 함으로써 학교선택을 실질적으로 보장해주는 데 반해, 세금감면은 교육지출이 있는 학부모와 기업만을 대상으로 하여 범위가 협소한 차이점에서 차이가 있다.

넷째, 스웨덴식의 자유학교 혹은 미국식의 차터스쿨(Charter schools)로서 정부와 학교 간의 계약 혹은 협약(charter)에 기초해 자유롭게 학교를 설립할 수 있도록 허용하는 조치이다. 국가마다(미국은 주마다) 차이가 있기는 하지만, 최소한의 요건만 갖추면 누구나 자유롭게 학교를 설립할 수 있도록 하고 학교운영과 관련된 커리큘럼, 교사채용, 수업방식 등에 있어서 포괄적 자유를 허용한다. 학교에 대해 정부가 재정지원을 시행하며 재정지원의 방식으로는 흔히 바우처 제도를 활용한다. 교육의 다양성을 보장하고 혁신적인 교육방법을 도입하려면 새로운 학교설립이 활발해져야 한다. 이를 위하여 학교설립과 운영을 통해 이윤을 획득할 수 있도록 영리법인의 학교설립을 허용한다. 이에 따라 스웨덴, 미국 등에서는 기업형으로 여러 학교를 거느린 체인이 등장하고 교육방법, 학교운영에 관한 전문적인 서비스를 제공하기도 한다. 성적을 기준으로 한 입학생 선발을 금지하며 다양한 유형의 학교가 설립될 수 있도록 유도함으로써 학교 간 경쟁, 교육의 혁신을 강화하는 이점이 있다.

다섯째, 미국에서 교육개혁의 일환으로 1960년대 이후 등장한 학교로서 과학, 기술, 예술, 체육 등의 분야에 특화한 마그넷스쿨(magnet schools)이다. 특정분야에 재능을 가진 학생들을 학군과 무관하게 마치 자석처럼 끌어들여 특성화된 커리큘럼을 제공하는 학교로서 공교육의 일 형태이다. 기존의 공립학교에는 이들을 위한 별도의 커리큘럼이 없어서 재능을 조기에 발굴하여 살리려는 학부모들로부터 인기가 있다.

초중등 학교단계 모두에 설립이 허용되며 주에 따라서는 학군을 단위로 학생을 선발하여 운영되기도 한다. 재능있는 학생들을 선발하기 위하여 입학시험, 인터뷰, 오디션 등을 시행하는 것이 일반적이다. 이 밖에도 추첨제만 적용하는 경우, 경쟁시험과 추첨제를 절충하는 경우 등 선발방식이 다양하다. 마그넷스쿨은 특성화된 교육을 하기 때문에 균형잡힌 교육을 하기보다는 수학, 과학, 공학 등의 전공에 특화하거나, 기술/직업/농업 등 직업교육에 특화하는 경우가 많다.

여섯째, 홈스쿨링(home schooling)이다. 학교에 다니지 않고 집에서 공부하며 부모가 주로 자녀의 학습을 주도한다. 가정 내 교육은 역사적으로 긴 전통을 갖는 것이지만, 최근 미국에서는 폭발적인 증가세를 보여 2003년에 110만 명의 아동이 홈스쿨링을 받는 것으로 나타났다. 홈스쿨링을 받으려면 부모가 단지 교육 당국에 신고만 하면 되는 형태에서부터 부모 중 한 명이 교사자격증을 소지해야 하고 교육 당국이 자녀의 학업성취를 정기적으로 점검하는 형태까지 주별로 다양하다.

학교선택권 개혁을 위한 7대 목표

학교선택권이 학부모 선택의 자유를 보장해준다는 점에서는 긍정적이지만 학교제도가 정상적으로 작동하고 안정성, 지속성을 가지려면 여러 가지 조건들이 충족되어야 한다. 정부가 자유학교에 재정을 지원하지만, 간섭은 최소화하는 스웨덴식 자유학교 개혁에 찬동하는 견해에서는 학교 간 경쟁이 교육의 질을 높일 것이라는 기대를 깔고 있다. 하지만, 반대진영에서는 정부가 학교에 대한 규제를 포기하면 학교가 교육의 본질에서 벗어나고, 부유한 가정의 학생들만 이득을 보며, 교사가 치열한 학교 간 경쟁의 희생양이 될 것을 염려한다.

정부의 간섭이 없는 시장의 횡포, 시장의 힘이 발휘되지 않는 정부의 과도한 간섭은 모두 좋은 학교를 만드는데 독이 된다. 따라서, 양측의 주장은 일정부분 사실을 반영하고 있다고 할 수 있다. 누구나 학교시장에 접근할 수 있도록 학교설립 및 운영상의 규제를 없애는 동시에 무분별한 학교설립에 따른 부작용을 막을 대책을 마련하는 최적의 균형을 찾는 것이 학교선택권 개혁의 핵심적인 이슈이다. 교육의 혁신, 소비자의 선택, 다양성의 증진을 위해 학교시장의 도입이 불가피하다고 하더라도 교육의 책무성, 질 관리 등의 가치 역시 포기할 수 없다. 여기서는 학교선택권 개혁을 하는 도입하는 과정에서 포기하지 말아야 할 학교교육의 7가지 원칙을 검토한다. (Daisy Meyland-Smith and Natalie Evans, 2009)

<교육개혁의 7대 원칙>

1. 교육수요자 중심의 교육

학교가 설립되고 운영되는 근거는 지방정부나 중앙정부의 감독과 지원이 아니라 학생과 학부모라는 수요자의 요구로부터 나와야 한다. 학부모가 선택하는 학교는 번창하고 선택받지 못한 학교는 도태되어야 마땅하며, 학교가 교육소비자의 요구에 능동적이고 신속하게 반응하게 만들어야 한다.

2. 학교시장 접근성

정부는 학교시장 진입을 막는 복잡한 규제, 학교설립 및 운영비용을 과도하게 요구하는 규제 등을 통해 학교설립을 인위적으로 제약하지 말아야 한다. 정부가 멋대로 학교시장으로의 신규 진입을 막으면 건전한 시장기능의 정상적 작동을 저해하고 교육혁신도 구호에 그치게 된다. 소비자의 교육선택권을 실질적으로 보장하려면 새로운 학교설립이 왕성해야 한다.

3. 책무성

정부가 교육시장에 인위적으로 개입해서는 안 되지만 학교에 대한 정부재정 지원이 낭비되지 않도록 교육의 질 관리는 철저히 해야 한다. 교육의 질에 대한 평가는 주관성을 가질 수 있으므로 합리적인 판단과 규제를 할 수 있도록 객관적이고 중립적인 위원회 등의 조직을 통해 개입하는 것이 바람직하다. 교육의 질 관리에 실패한 학교에 대해서는 해당 학교 및 교사에게 철저히 책무성을 따진다.

4. 학교운영의 자유

학교는 교육서비스의 질을 유지하는 책무성을 발휘하는 한편으로 교육혁신을 위해 필요한 다양한 시도를 할 수 있는 자유를 보장받아야 한다. 학교의 교육서비스 제공과 혁신에 대한 속박은 소비자의 교육선택권을 실질적으로 무력화시키는 그릇된 결과를 가져올 수 있고 시장에서의 선택을 제약하는 요인으로 작용한다. 민주적 기본질서의 준수, 사회상규를 위반하지 않는 범위 내에서 커리큘럼, 교육방법, 교원의 인사권, 재정집행 및 결산권 등 학교운영 전반에 관한 포괄적인 자유를 학교에 부여한다.

5. 재정적 안정성

학교가 교육의 질을 높게 유지하려면 재정지원의 수준이 적정해야 하고 안정적이어야 한다. 재정지원의 수준은 학교가 자본비용을 감당할 수 있을 정도의 적정수준으로 산정되어야 한다. 재정지원의 기준이라 할 수 있는 학생 1인당 교육비의 산정공식은 일관성을 가져야 하며 시계열적으로 안정적이어야 한다.

6. 정치적 중립성

정치적 상황이 변화되더라도 교육공급자가 보호받을 수 있도록 학교와 정부 간의 계약이 필요하다. 정권교체나 여론변화에 따라 정부의 재정지원 규모, 계약의 준수 등이 달라지면 교육공급자가 고스란히 손해를 입게 되기 때문에 정치적 상황과 무관하게 교육공급이 가능하도록 보장할 필요가 있다.

7. 공정성

교육에 시장을 도입하더라도 학교시스템 내에 차별이 증가하지 않도록 설계하여야 하며 기존에 존재하는 차별을 감소하기 위해 노력해야 한다. 학교가 계층의 통합과 계층이동의 창구가 되도록 하려면 다양한 학생들이 같은 학교에 다니도록 하는 것이 바람직하고 다양한 계층이 섞이는 정책방안을 연구해야 한다.

2부
외국의 학교선택권 개혁

4장

스웨덴의 학교선택권 혁명, 자유학교

스웨덴 하면 떠오르는 이미지는 노벨상을 수여하는 조용한 중립국, 깨끗한 자연환경, 사브(SAAB), 볼보(Volvo), 이케아(IKEA) 등의 세계적 브랜드가 있는 강소국이다. 여기에 '요람에서 무덤까지'라는 세계 최고 수준의 복지국가라는 수식어가 겹쳐진다. 1인당 국내총생산(GDP) 4만 2,744달러(2009년), GDP대비 조세부담률이 47.1%(2008년), 유효소득세율 26.4%(2009년)로 각각 세계 최고 수준을 자랑한다. 참고로 우리나라의 유효소득세율 − 소득 중 실제 세금으로 낸 비율 − 은 같은 해 8%에 불과했다. 고소득 국가이기는 하지만 우리 국민보다 4배 이상 세금을 내다니 정말 믿기지 않는 일이다. 우리나라에서 몇 해 전 종합부동산세를 조금 올린 것 가지고 세금폭탄이라고 호들갑을 떨었던 일을 상기하면 스웨덴의 담세율은 그야말로 핵폭탄급이다.

스웨덴은 국가의 규모, 경제발전 단계, 대학진학률 등에서 한국과 차이가 크고 교육에 대한 사고나 관점도 우리와는 다른 점이 많다. 그럼에도, 기존 공교육에 대한 학부모들의 불만, 교육수요의 다양성 증가 등에 따라 교육개혁을 위한 치열한 논의를 거쳐 합의점을 도출하고 이를 실천에 옮긴 점은 분명히 우리에게 시사하는 바가 있다. 더구나, 사회적 연대의식이 약한 우리와 달리 사민주의적 전통이 강한 스웨덴에서 자유학교를 허용하는 데서 한 걸음 더 나아가 공립학교와 같은 기준으로 재정지원을 하는 교육개혁에 나섰다는 점은 가히 충격적인 사건이다.

〈한국과 스웨덴 주요 지표비교〉

구분	한국	스웨덴
면적(1,000 ㎢, 2008)	99.72	450.29
인구(만 명, 2009)	4,875	935.0
1인당 국민소득(미 달러, 2009)	17,037	42,744
국내총생산(억 달러, 2009)	8,305	3,996
GDP 중 공교육비 비중(%, 2008)	4.23	6.89
대학진학률(2007)	82.8	40.0

출처 : OECD. www.oecd.org 각 년도

스웨덴과 자유학교, 한마디로 너무 어울리지 않는 조합이다. 연대, 형평, 복지를 최고의 가치로 여기는 사민주의 복지국가에서 경쟁을, 그것도 다른 분야가 아닌 의무교육을 포함한 초중등 학교교육에 도입하다니 말이나 되는가? 스웨덴이 어찌 보면 극약처방과도 같은 교육개혁 조치를 과감하게 취한 이유는 무엇일까? 개혁의 내용은 무엇이고, 그 성과는 어떠했는가? 여기에서는 스웨덴의 자유학교, 학교선택권을 핵심으로 하는 1992년 교육개혁의 전 과정을 살펴본다.

본격적 논의에 앞서 자유학교(free school)에 대해 간략히 소개한다. 자유학교가 우리에게는 다소 생소한 개념이지만 역사적으로 특별한 의미가 있다. 1960년대 후반부터 70년대에 걸쳐서 영국, 미국, 독일 등의 대도시 지역에서 나타났던 급진적인 학교운동으로 공교육 제도의 문제점을 극복하고자 만들어진 종래의 학교교육과는 다른 학교를 포괄한다. 우리나라에서는 흔히 대안학교(alternative school)로 더 알려졌으며, 영국의 교육가 닐(A. S. Neill)이 1921년에 설립한 서머힐(Summerhill)이 대표적이다.

자유학교는 그 스펙트럼이 매우 넓어서 정의하기 어려운 용어이다. 우리나라에서 대안학교는 많은 경우 공교육에 적응하지 못한 부적응 학생을 위한 학교로 인식되고 있다. 이러한 의미에서 자유학교는 무엇보다 "~이 없는" 학교라는 의미가 있다. 제도권 학교의 특징인 학생 간의 치열한 성적경쟁, 학생에 대한 엄격한 규칙이 없는 학교라는 소극적 의미로서의 자유학교이다. 다음으로, 자유학교는 "~을 할 수 있는" 적극적 학교라는 의미도 담고 있다. 자유학교는 정부의 규제에서 벗어나 자유롭게 여러 가지 새로운 교육적 시도를 할 수 있고 이것을 통해 교육을 혁신하는 자율권을 부여받고 있다.

우리나라에서 자유학교가 제도권 학교 부적응아를 위한 소극적 의미의 학교로 인식되고 있음에 반해, 오늘날 스웨덴, 미국 등의 자유학교는 교육혁신의 총아로서 주목받고 있다. 자유학교는 학교부적 응아만이 아니라 모든 학생을 교육대상으로 삼고 있으며 제도권 학교에 대한 '대안'으로 주목받고 있다.

스웨덴의 교육제도

스웨덴이 높은 경제수준을 유지하는 비결 중의 하나는 우수한 교육제도 덕분이다. 학교에서 우수한 인재를 양성하고 이들이 기업에 취업해서 높은 생산성을 발휘하고 있다. 이에 따라 스웨덴은 정보기술(IT), 생명공학기술(BT), 나노기술(NT) 등 첨단기술 분야에서 세계적 수준의 경쟁력을 확보하고 있다. 스웨덴 교육제도의 특징을 단적으로 표현하면 유치원부터 대학원까지 모두 무상교육으로 이루어지며 공교육이 강하다는 점이다. 스웨덴에서는 수업료는 물론 교과서와 노트를 비롯해 학교에서 요구하는 모든 준비물이 무료다. 학교급식 역시 당연히 무료다.

공교육이지만 교육의 수준과 질은 매우 높고 실용적 교육을 중시하는 전통이 있다. 사교육이 기승을 부리는 우리 처지에서는 부럽기 그지없다. 예를 들면 스웨덴에서는 중학교만 나와도 대부분 영어를 구사할 수 있을 정도의 회화실력을 갖춘다. 초등학교 입학 때부터 원어민으로부터 영어교육을 회화위주로 받기 때문에 전문적인 용어는 잘 모르더라도 일상적인 영어회화에는 능숙하다. 고등학교만 졸업해도 2~3개 외국어 구사는 물론 사회생활을 하는 데 지장이 없을 정도의 지식을 갖출 수 있다. 외국어 교육을 중시하는 이유는 바이킹의 역사에서 보듯이 스웨덴은 외국과의 교역, 교류를 하지 않고서는 생존할 수 없는 환경 탓이다. 대학 진학률은 대략 40% 정도로 우리의 절반 수준에 불과하며 고등학교만 졸업하고도 자기 분야에서 일가를 이룬 명사들이 많이 있다.

우리나라와 비교해 세일링과 수영이 초등학교 체육과목에 포함된 점이 특징적이다. 여기에도 스웨덴 특유의 실용주의적 교육관이 담겨 있다. 즉, 스웨덴은 반도국가로 바다에 면해있는 데다가 2만 4,000여 개의 크고 작은 섬, 약 9만 5,000개의 호수가 있다고 한다. 물을 떠나서 생활, 여가를 생각하기 어려운 지리적 여건을 교육과정에 반영한 것이다. 수영시간에는 수영기술뿐만 아니라 응급처치 요령, 익수자를 안전하게 구조하는 방법 등을 가르친다. 초등학교와 중학교에서는 목공예 수업시간이 있어 나무로 각종 집과 장난감을 만든다. 목공예를 하는 데는 청소년기 두뇌발달에 이롭다는 점도 있지만, 나무가 많은 스웨덴의 여건상 성인이 되어 여름용 별장을 짓는데 유용하기 때문이다.

스웨덴의 학제는 유치원, 예비학교, 의무교육과정(초,중학교), 고등학교, 대학 등으로 이루어져 있다. 우선 유치원은 취학 전 아동을 대상으로 하며 부모의 선택에 의해 다닌다. 다만, 정부에서는 희망하는 아이들이 모두 소정의 유치원 교육을 받을 수 있도록 지원해준다. 유치원은 한국과 같이 한글, 영어, 산수 등 지식학습을 위주로 하는 것이 아니라 철저히 놀이위주로 진행한다.

예비학교는 초등학교 입학 전인 6세 아동 모두를 대상으로 초등학교에서 교육 한다. 정식으로 학교를 시작하기 위한 준비과정으로 취학이 의무적이지는 않지만, 아동 대부분이 예비학교에 다닌다. 유치원과 마찬가지로 놀이를 위주로 하지만 초등학교에 다니기 위한 준비로써 말하기, 듣기태도, 특기, 음악, 그림 등의 교육을 한다.

의무교육과정은 우리나라로 치면 초등학교와 중학교를 합친 것이다. 7세부터 16세까지의 아동을 대상으로 하며 입학연령은 6, 7, 8세로 유연하고 9학년 제로 운영된다. 학교 대부분은 지방정부가 운영하는 공립학교이고 자유학교가 허용되어 있다. 자유학교에서는 몬테소리(Montessori)나 발도르프(Waldorf) 등과 같은 새로운 교육방식을 적용하는 등 공립학교와는 차이가 있다.

매 학기말 학생의 학업 등에 관한 평가보고서가 학부모에게 제공되며 출석의무일수를 채웠을 때 혹은 과목을 모두 이수했을 때 졸업할 수 있다. 평가보고서에 기재되는 점수는 이수(Pass), 우수(Pass with Distinction), 최우수(Pass with Special Distinction)의 세 가지 등급이며, 학생이 해당 과목을 이수하지 못하면 점수가 기재되지 않는다. 점수를 기재하는 대신에 교사는 학생의 학업성취도를 과목별 커리큘럼에 기초하여 기술한다. 교사는 매학기 적어도 한 번 학생 및 학부모와 함께 학생의 지식과 사회성 개발에 대해 토론하며, 이러한 토론결과를 기초로 학생의 발전을 지원할 최적의 방안을 연구하고 학생 개인발전계획에 이를 기술한다.

의무교육을 마친 모든 학생은 3년의 고등학교 과정에 입학할 자격을 부여받는다. 고등학교에는 국가에서 정한 17개의 프로그램이 있으며 이것은 다시 필수과목, 선택과목, 개인선택 핵심과목 그리고 프로젝트로 구성된다. 프로그램은 대학으로 치면 전공쯤에 해당하는 것으로 17개 프로그램에는 아동과 여가, 건축, 전기, 에너지, 예술, 운송수단, 경영, 수공예, 호텔과 레스토랑, 제조업, 음식, 미디어, 천연자원, 자연과학, 건강, 사회과학, 기술 등이 있다. 학생들은 이들 프로그램 중에서 하나를 선택하게 되는데 예술, 자연과학, 사회과학, 기술의 4개 프로그램을 제외하고는 모두 현장훈련 시간이 포함되어 있고 15주에 걸쳐 기업 등에서 진행된다.

모든 프로그램에서 공통으로 이수해야 하는 필수과목에는 8가지가 있는데 영어, 예술, 체육과 보건, 수학, 자연과학, 사회과학, 스웨덴어, 종교학 등이다. 이들 과목은 어떤 전공을 선택하더라도 반드시 이수해야 한다. 한 가지 특징적인 점은 고등학교 단계에서 일반교육과 직업교육을 구분하지 않고 학생들의 선택에 의해 프로그램 형태로 이루어진다는 점이다. 우리나라와 같이 직업교육만을 전문적으로 하는 전문계고는 없다.

현장훈련이 없는 프로그램은 대체로 대학에 진학해 계속해서 공부하고자 하는 학생들을 위한 것이다. 고등학교 단계의 과목들을 모두 이수한 학생은 전문대학이나 대학에서 배울 과목을 선이수(AP)할 수 있다. 현장훈련 시간이 포함된 프로그램이라고 하더라도 대학 진학을 할 수 없는 것은 아니며 본인의 선택에 의해 대학진학이 가능하다. 전문계고 졸업생의 약 70% 이상이 대학에 진학하는 우리나라의 현실에서 스웨덴과 같이 고등학교 단계에서 별도의 직업교육을 위한 학교를 두지 않는 점은 본받을만한 사례로 생각된다.

고등학교 과정에는 총 138개의 과목이 있으며 정부에서는 각 과목과 과정에서 학생들이 달성해야 할 목표를 강의계획서(syllabus)에 제시하고 있다. 과목별 성적평가는 과락(Fail), 이수(Pass), 우수(Pass with Distinction), 최우수(Pass with Special Distinction)의 네 가지 등급으로 부여된다. 3년간 고등학교에 다녔다고 해서 졸업장이 수여되는 것은 아니며 모든 과목과 프로젝트에서 점수가 최소 '이수' 이상의 점수를 받아야 한다. 이것은 의무교육에서 소정의 기간 교육을 받는 것만으로 졸업장을 주는 것과 차이가 있다. 우리나라에서도 고등학교 단계에 대해서는 소정의 학력을 갖춰야 졸업할 수 있도록 졸업자격 제도를 도입하는 것이 타당하다고 생각된다.

고등학교 이후에는 전문대학과 대학이 있으며 성인을 위한 평생교육 기관도 잘 발달되어 있다. 대학에 대해서는 이 책의 범위를 벗어나므로 생략한다.

학교선택권의 도입

1930년대 이후 본격적으로 복지국가를 발전시켜왔던 스웨덴은 1980년대 취해진 금융자유화의 후유증으로 극심한 자산거품과 거품붕괴를 겪었다. 엎친 데 덮친 격으로 누적된 복지비용 부담이 가중되면서 스웨덴은 1990년대 들어서 금융위기와 재정위기라는 직격탄을 맞았다. 스웨덴식 복지국가 모델이 잘 굴러가는 것처럼 보였지만, 사실 높은 복지비용은 경제의 활력을 떨어뜨리고 있었다.

대표적인 징후가 경제성장률의 둔화였다. 1970~1993년의 기간에 스웨덴의 평균 경제성장률은 1.49%로서 OECD 회원국 평균 2.76%에 비해 낮은 수준에 머물렀다. 스웨덴에는 1929년 대공황 이래 최대의 경기침체가 밀어닥쳤다. 근로의욕의 저하, 우수한 두뇌의 국외유출, 경제의 활력 저하는 모두 시혜적 복지제도를 유지하기 위한 높은 세율이 불러온 결과였다. 이에 따라 과감한 고령연금 개혁과 정부지출 상한 도입, 공기업 민영화 등 복지제도의 축소, 재정건전성 강화를 위한 일련의 조치들이 뒤따랐다. 복지가 경제의 발목을 잡는 악순환의 고리를 끊기 위함이었다.

1990년대를 관통한 스웨덴의 경기침체는 학교에 대한 재정지원을 감소시켰고 빈부격차 문제를 악화시켰다. 특히 스톡홀름 등의 대도시 지역에서 부동산 가격이 폭등하면서 계층에 따른 거주지역의 분리 현상이 심화되었다. 소득계층에 따른 거주지역의 분리현상은 학교에 따라 학생들의 사회경제적 배경을 크게 차이나도록 만들었다. 학력이 높고 부유한 부모를 둔 학생이 다니는 학교와 그렇지 않은 학교가 뚜렷하게 나뉘기 시작한 것이다. 이에 따라 사회통합에 기여해야 할 공교육 시스템이 계층분리의 도구로 전락한다는 비판이 비등하였다. 아울러 국제학력평가에서 스웨덴의 성적이 좋지 않았던 점도 교육개혁의 필요성을 부추겼다. 특히 수학과 과학에서 점수가 하락하는 경향을 보여 국가경쟁력 약화의 징후로 받아들여졌다.

이러한 사회경제적 현상과 더불어 인구구조의 변화 역시 빼놓을 수 없다. 이민이 증가하면서 이민자가 주로 거주하는 지역의 열악한 교육여건이 부각되었다. 이민자 가정을 사회와 통합시키는 데 이바지해야 할 학교가 계층분리를 심화시키는 역효과가 나타났다. 아울러 전통적 가족제도가 약화되고 이혼 및 독신가구의 증가, 동거의 확산 등으로 편부모 슬하의 학생들이 증가하였다. 한마디로 이민자, 저소득층, 가정의 해체 등으로 인한 사회적 취약계층의 자녀들에게 학교가 특별한 관심과 배려를 하는 것이 중요해진 것이다.

스웨덴에서 학교선택에 대한 논의는 1980년대로 거슬러 올라간다. 보수당에서 처음으로 제기하였는데 당시는 교육소비자의 선택권과 학생들의 학력저하에 대한 염려가 주된 이유였다. 오랜 논쟁을 거쳐 학교선택권이 정치권에서 받아들여졌으나 그 개념을 둘러싸고 대립이 나타났다. 사민당에서는 학교선택권이 도입된다고 하더라도 자유학교와 공립학교가 균형을 이루어야 한다는 점을 염두에 두고 있었다. 반면 보수당에서는 모든 학교를 자유학교로 전환하는 급진적인 안을 가지고 있었다. 또한, 사민당에서는 학교선택권을 학교 내에서의 선택에 초점을 두었던 데 반해 보수당에서는 학교 간의 선택을 강조했다는 점에서도 차이가 있었다.

보수당 칼 빌트(Karl Bildt) 수상 집권 시(1991-1994)에는 선택의 자유와 자유학교에 관한 정부 법안(Proposition om valfrihet och fristaende skolor(Prop. 1991/92:95), 1~9학년까지의 의무교육), 학교선택에 관한 정부 법안(Valfrihet I skolan(Prop. 1992/1993:230), 고등학교) 등이 잇달아 의회에 제출되어 법제화되기에 이르렀다. 이에 따라 사립학교(자유학교)도 공립학교와 동등하게 정부로부터 교육재정 지원을 받을 수 있는 권리가 확립되었다. 물론 사립학교(자유학교)가 기본적인 요건을 충족해야 하는 전제가 붙어 있기는 하지만 말이다.

사회적 연대, 형평을 중시하는 사민당으로서는 처음에는 당연히 교육개혁에 반대했지만 새로운 학교재정지원시스템 개혁에 대한 국민적 여론이 높아서 결국 받아들이지 않을 수 없었다. 학교선택권 개혁은 사민당이 다시 정권을 되찾은 1994년에도 폐기되지 않았다. 보수당 시절 법제화된 일련의 노동시장 규제 입법들이 사민당의 정권 재창출과 더불어 순식간에 폐기된 것과 비교하면 일대 사건이었다. 교육선택권은 정권차원의 색채나 가치의 문제가 아니라 국민적 관심사였고 교육개혁에 대한 공감대가 이미 형성됐기 때문에 정치적 일정과 무관하게 질긴 생명력을 가질 수 있었다.

스웨덴의 학교선택권 개혁은 세 가지 중요한 원칙을 갖고 추진되었다.

첫째, 모든 학생은 공립학교, 자유학교를 막론하고 어느 것이든 선택할 수 있는 학교선택권을 갖는다.

둘째, 국가교육청(NAE: National Agency of Education)으로부터 승인을 받은 자유학교는 지방정부로부터 '학생 수×학생 1인당 교육비'에 해당하는 금액을 지원 받으며, 이때 학생 1인당 교육비는 원칙적으로 지방정부가 운영하는 공립학교(우리로 치면 국공립학교)의 학생 1인당 평균 비용과 동일 금액으로 한다.

셋째, 국가교육위원회는 학교설립자가 기본적인 요건을 충족한다면 학교의 소유자, 운영자가 누구인가를 불문하고 어떠한 자유학교라도 승인할 수 있다.

학교선택권은 스웨덴 교육개혁의 핵심적인 가치이다. 개혁 이전에는 우리나라와 마찬가지로 근거리 원칙에 따라 거주하는 집으로부터 가장 가까운 학교에 강제배정 되었다. 학교선택과 관련하여 학생이나 학부모의 의사가 반영될 여지가 거의 없었던 셈이다. 그러나 개혁 이후에는 모든 학생에게 바우처(voucher, 쿠폰)를 주고 공립학교, 혹은 자유학교를 불문하고 어느 것이라도 선택할 수 있도록 하였다.

바우처 제도에 의한 교육재정 지원

　학생들은 학교를 선택하고 나서 다니는 학교에 지자체로부터 받은 바우처를 제출한다. 학교는 학생들로부터 받은 바우처를 모아서 지역 교육청에 제출하고 교육청에서는 이를 근거로 해당 학교에 재정을 지원한다. 이때 개별학교에 지원되는 액수는 '학생 수×학생 1인당 교육비'에 해당하는 금액이다. 어떤 학교가 학생들로부터 얼마나 선택을 받았느냐에 따라 학교별 재정지원 규모가 결정되는 시스템이다. 따라서, 공립학교이든, 개인들이 설립한 자유학교이든 불문하고 학생 수에 따라 정부의 재정지원 규모가 결정된다. 과거에는 학교별로 책정된 예산이 따로 존재했지만, 개혁 이후에는 유치한 학생이 몇 명이냐에 따라 예산규모가 결정되게 되었다. 이러한 학교선택권은 의무교육인 초등학교 및 중학교에 모두 적용된다.

　재정 흐름을 비교해보면, 개혁 이전과 이후의 차이가 더욱 분명하게 드러난다. 개혁 이전에는 국회로부터 승인받은 교육예산을 교과부가 각 지방교육청으로 내려 보내고, 이 돈을 받은 지방교육청은 교과부가 규정한 배분방식에 따라 개별 학교로 다시 이 돈을 내려 보냈다. 이러한 시스템에서는 교육소비자인 학생, 학부모의 의견이 반영되기 어렵다. 중앙집권적 의사결정 시스템에서는 교과부의 권한이 가장 막강하고 지방교육청의 역할은 제한적이며 개별 학교의 요구는 반영되기 어려운 구조가 된다.

반면, 바우처 제도가 도입된 개혁 이후에는 학생의 교육요구가 충실하게 반영될 수 있는 구조가 마련되었다. 즉, 교과부가 지방교육청에 예산을 배분하는 것은 동일하지만, 이제 예산이 곧바로 학교에 배분되는 것이 아니라 학생에게 바우처라는 형태로 예산배분에 관한 의사결정 권한이 부여된다. 즉, 지방교육청에서 개별학교로 예산을 얼마만큼 배분할 것인가는 학생이 어떤 학교를 선택하고 바우처를 제출하느냐에 의해 좌우된다.

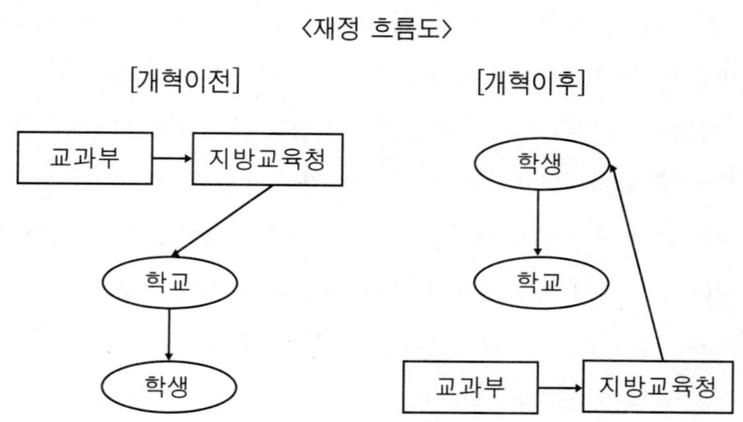

바우처 제도의 운영과정을 좀 더 자세히 살펴보자. 우선 의무교

육에 해당하는 초등학교 및 중학교 학생들은 모두 자신이 거주하는 지역의 교육청으로부터 바우처를 받는다. 학생들은 공립학교, 자유학교 모두를 선택할 수 있지만, 공립학교의 경우에는 자신의 거주지역, 즉 학군 내에 있는 공립학교로 선택이 제약된다. 물론, 자유학교에 대해서는 어떠한 제약도 없이 학생이 희망하는 학교를 선택할 수 있다. 예를 들어, 내가 강북에 사는 경우 자유학교라면 강남이든, 강북이든 구애받지 않고 선택할 수 있지만, 공립학교는 강북의 학교만을 선택해야 한다. 만약 학생이 학교선택권을 행사하고 싶지 않다면 자동으로 근거리 원칙이 적용되어 거주지역에서 가장 가까운 공립학교로 배정된다.

바우처의 가치는 절대 낮지 않다. 학교수준 및 학년, 각 지역의 교육재정 여건에 따라 다르지만, 1인당 4만 8천 크로나(약 800만 원)에서 7만 크로나(약 1,200만 원)에 이른다. 물론 그 이상인 곳도 있다. 4만 불이 넘는 스웨덴의 1인당 국민소득, 높은 세율을 고려하면 결코 많은 금액은 아니다. 참고로, 우리나라의 1인당 교육비는 초등학교 4,691달러(약 500만 원), 중학교 5,661달러(약 600만 원)에 달한다. 이 바우처의 가치는 대략 학생 1인당 교육비와 일치하며, '정부의 교육재정/학생 수'로 계산한다. 여기에는 교사 인건비, 학교운영비 등 일체의 비용이 포함된다. 따라서, 과거에는 개별 학교들이 정부로부터 교사인건비와 학교운영비를 성과와 무관하게 직접 받았다면 이제는 학생 수, 즉 바우처의 매수에 따라 재정지원 액수가 차등화된다. 극단적인 경우, 학생들의 선택을 받지 못한 학교는 문을 닫아야 하는 상황도 발생할 수 있다.

자유학교의 설립과 운영

학교선택권 개혁이 성공하려면 바우처 시스템의 작동, 자유학교의 설립과 운영이 중핵적 중요성을 갖는다. 이것은 기존의 중앙집권적 교육규제 시스템과는 양립할 수 없다. 즉 교과부가 쥐고 있던 재정 및 조직, 인사권한을 지방으로 넘기는 분권화가 전제되지 않으면 제대로 작동할 수 없다. 지자체가 교육에 관한 의사결정 권한을 중앙정부로부터 이양받고, 지역의 특성에 맞는 특성화된 교육서비스를 제공함으로써 궁극적으로 소비자의 교육만족도를 높이고 교육경쟁력을 높이는 것이 개혁의 목표이다.

풀뿌리 민주주의라는 지방자치제도는 지방자치단체장, 지역의 교육감 등이 지역구의 교육수요에 더욱 민감하게 반응하게 하는 메커니즘으로 작용할 수 있다. 즉, 지자체장은 지역에 위임된 각종의 교육에 관한 권한을 활용하여 교육수요자가 원하는 교육을 제공하고 그 결과를 가지고 선거에서 심판을 받게 된다. 교육에 대한 새로운 비전을 가지고 유권자의 표심을 흔들 수 있는 후보가 교육감으로 당선될 수 있음도 물론이다. 이처럼 지방으로 권한이 이양될 때 진정한 교육자치가 가능하며 교육발전의 선순환도 기대할 수 있다.

지역으로의 교육권한 이양을 위하여 스웨덴 국회는 우선 커리큘럼, 국가적 교육목표, 교육에 대한 지침 등을 정하였다. 그리고 개별 지자체에는 국회가 정한 틀 내에서 학교를 어떻게 운영할 것인가 등에 관한 포괄적 자율성을 부여하였다. 그 결과 중앙정부는 교육에 대한 최소한의 공통분모, 공동체 유지와 발전을 위한 기본적인 사항만을 규율하는 틀을 짜고 지자체와 개별학교들은 여기에 맞춰 지역과 개별학교의 실정에 맞는 교육서비스를 제공할 수 있는 시스템을 새로 도입하였다.

1992년 개혁 이전 스웨덴의 교육시스템은 현재의 우리나라와 별반 다를 것이 없었다. 교과부가 재정, 인사, 조직 등의 모든 권한을 틀어쥐고 있었기 때문에 지방교육청, 개별학교, 교사에게는 자율권이 거의 없었다. 그뿐만 아니라 커리큘럼, 시수, 교육내용 등에 대해서도 중앙집권적인 규제가 공고했다. 개혁 이후, 중앙정부는 지방정부 혹은 지방교육청에 기금(funds) 혹은 정액교부금(block grants)을 지원하고 지자체에서는 자율적으로 정한 원칙에 따라 재정배분을 시행하였다. 교사 역시 당연히 국가공무원이 아니라 지방공무원으로 그 신분이 바뀌었다.

국가교육위원회(National Board of Education)는 좀 더 자유주의적인 성격의 국가교육청(National Agency for Education)으로 바뀌었고 학교설립에 관한 승인권한을 갖게 되었다. 학교설립 요건이 까다롭다면, 학교선택 개혁에도 불구하고 사실상의 교육소비자 선택권이 보장되지 않을 것이기 때문에 학교설립 요건은 핵심적 중요성이 있다. 여기서 국가교육청의 학교설립 승인요건을 살펴보자.

교육개혁 조치 이후 학교설립 희망자가 다음의 사항을 입증하면 원칙적으로 설립허가를 내줘야 한다.

① 국가교육 시스템 내에서 이루어지는 교육에 보편적으로 적용되는 기본적 가치와 일반적 목적에 따를 것.

② 모든 학생에게 입학을 허용할 것. 단 학교에 상당한 재정적, 조직차원의 곤란을 끼칠 것으로 우려되는 학생은 제외할 수 있음.

③ 학교는 최소 20명 이상의 학생규모를 가질 것. 단, 이보다 적은 수의 학생이 불가피한 특별한 이유가 있을 경우는 예외적으로 허용함.

④ 입학 및 학교운영과 관련된 사항 및 자유학교에서의 교육과 관련하여 국가에서 정한 조건을 충족할 것.

이전보다 설립요건이 크게 완화되었으며 학교를 운영하는 데 필요한 최소한의 기본요건들만 남게 되었다. 이로써 자유로운 학교설립이 실질적으로 보장되는 중대한 진전이 이루어졌다. 지방정부, 혹은 지방교육청이 자신의 지역에 새로이 설립되는 자유학교에 대해 의견을 개진할 권리를 갖지만, 자유학교의 개교에 따라 기존 공립학교들이 영향을 받는다고 하더라도 국가교육청의 개교 결정에 대해 거부권을 행사할 수는 없도록 했다. 대신에 자유학교는 국가교육청에 의해 시행되는 일련의 평가절차에 참여할 의무를 진다.

그런데 자유학교의 운영에 대해서는 몇 가지 제한조치들이 있다. 자유학교는 예외적인 경우를 제외하고는 원칙적으로 정부의 재정지원 이외에 학생들로부터 추가적인 수업료를 징수할 수 없다. 학생들의 입학선발과 관련하여 차별적인 요소, 예를 들면 성적을 활용할 수 없도록 금지한다. 대신에 선착순 원칙을 적용하여 먼저 입학신청을 한 학생에게 입학의 우선권을 부여한다. 이에 따라 음악, 스포츠 등의 과목에서는 학생의 능력을 기준으로 입학자를 선발할 수 있지만, 수학과 같은 의무교육상의 핵심과목은 학생선발을 위한 기준으로 사용할 수 없다. 한마디로 우리나라 외고나 과학고에서 보는 바와 같은 입학시험은 허용하지 않는 것이다.

국가교육청으로부터 승인을 받지 못한 자유학교도 수업료가 어느 일정수준을 넘지 않으면 지자체로부터 보조금을 받을 수 있다. 이때 지급되는 보조금은 바우처와 마찬가지로 해당 지방교육청 관내의 유사한 공립학교 학생 1인당 교육비와 비슷한 수준으로 책정된다.

국가교육청으로부터 승인을 받은 자유학교는 새로운 학년도가 시작되기 전인 매년 4월 1일 이전에 재정지원을 신청하면 보조금을 지급받을 수 있다. 정부로부터 재정지원을 받은 학교는 학생들에게 일체의 추가적인 비용을 받을 수 없으며 교육비는 무상이다. 교육비에는 교과서, 문방구 등 일체의 비용을 포함하며 점심을 무상으로 제공한다. 학교에서 특정한 활동을 위해 합리적인 비용을 산정하고, 학교가 추정한 비용에 비교해 학생들에게 요구하는 추가적인 수수료가 합리적인 수준이라면 소액에 한해 예외적으로 징수할 수 있다.

학교에 지급되는 보조금은 각 학생이 속한 지자체에 의해 지급되며 학교가 제공하는 교육과 학생의 요구에 의해 결정된다. 즉 학생이 학교를 선택할 때 비로소 바우처에 의해 재정지원이 이루어지는 것이다. 자유학교에 대한 재정지원은 공립학교 교육비의 최소 75% 수준에서 이루어진다. 개혁 당시에는 85% 이상을 지원하도록 규정하였으나 1995년에 75% 이상으로 기준이 낮춰졌다. 100%를 모두 지급하지 않는 이유는 공립학교의 경우에 장애인 등을 위한 특수교육과 같이 추가적인 비용이 발생하는 학교가 존재하기 때문이다. 어쨌든 공립학교와 자유학교에 동일한 기준으로 재정지원을 한다는 원칙이 고수되고 있다.

이러한 개혁조치는 스웨덴의 교육을 크게 바꿔 놓았다. 자유학교가 활발하게 문을 열었으며 국가교육청에 개교신청서가 쇄도했다. 이러한 경쟁은 교육비용을 많이 낮추는데 기여했다. 2006년 현재 약 800개 자유학교에 11만 명 이상이 재학 중이며 이는 대략 스웨덴 학생의 10%에 달하는 수치다.

영리 추구 자유학교 허용의 이득

스웨덴의 학교선택권 개혁이 효과적으로 이루어질 수 있었던 요인 중의 하나는 영리기업을 포함해 조직의 성격을 묻지도 따지지도 않고 자유학교를 설립하고 운영할 수 있도록 허용한 데 있다. 개별 학교는 바우처 제도에 의해 학생 수에 비례해 정부로부터 재정지원을 받는 한편, 커리큘럼, 교과서, 시수, 교원채용, 학교운영 등에 있어서 상당한 자율성을 가지고 교육을 하게 된다. 비용을 절감하면서 학생에게 그 이상의 만족스러운 교육을 하면 학교는 이윤을 갖게 되는 구조인 셈이다.

대기업이 학교체인을 운영하는 것도 허용되었기 때문에, 자유학교를 성공적으로 운영한 설립자가 똑같은 모델을 여러 지역에 복제하여 자유학교가 단기간에 급속히 확대할 수 있었다. 만약 비영리법인만이 자유학교를 설립하고 운영하도록 했다면 비영리법인은 영리법인처럼 여러 지역에 동일한 학교모델을 보급하려는 유인이 없어서 이처럼 단기간에 자유학교가 확산하기는 쉽지 않았을 것이다.

교육소비자의 처지에서 보면 영리법인의 강점은 더욱 두드러진다. 성공적으로 운영되는 비영리 자유학교는 이윤 동기가 없는 대신에 교육에 대한 교사와 학부모의 헌신, 교육에 대한 공통적 가치관, 종교적·문화적 동질성 등을 전제로 하는 경우가 많다. 이러한 학교모델은 교육수요가 높다고 해서 다른 지역에 같은 모델의 학교를 설립하고 운영하기가 쉽지 않다. 교사의 헌신과 봉사, 학부모의 협력도가 높은 경우에만 학교운영이 성공적으로 이루어지기 때문이다. 한마디로 복제가 쉽지 않은 학교모델인 것이다. 인간의 이기심을 전제로 보상, 교육훈련, 경영기법 등 합리적 조직운영 시스템을 토대로 학교가 운영되는 것이 아니므로 학교조직의 인적구성이 달라지면 전혀 다른 교육서비스가 제공될 가능성이 크다.

따라서 비영리 자유학교는 학부모로부터 인기가 높고 교육수요가 높아 입학대기자 명단이 길다고 하더라도 새로운 학교를 설립하는 방식으로 대처하기가 쉽지 않다. 이 경우 학부모들은 입학대기자 명단에 이름을 올려놓고 하염없이 기다리는 수밖에 없다. 비영리 자유학교는 그 학교에 이미 입학하여 교육을 받는 학생들에게는 비영리라는 것이 심리적 안도감을 줄지 모른다. 그렇지만, 새로운 교육방법을 적용한 학교에 입학하기 위해 언제 자리가 날지도 모르고 입학대기자 명단에서 하염없이 기다리는 학생에게는 학습기회의 박탈을 의미할 뿐이다.

그러나 영리법인에 의해 운영되는 자유학교라면 다르게 대처할 것이다. 영리법인은 학교를 기업이라는 관점에서 운영하기 때문에 교사, 교육방법, 학교운영 등의 모든 면에서 합리적인 조직관리 기법을 적용한다. 만약 자신의 학교에 입학하기 원하는 학부모가 다수 존재하고 현재의 학교만으로 이 수요를 충족시킬 수 없다면 학교신설을 적극적으로 모색할 것이다. 고객이 있고 이윤이 있는 곳에 투자하고 공급을 늘리는 것이 기업 아닌가. 영리학교는 개인의 헌신이나 열정이 아니라 시스템적으로 교육서비스를 제공하기 때문에 동일한 학교모델을 적용하여 새로 학교를 설립하는 것이 얼마든지 가능하다. 그 결과 학생들은 대기자명단에서 기다릴 필요가 없게 되고 원하는 교육을 받을 수 있게 된다. 어느 것이 진정 학생의 학습권을 지켜주는 길인지는 자명하다.

예전에 사회주의가 위세를 부릴 때 사회주의 국가에서는 길을 가다가 줄이 있으면 무조건 서고 봐야 한다는 우스갯소리가 있었다. 줄을 서야 배급을 주는 사회주의 시스템하에서는 무슨 줄인지 불문하고 줄만 서면 공짜가 생긴다는 믿음이 있었기 때문이다. 그러나 시장경제에서 줄이 길다는 이야기는 수요에 비해 공급이 부족함을 의미할 뿐이다. 공급을 부족하게 만드는 요인은 대부분 신규공급자의 진입을 억제하는 규제 탓인 경우가 많기 때문이며 신규진입 규제를 철폐하면 줄은 순식간에 사라지게 된다. 스웨덴의 사례는 학교설립 요건을 완화하고 학교운영의 결과 발생한 이윤을 가져갈 수 있도록 허용해준다면 학생과 학부모에게 인기있는 자유학교가 순식간에 보급될 수 있음을 보여준다.

5장

스웨덴의 자유학교 운영사례

스웨덴의 학교선택권 개혁에서 핵심적 역할을 하는 것은 자유학교이다. 자유학교를 통해 민간자본이 학교시장에 유입되어 새로운 교육적 시도를 하는 학교가 계속해서 생겨나고 학부모의 학교선택권이 실질적으로 보장되기 때문이다. 여기서는 자유학교가 실제 운영되는 사례를 소개함으로써 학교선택권 개혁이 왜 필요한 것인지 구체적으로 생각해보고자 한다.

이에 앞서 학교선택권 개혁이 실제 운영되는 원리를 살펴볼 필요가 있다. 학교선택권 체제에서는 교육시스템이 작동되는 원리와 방식이 과거와는 근본적으로 다르다. **첫째**, 기존 교육체제에서는 정부가 직접 학교교육을 제공했지만, 학교선택권 체제에서는 단지 학교에 재정지원만을 할 뿐이다. 학교선택권 체제에서 정부의 역할과 책임은 공공재인 교육이 원활하게 공급될 수 있도록 교육시스템에 충분한 재정지원을 하는 것에 그친다. 과거와 같이 교육에 대한 독점적 공급자로서 실제 교육서비스의 제공까지 책임질 필요는 없다.

둘째, 과거에는 관료적 통제에 기초하여 교육서비스의 질을 높이고자 했다면 이제는 학교 간의 제한된 경쟁을 촉진하는 방식으로 바뀌었다. 정부는 학교를 민간기업과 같이 경영 마인드를 바탕으로 운영되는 조직으로 바꾸려고 교사의 사고방식, 학교의 구조조정을 적극적으로 지원했다. 이를 통하여 교육의 효과성을 높이고 책무성을 강화하면서 궁극적으로 교육소비자의 만족도를 높이고자 하였다.

셋째, 과거에는 학생과 학부모를 교육수요가 획일적이고 학교교육을 평가할 능력이 없는 소극적이고 수동적인 존재로 파악했다. 하지만, 학교선택권 체제하에서는 교육수요자를 교육적 요구가 다양하고 학교선택권리를 요구하는 적극적인 존재로 보았다. 즉, 학부모는 자신의 자녀에게 가장 적합한 교육서비스를 제공해 줄 수 있는 학교를 선별할 능력을 갖추고 있으며, 좋은 학교와 나쁜 학교를 구분하는 데 필요한 시간, 돈, 정보 등의 자원을 충분히 가진 것으로 간주하였다. 학교선택권 체제에서 좋은 학교와 나쁜 학교를 구분하는 것은 전적으로 학부모의 몫이다. 학부모는 학교의 평균 학력평가점수, 교사의 자질, 시설, 교육프로그램, 감사보고서 등의 정량적 정보는 물론 학교의 위상, 평판, 네트워킹 역량 등의 정성적 정보를 모두 고려하여 학교를 선택하게 된다.

넷째, 학교선택권 체제에서는 다양한 교육을 제공하는 학교들이 국가에서 정한 일정수준 이상 양질의 교육을 제공하고 국가 교육과정 목표를 달성하게 하게 하는 것이 중요하다. 이를 위해 스웨덴 정부는 일련의 조치들을 취했는데, 새로운 교육감독기구가 2008년에 설립되었고 사회적 취약계층과 이민자 거주지역의 학교들에 대해 정부지원을 확대하였다. 이러한 조치가 취해진 배경에는 교육에서의 형평성을 유지, 혹은 강화하도록 하는 강력한 이데올로기적 압력이 스웨덴 사회에 존재하며, 사민당과 긴밀한 관계를 유지하는 교원노조에서 이를 강력하게 요구해왔기 때문이다. 특히 교원노조는 상당 기간 동안 자유학교의 확장에 대해 부정적인 견해를 밝혀왔다. 최근에는 자유학교 교사가 교원노조 조합원에서 차지하는 비중이 높아짐에 따라 이러한 입장을 철회했지만 말이다.

이러한 운영원리를 염두에 두면서 대표적인 자유학교인 쿤스캅스코란(Kunskapsskolan)과 스카프낵(Skarpnacks)의 사례를 살펴보자.

쿤스캅스코란(Kunskapsskolan) 자유학교 체인-영리학교

1992년 교육개혁 이후 2008년까지 스웨덴에는 1,000개의 자유학교가 설립되었고, 이중 약 30%는 영리학교로 파악되고 있다. 자유학교의 대표주자인 쿤스캅스코란(직역하면 '지식 학교')는 2000년에 6개 학교로 시작했지만 2010년 현재 스웨덴 전국에 무려 33개교를 거느린 거대 학교 체인으로 성장했다. 이 회사의 홈페이지에 따르면, 중학교가 23개교, 고등학교가 10개교로 800명의 교사, 10,000

명의 학생을 자랑한다.

쿤스캅스코란은 모든 학생에게 문호를 개방하고 있으며, 학생으로부터 어떠한 형태의 수수료도 받지 않고 학교의 모든 재원은 스웨덴의 바우처 제도로부터 나온다. 이 학교는 피제 에밀슨(Peje Emils-son)과 투자자가 소유하는 영리법인 회사 형태로 운영된다. 이 학교의 2007년 매출은 6억 5,500만 크로나(약 1,100억 원)에 영업이익이 6,200만 크로나(약 105억 원)에 달한다. 상위 60개 자율학교 체인의 매출을 합치면 100억 크로나(약 1조 7천억 원)에 이른다고 한다.

영리를 추구하는 자유학교가 이익을 극대화하려면 비용을 절감하기 위한 끊임없는 노력이 필요하다. 학교가 인기 있다고 해서 학생으로부터 고액의 수업료를 받을 수 없고 오로지 바우처 제도로부터 제공되는 학생 1인당 교육비에 의존해야 하기 때문이다. 아울러, 비용을 절감하면서도 고객인 학생이 줄어들지 않도록 교육서비스의 질을 지속적으로 향상시켜야 한다. 지나치게 비용을 절감하여 교육의 질을 떨어뜨리면 학생이 떠날 것이고, 그렇게 되면 자유학교의 운영 자체가 불가능해질 수도 있다.

자유학교가 이윤을 얻을 수 있는 데는 학교설립 요건이 완화된 점도 작용하고 있다. 학교설립 요건이란 학교를 지을 때 일정수준 이상의 운동장, 체육시설, 실험시설, 식당 등의 부대시설을 갖추어야 하는 것을 의미한다. 그런데 스톡홀름과 같이 지가가 높은 대도시에서 이러한 요건을 모두 갖추고 학교를 설립하고, 이의 운영으로부터 이윤을 얻기란 애초부터 불가능하다. 고액의 수업료를 받는다면 모르겠지만, 이것은 바우처 제도에서 원천적으로 금지하고 있다.

따라서, 스웨덴에서는 대도시 지역에서의 자유학교 설립을 활성화하기 위하여 학교 제반시설(식당, 운동장, 체육관 등)을 자체적으로 모두 갖추지 않더라도 설립할 수 있도록 허용하였다. 즉, 위탁으로 학생들의 교육 및 학교생활 여건을 보장해주기만 하면 되는 것이다. 이를테면 대도시의 자유학교가 우리나라의 학원과 같이 건물 내의 교실공간만 확보하고 운동장을 아직 확보하지 못했더라도, 주변 스포츠센터와 임대계약만 맺으면 인가해 준다.

쿤스캅스코란이 스웨덴의 학생과 학부모로부터 인기를 끄는 이유는 개별학습(individual learning)과 학생 개인별 목표추구를 존중하는 차별화 전략 때문이다. 개별학습이란 학생 한 명 한 명의 목표, 희망, 잠재력을 가장 중요한 출발점으로 삼아 학교와 교사가 여기에 맞추어 교육하는 방식이다. 기존 학교와 같이 정해진 커리큘럼이나 교육내용을 학생의 수준, 능력, 관심 등은 무시한 채 무차별적으로 교육하는 방식과는 180도 다른 것이다. 학생, 학부모, 교사가 모두 참여하여 학생 개인의 장기학습 달성 목표(예를 들면, 성적등급)를 설정하고 목표달성을 위해 교사, 학부모가 함께 노력하는 것이 이 학교의 전략이다.

학생의 장기목표를 정했으면 이를 학기목표, 주간목표로 세분화하고 매주 계획의 진척도를 교사와의 면담을 통해 점검한다. 이러한 과정에서 학생별 학습스타일을 파악하고 개인별로 최적의 학습전략을 개발해줌으로써 궁극적으로 목표를 초과달성 할 수 있도록 도와준다. 학생의 입장에서 목표를 달성하는데 가장 중요한 것은 해당 학생에게 가장 적합한 학습기법을 찾아내고 최적의 학습장소에서 실천하는 것이라 할 수 있으며 바로 이것을 돕는 것이 학교의 역할이다.

여기까지 읽은 독자라면 이것은 어디서 많이 보던 문구가 아닌가, 바로 우리나라 학원이 이미 실천하는 방식이 아니냐고 생각할 것이다. 우리나라에서 좀 유명한 학원에 자녀를 입원(?)시키기 위해서는 우선 실력진단을 받아야 한다. 이를 통해 자녀의 현재 위치를 알려주고 적합한 학습목표를 설정해준다. 그리고 이러한 학습목표를 달성하기 위해 개인별로 차별화된 학습전략, 학습기법을 제시해주고 학습성과를 관리해주는 것이 우리나라 학원이다. 이러한 점에서는 스웨덴과 같은 개혁조치가 취해진다면, 자유학교가 우리나라에서 성공할 가능성이 충분하다고 판단된다.

쿤스캅스코란이 밝힌 이 학교의 주요한 교육목적은 지식의 전수에 있다. 학생들의 학력을 높이는 것이 가장 중요한 일차적 목적이고, 여기에 더하여 정보의 홍수 속에 급격히 변화하는 미래사회에서 요구하는 능력―지식의 활용과 적용방법, 인성의 개발 등―을 개발해준다. 물론 모든 자유학교의 교육목적이 학력신장에만 있는 것은 아니다. 국가에서 정한 자유학교 설립요건의 틀을 충족하는 한 다양한 교육목적을 추구하는 것이 허용되며, 학생은 다양한 학교 중에서 자신의 목표와 가치관에 따라 학교를 선택하면 그뿐이다.

교사역할도 기존의 학교와는 다르다. 기존학교에서 교사는 학생에게 지식을 전달하고, 감독하고, 지도하는 역할을 하면서 학생 개인보다는 학급 전체, 혹은 학교 전체에 초점을 맞췄다. 쿤스캅스코란에서 교사는 학생의 개인교사 성격을 갖는다. 개별 학생의 학습계획 수립 및 학습전략 개발을 도와주고 학생 개인의 학교성적을 추적하면서 필요한 지원과 관리를 해주는데 초점을 맞추고 있다. 학생 개개인에 대해 교사가 컨설팅을 해주고 필요한 지원을 한다는 점은 이 학교가 가진 가장 중요한 강점이다. 교사는 매주 학생 개개인과 면담을 하여 학생의 주간 목표와 계획을 점검하고 성과에 대한 평가, 계획의 달성을 위한 조언을 해준다. 이 과정에서 학생이 느끼는 고충, 학습기법의 문제점 등에 관해 교사와 의견을 나눔으로써 목표의 실현 가능성을 높이고 학생의 학습 동기를 확장해나간다.

이 학교가 높은 인기를 누리는 경쟁력의 원천은 강력한 IT기반을 이용하여 학생 개개인의 정보를 축적하고 이를 교사, 학부모, 학생이 활용하고 소통하도록 함으로써 교육성과를 높이는 데 있다. 인터넷 지식포털(Kunskapsporten) 웹사이트, 학생부시스템(Pupil Documentation System), 그리고 이를 활용하여 접속할 수 있는 학생 개인별 관찰일지(logbook)가 그것이다.

인터넷 지식포털(Kunskapsporten) 웹사이트는 학생, 학부모, 교사가 인터넷이 있는 곳이라면 어디에서든지 자유롭게 이용할 수 있다. 이를 통해 학생과 학부모는 학교가 제공하는 교육지원과 교육용 자료에 접근할 수 있다. 여기에서는 과목별, 학습단계별 계획 및 학습자료, 참고서, 학습요령, 학습과 관련된 최신 뉴스 등이 제공된다. 각 과정에는 명확한 학습목표, 학습의 구체적 내용, 우수한 성적을 거두는 데 필요한 사항 등을 기술하고 있다. 또한, 교사들은 학교의 학생부시스템(Pupil Documentation System)을 통해 학생 개개인의 성적, 남은 숙제, 코멘트 등을 기록하고 인터넷으로 접속할 수 있도록 하고 있다.

학생 개인별 목표달성을 위해 이 학교에서 운영하는 특징적인 것 중의 하나는 관찰일지(logbook)이다. 관찰일지는 학생부시스템과 지식포털을 통해 접근할 수 있다. 학생 개인의 장기목표와 학기별 목표에 덧붙여 주간 목표를 이 관찰일지에 기록하고 매주의 개인별 활동 시간표를 기재한다. 시간표에는 강의, 워크숍, 세미나, 지식포털에서 해야 할 일, 기타 학교에서 부여한 과업을 포함하며 그룹으로 혹은 개별적으로 수행하는 다양한 과업도 기재할 수 있다. 이러한 관찰일지는 학생 본인뿐만 아니라 학부모가 학생의 활동과 계획대비 진척도를 지속적으로 추적할 수 있도록 해준다. 자녀의 모든 학교생활, 학업성적을 과목별, 단계별로 상세히 파악할 수 있기 때문에 학부모들의 호응이 높은 것은 당연하다.

과목별로 "단계(step)"와 "과정(courses)"이 있어서 학생들은 자신의 실력에 맞게 공부를 시작할 수 있다. 기존 학교에서 학생들의 실력이 제각각 다름에도 모든 학생에게 같은 내용을 한꺼번에 가르쳤던 것과는 다른 방식이다. 모든 과목에는 초등학교에서 중학교까지 총 35단계가 있으며 단계별로 명확한 학습목표가 있고 목표달성을 위해 필요한 사항이 구체화되어 있다. 학년에 따라 공부할 내용이 결정되는 것이 아니라 개인별 학습속도와 성취도에 따라 다음 단계로 넘어가기 때문에 학생들은 주어진 시간에 더 많이 학습할 수 있게 된다. 학습속도가 빠른 학생은 중학교 1학년이지만, 중학교 2학년 단계를 공부할 수 있다. 영어는 잘하지만, 수학을 못하는 학생은 수학에 좀 더 집중할 수도 있다.

과목별로 총 35단계 중 20단계를 이수하면 중학교 통과학점이 나온다. 즉, 해당 과목을 이수한 것으로 간주하는 것이다. 여기서 다시 21-35단계의 심화학습을 하게 되면 우수등급을 받게 된다. 중학교 과정 총 35단계를 모두 이수한 학생들은 고등학교 수준의 A-수준 코스를 공부할 수 있다. 문자 그대로 선행학습이 가능한 것이다. 학교가 하는 가장 중요한 일은 정확한 평가와 가이드라인의 설정이고 학생의 자율학습에 더욱 많은 비중이 두어져 있는 구조이다.

이해를 돕기 위해 아담(Adam)이라는 가상의 중학교 1학년생의 경우를 보자. 아담은 수학과 영어에 흥미를 갖고 있어서 친구들보다 학습속도와 학습성과가 모두 더 좋다. 같은 나이의 친구들보다 더 빠른 속도로 학습한 결과 지금은 1살 더 많은 2학년생과 같은 단계를 공부하고 있다. 또한, 과학에 관심이 많아서 과학과목들이 많이 포함된 코스를 이수하고 있다. 학생들의 학습이 교사의 강의에 의존하기보다는 IT기기를 활용한 자율학습과 교사의 보조적 지원을 더 강조한다.

학생 개인별로 학습단계, 코스, 과목이 다양하다 보니 우리나라 학생처럼 8시 등교, 4시 하교 식으로 모든 학생의 시간표가 똑같지는 않다. 학생들은 자유시간이 많아서 좋고, 교사로부터 개별화된 상담과 지도를 받기 때문에 만족도가 높다. 또, 학부모들은 자신의 자녀가 학교에서 어떻게 지내는지 인터넷 시스템을 통해 상세히 파악할 수 있기 때문에 역시 만족도가 높다.

이 학교에서 교사는 항상 학생과 함께 교실에 있으며, 수업시간 사이의 휴식시간은 물론 점심때에도 교무실로 가지 않는다. 이것은 왕따나 교내폭력과 같은 일이 원천적으로 일어날 수 없도록 하는 환경을 만들고 있으며 학생과 교사 간의 유대도 강화시키는 긍정적 효과를 갖는다. 학생은 공부하다가 언제라도 교사에게 질문하고 답을 얻을 수 있다.

이쯤 되면 우리 학부모에게는 학교가 아니고 천국으로 들리게 된다. 우리나라 학원에서 제공해주는 교육서비스를 좀 더 체계적이고 프로답게 제공해주는 것이 쿤스캅스코란이 아닌가 하는 생각 말이다. 학교에 자녀를 보내면서 학교폭력과 왕따 걱정이 태산이고 내 자녀가 학교에서 무슨 활동을 하고 어떤 일이 벌어지는지 아무런 정보도 얻을 수 없는 대한민국 학부모로서는 정말 쌍수를 들어 환영할 일이다. 이것은 스웨덴의 학부모 심정도 마찬가지다. 이 학교에 입학하고자 하는 대기자가 꽤 많다고 하니 말이다.

그런데 이 학교는 대기자가 아무리 많다고 하더라도 정원을 늘리는 방식이 아니라 새로운 학교를 설립하는 방식으로 접근한다. 정원을 늘릴 때 교육의 질 저하가 우려되고 이것은 다시 학교의 매출을 감소시킬 수 있기 때문이다. 학교가 이윤을 추구한다고 해서 교육의 질을 희생하면서 단기간에 이윤을 극대화하려고 하지 않음을 보여주는 사례이다. 더욱 장기적인 관점에서 학교의 브랜드 가치를 유지하는 것이 학생 수를 확대하고 이윤을 높이는데 도움되기 때문이다. 이 학교는 교육의 질을 유지하기 위해 새로 학교를 설립하는 방식으로 대처하기 때문에 매년 꾸준히 체인 학교 수가 증가하고 있다.

스카프낵(Skarpnacks) 자유학교-비영리학교

스카프낵 자유학교는 쿤스캅스코란과 달리 비영리학교다. 기존 공립학교의 권위주의적 조직운영 및 교육방식에 대해 불만을 느낀 몇 몇 학부모가 1998년에 학교를 설립하였다. 이들이 자유학교 설립에 관심을 뒀던 것은 초등학교에 입학한 자신들의 자녀가 권위적인 교사와 불친절한 학교로부터 상처받을 것을 우려했기 때문이다. 어린 학생들이 경쟁적인 학교분위기에 짓눌려 배우고자 하는 의욕을 잃거나 학교에 가는 것 자체를 달가워하지 않을지 모른다는 걱정도 많았다.

그들이 만들고자 했던 학교는 한 마디로 표현하면 학습의 즐거움을 느낄 수 있는 곳이었다. 이를 위해 학부모들이 파트너십을 가지고 학교운영에 적극적으로 참여한다는 대전제를 세웠다. 그리고 아이들에게 공부를 시키려고 벌이나 상을 주는 기존 학교의 교육방식을 배격했다. 그 대신에 아이가 가진 지적 호기심이 발동해서 스스로 공부하고 싶다고 느끼는 만큼 공부할 수 있도록 하고 폭언, 체벌 등 일체의 폭력적 교육방법은 철저히 금했다. 국가 커리큘럼에서 규정하는 민주적 원칙에 바탕을 두고 존중과 공감을 전제로 한 상호작용, 학습과정에서 아이들의 주도성 발휘, 아이들의 활발한 자기표현이 가능한 학교를 만들고자 했다.

이렇게 해서 1998년 가을, 24명의 6~9세 학생들과 4명의 교사로 학교가 설립되었다. 2007년에는 6~15세 80명의 학생, 9명의 교사로 성장했다. 학부모가 리더십팀, 학교행정, 학교유지에 참여하고 협

력하였으며, 교장은 따로 두지 않았다. 학교를 설립하면서 교사, 학부
모, 학생이 모두 형평성과 책임의 공유라는 가치를 가지고 학교운영
에 참여하도록 했기 때문에 교장이 주도하는 학교운영 방식은 부적
합했다. 학부모가 주도하여 학교를 설립했기 때문에 학부모가 학교
운영 전반에 적극적으로 참여하는 것은 불가피했다.

이 학교는 아이들이 가진 자연스런 호기심과 무관하게 학교에서
정한 커리큘럼에 따라 공부하는 방식을 배격했다. 학교에 다니면 다
닐수록 아이가 가진 호기심은 사라지고 타율적으로 학습하는 습관
이 몸에 배게 하여서는 학습의 진정한 즐거움을 깨달을 수 없기 때
문이다. 평생학습이 중요한 21세기에 학습을 고통이 아닌 즐거움의
원천으로 어려서부터 인식하는 것은 매우 중요하다. 자녀를 기존학
교에 보내지 않고 교육할 방법은 없는지 심각하게 고민한 학부모들
이 주축이 되어 학교설립을 결심했다.

낯익은 기존의 학교와 다른 새로운 개념의 학교는 정말 불가능한
것인가. 학교를 아이들이 재미있게 놀고 효과적으로 학습할 수 있는
공간으로는 정녕 만들 수 없는가. 학교가 어른이 아이를 가르치는
엄숙한 권위의 공간이 아니라 아이들이 주체가 되어 놀고 학습하는
장소가 될 수 있지 않을까. 초등학교에 첫발을 내디딘 어린 학생들
이 공부에 질리지 않고 1학년 때 반짝이는 눈망울과 동기유발, 호기
심을 그대로 가진 채 졸업하게 할 수는 없는가.

이런 생각을 하는 학부모들이 모여 새로운 학교를 궁리했고 학생
들의 의견도 반영하였다. 학생들이 자기 마음속의 동기에 따라 공
부할 수 있게 하려고 교육방법과 교육내용을 계획하는 단계부터 학

생들을 참여시켰고 학생 개개인의 학습속도와 서로 다른 학습스타일을 존중하였다. 학교를 설립하면서 학생, 학부모, 교사가 모두 참여하는 학교 공동체를 만들고자 하였고, 비전의 공유가 중요하다는 인식을 하고 이를 구체화하였다. 이들이 만든 학교설립의 비전은 다음과 같다.

첫째, 의미 있는 학습을 위한 학교를 만든다.
둘째, 국가 커리큘럼 상의 민주적 가치를 실현한다.
셋째, 학교, 사회, 자연에서 능동적인 학습기회를 제공한다.
넷째, 음식과 환경에 초점을 맞춘다.
다섯째, 비폭력 커뮤니케이션을 가장 중요한 지침으로 삼는다.

즐겁고 의미 있는 학습을 위해서는 학생의 몰입을 이끌어 내는 것이 중요하다. 이를 위하여 기존의 학교교육 방식에서 학생들의 몰입을 방해하는 요인이 무엇인가부터 찾았다. 그 결과 두 가지 요인이 발견되었는데 하나는 수업시간이 지나치게 짧아 한참 학습이 진행되는 과정에서 수업종료 종소리가 울리는 것이었다. 다른 하나는 40분 단위로 학습과목이 수업시간표에 따라 계속해서 바뀜으로써 학생들의 집중력이 분산되는 것이었다. 이에 따라 수업종료 종소리를 없애고 수업시간을 1~2시간으로 탄력적으로 조정하여 학생들의 몰입과 집중을 유도했다. 이와 더불어 학생들에게 충분한 수업, 중간휴식 시간을 부여함으로써 놀이에 참여할 수 있는 여유와 밝은 태양 아래서 충분히 활동할 수 있는 시간을 제공했다.

즐거운 학습을 방해하는 가장 중요한 요소는 기존 학교에서 주로 사용하는 '당근과 채찍' 전략이다. 즉, 교사가 학생들에게 상벌을 주는 방식으로 학습 동기를 유발하고 이를 활용하여 어떤 지식을 반드시 배워야 한다고 압박하는 방식이다. 이러한 인식하에 학교설립 초기부터 학교 내에서 교사와 학생 모두 비폭력적 언어사용을 의무화하였다. 또한, 교사, 학부모, 학생이 모두가 참여하여 학교를 의미 있는 학습을 하는 장소로 만들고자 하였다. 학생과 교사 간의 관계가 어른이 아이를 가르치는 권위주의적 관계가 아니라 인격적으로 동등하고 학생의 생각을 존중하는 대등한 관계로 설정하였다. 학생은 학습과정에서 교사의 경험과 지식을 지원받지만, 학습의 계획과 실천에서 학생 자신이 주도권을 쥐도록 하였다. 일상적인 숙제는 모두 없앴고 학생이 학교에서 보내는 시간만큼 충분한 학습이 이루어진 것으로 간주했다.

흔히 학교에서 하는 학습에는 학과공부 시간만 포함된다고 생각하게 된다. 그렇지만, 학과공부 시간 이외에도 학생들은 자유로운 놀이, 여유, 휴식 등을 통해서도 사회성을 키우고 육체적, 정신적으로 성숙한다. 학교에서 보내는 시간 모두가 학습시간이라는 관점에는 이러한 사고방식의 전환이 있었다. 개교 초기에 일부 학부모들은 숙제가 선택사항이라는 것에 대해 불안감을 느낀 것도 사실이다. 하지만, 지금은 일상적인 숙제를 하지 않더라도 정부의 학력평가에서 이 학교 학생들이 각 과목에서 평균적으로 더 많이 배웠다는 평가를 받고 있다.

즐겁고 효과적인 학습이 바람직한 것이기는 하지만 이것을 실제로 학교현장에서 구현하기는 쉽지 않다. 이 학교 역시 효과적인 학습 방법을 찾으려고 다양하고 혁신적인 시도들을 하였다. 그 결과 학습의 주체인 학생들의 심리적 상태가 학습효과를 결정짓는 매우 중요한 요소라는 점을 발견했다.

첫째, 학생들이 학교에서 스트레스 없이 안정감을 느끼는 것이 중요하다. 학생들이 성적에 대한 중압감, 학생 간의 경쟁적인 분위기, 교사의 권위주의적인 압박 등에 스트레스를 받지 않고 심리적으로 편안한 심리상태에 있어야 학습효과를 기대할 수 있다. 학생이 가진 지적 호기심에 의해 학습 동기를 자연스럽게 이끌어내려면 안정되고 편안한 학교분위기를 만드는 것이 중요하다.

둘째, 자신이 제시한 의견이 교사와 동료 학생들에게 받아들여질 것이라는 믿음이다. 학생이 자기주도적으로 학습하려면 학생이 가지고 있는 의견이 솔직하게 표출될 수 있어야 한다. 그런데 자신이 제시한 의견이 교사나 동료 학생들로부터 자주 무시되고 비난을 받게 되면 어느 순간부터 입을 다물게 된다. 이것은 학생을 수동적으로 만들고 의욕을 떨어뜨리는 요인으로 작용한다.

셋째, 학교에 대해 소속감을 느끼게 하여야 한다. 자신이 학교의 중요한 구성원이라는 자각이 있어야 학습을 비롯한 학교 내 활동에 적극적으로 참여할 수 있게 된다. 기존학교처럼 공부를 못한다고 학생들 사이에서 존재감을 느끼지 못하게 한다면 학생의 학습 동기와 의욕은 사라진다. 이에 따라 학교에서는 교사와 모든 학생이 동반자이고 협력자라는 전제하에 참여와 협력의 기초위에 모두가 서로 성원하는 학습 분위기를 만들어 나갔다.

비폭력적 소통이라는 학교의 교육이념 역시 일반학교와 구분되는 중요한 특징이다. 교사가 학생에게 혹은 학생 상호 간에 하는 반말, 폭언, 체벌, 폭행 등은 모두 폭력적 소통에 속한다. 이것을 일소하려면 교사뿐만 아니라 학생 모두 일상적인 학교생활을 통해 의식적으로 비폭력 소통을 실천하는 것이 관건이다. 일상적인 학교생활에서 교사가 학생들의 목소리에 귀를 기울이는 모범을 보였다. 또한, 학교에 대한 학생과 학부모의 요구를 경청하였고 교사, 학부모가 자주 만나서 문제를 진단하고 해결방안을 모색했다. 이에 따라 교사, 학부모, 학생이 모두 즐거운 마음으로 상호작용하고 소통할 수 있는 학교환경이 점차 만들어졌다. 학생, 학부모, 교사, 행정직원이 상호존중하고, 삶에 필요한 것을 배우는 진정한 학습공동체를 이루기 위한 학습목표와 규칙의 제정은 이것에 의해 영향을 받는 모든 사람의 합의를 기초로 하였다. 학생들의 학습은 교사나 학부모의 외적인 강제에 의해서가 아니라 학생들 마음속의 진정한 가치, 본능적 욕구, 필요에 의해 동기유발 되도록 하였다.

학교의 운영원칙으로서 학생 수는 최대 100명을 넘지 않도록 하였다. 작은 학교가 의사소통에 유리하고 학생과 교사 모두가 소외받지 않고 소속감을 느끼고 책임의식을 발휘할 수 있을 것이라는 판단에서다. 학교의 행정조직은 협력적 참여, 책임의 공유와 '우리'라는 공동체 의식, 비전의 공유 등을 기초로 학부모의 참여를 통해 운영한다. 학교의 분위기는 개성과 상호존중하는 열린 태도를 강조하며 학교의 구성원 모두가 동반자라는 사실을 강조한다. 학생들이 가고 싶은 학교이자 배움의 장소로 만들려고 노력하며 교사는 비폭력 소통이라는 가치를 공유하고 과목별 전공지식과 갈등 해소 역량을 갖춰야 한다. 학교를 성공적으로 운영하기 위하여 지속적인 대화를 통해 성과를 평가하고 학교가 가진 자원을 유연하게 활용하여 상황변화에 대처한다.

학교폭력이 심각한 사회문제가 되는 상황에서 비폭력 소통은 중대한 도전이다. 과연 폭력에 의존하지 않고 학생을 통제하고 교육하는 것이 가능할 것인가. 비폭력 소통이라는 원칙이 교육을 불가능하게 만들지는 않겠는가. 이러한 의구심에도 불구하고 비폭력 소통이라는 원칙을 실제 학교현장에 적용한 결과 교사뿐 아니라 동료 학생집단의 암묵적 압력에 의해 비폭력 소통이 가능하다는 것이 입증되었다.

그러나 일반학교에서는 이러한 문제에 다소 둔감한 편이다. 교사가 가진 권위를 어떻게 사용하는 것이 학교폭력을 줄이는 데 이바지할 것인가. 민주적 가치를 강조하기보다 교사의 권위에 더 의존하려는 학교분위기에서 학교폭력의 악순환은 어떻게 끊을 수 있을 것인가. 학생들의 안전이 완전히 보장될 수 없는 상황에서 교사의 책임은 어디까지인가. 이러한 문제들과 더불어 교사들은 존경받기를 원하는 데 반해 오늘날의 학생들은 과거보다 교사의 말을 경청하지 않는다. 오늘날 교사가 직면하는 문제는 권위에 의존하지 않고 어떻게 영향력 있는 교사가 될 것인가라 할 수 있으며 대화는 가장 중요한 교사의 무기이다.

외부인들이 이 학교를 방문해서 느끼는 첫인상은 아이들이 뜻밖에 차분하다는 점이다. 소리를 지르거나 시끄럽게 떠들지 않더라도 관심을 받고 자신의 의사를 표현할 수 있으므로 일반 학교에 비해 조용하다. 더욱이 이 학교는 각 학년의 학업성취도, 과목별 학습진도 성취자 수 등의 성과에서 스웨덴 국가 전체 지역과 비교할 때 더 우월한 것으로 평가받고 있다.

여기서 학생들이 학교를 어떻게 생각하고 있는지 글을 통해 살펴보자.

우리 학교에 다니면서

칼(15세)

　　나는 9학년을 이 학교에서 시작했다. 이 학교로 전학 오기 전에 다른 학교에 다녔는데 8학년 때부터 학교가 싫었고 교실은 엉망이었으며 선생님은 나에게 관심조차 주지 않았다. 나는 교실 분위기가 싫어서 한 학기 동안 교실로부터 멀어져 있었고 엄마와 나는 여름방학 동안 다른 학교를 찾았다. 그것이 지금 다니는 이 학교다.

　　나는 지금 이 학교의 운영방식이 정말로 좋다. 숙제가 없다는 것은 정말 굉장한 아이디어다. 숙제를 할 때는 숙제를 마쳐야 한다는 생각에 진짜 배운다는 느낌을 갖지 못했다. 숙제를 하면서 배운다는 생각은 틀렸다. 내 주변의 친구들은 모두 나와 같은 생각이다. 숙제를 한 지 10분만 지나도 숙제내용을 기억하는 학생은 별로 없을 것이다.

　　학교 규모가 아주 작다는 것도 공부를 위해서는 좋다고 생각한다. 선생님들은 학생들 모두를 위해 더 많은 시간을 할애해준다. 이 학교에서 하듯이 서로 다른 주제와 큰 프로젝트를 하는 것도 흥미롭다. 다른 학교에서 하는 방식과는 크게 차이가 난다. 단순히 책을 읽고 내용에 대해 답하는 것은 재미없다. 학생들이 학습하는 것에 흥미를 갖도록 하고 재미있는 방식으로 그것을 하도록 한다면 더 많이 배울 수 있을 것이다.

이 학교의 분위기는 다른 학교와 완전히 다르다. 교실을 예로 들면, 누구라도 자신이 바보 같은 이야기를 한다고 놀림을 받지 않을까 걱정하지 않고 어떤 것에 대해서도 말을 할 수 있다. 이 것은 다른 학교에서는 찾아보기 어려운 분위기다. 나는 교실에서 아주 조용했는데 그 이유는 다른 아이들이 나에게 욕을 하거나 내가 입을 벌렸을 때 무언가를 넣을 것을 걱정했기 때문이다. 여기에서는 학생들이 나에게 말하도록 용기를 준다. 정말 굉장한 일이다. 선생님들도 다른 학교에 비해 매우 헌신적이고 공부를 재미있고 쉽게 만들어 주신다.

나는 감히 말하고 싶다. 우리 학교에는 내가 아는 어떤 형태의 학생 괴롭힘도 존재하지 않는다고. 이 학교의 분위기에서는 만약 어떤 학생이 그런 짓을 한다손 치더라도 다른 학생들이 나서서 이를 제지할 것이다. 이 학교에서는 안전하다는 느낌이 든다. 학생 괴롭히기를 막으려고 학교에서 어떤 것을 하는지 모르지만, 나는 그것이 필요 없다고 생각한다. 왜냐하면, 학생 괴롭히기 자체가 아예 없으니까.

(출처: skarpnacks Fria Skola, 2009)

우리 학교에 대하여

가브릴라(14세, 학생)

1998년 가을에 새로운 학교가 설립되었다. 어떤 학교일까 궁금했는데, 완전히 새로운 개념의 학교였다. 단 24명의 학생만으로 개교해서 최고의 학교가 되는 것을 목표로 했다. 새로운 개념은 도대체 무엇일까. 이 학교가 새로운 점은 부모님이 학교에 많이 참여해야 한다는 점이다. 또한, 이 학교에서는 모든 사람의 의견이 존중되었고 거기에는 부모님만이 아니라 학생들도 마찬가지였다. 현재 80-90명의 학생이 다니는데 여러분에게는 작은 수로 느껴질 것이다. 그렇지만, 그것이 우리 학교가 운영되는 방식이다.

우리 학교가 다른 학교와 구분되는 몇 가지 특징이 있다.

첫째, 숙제가 없다. 다른 학교들은 숙제가 있지만 우리 학교에는 없다. 이것은 좋은 것일까 나쁜 것일까. 물론 우리 학교 학생들은 모두 좋다고 생각하고 나 역시 마찬가지다. 그러나 좋은 이유가 단순히 숙제를 하는데 많은 시간이 필요하기 때문이 아니라 숙제가 필요하지 않기 때문이다. 때로 숙제가 필요할 때도 있겠지만, 항상 필요한 것은 아니다.

둘째, 작은 학교다. 일반적인 학교의 학생 수는 500~1,000명 정도이지만, 우리 학교는 불과 90명이다. 어떤 사람은 학교 학생들을 서로 모두 알 정도로 적다면 지루하지 않을까 생각한다. 하지만, 적어서 좋은 점이 더 많다.

셋째, 학생과 선생님 간에 접촉이 많다. 학교가 작아서 선생님과 접촉할 기회가 많고 쉽게 선생님에게 다가갈 수 있어서 좋다.

넷째, 우리 학교에는 괴롭힘을 당하는 학생이 없다. 우리 학교 학생들이 모두 괴롭히기를 싫어하기 때문이며, 우리 학교가 작기 때문이기도 하다. 학교가 작아서 누구나 무슨 일이 일어나는지 알고 있다. 어떤 학생이 비열한 행위를 한다면 그것을 본 학생이 선생님에게 말하여 멈추게 할 것이다. 만약 본 학생이 없다면 직접 선생님께 찾아가 상담을 하면 경청해주실 것이다.

이 학교에서 나는 대부분의 시간을 보냈는데, 3학년 때 집이 이사 가는 바람에 4학년부터 7학년까지는 다른 학교에 다녔다. 4개의 학교에 다닌 경험이 있기 때문에 다른 학교와 이 학교를 비교할 수 있다. 이 학교가 다른 학교와 다른 점은 어떤 하나에 있다기보다는 여러 가지가 다르다고 할 수 있다.

(출처: skarpnacks Fria Skola, 2009)

6장

스웨덴의 학교선택권과 교육개혁의 성과

1992년 스웨덴에서는 학교선택권을 핵심적 개념으로 하는 교육개혁이 이루어졌지만, 학교선택권을 어떻게 받아들이는가는 이념적, 이론적, 정치적으로 다양했다. 전통적으로 스웨덴은 효율성보다는 형평성에 초점을 맞추고 사회 통합적 전통을 갖고 있었기 때문에 교육정책 역시 계급, 성, 인종 등에 따라 학생들을 분리하지 않도록 하는 통합의 원칙을 따랐다. 공립학교에서는 서로 다른 사회경제적 배경을 가진 아이들이 되도록 같은 학교에 섞이도록 함으로써 계급을 약화시키고 형평성을 높이도록 운영되었다.

학교선택권 도입 이후 기업이 운영하는 자유학교가 등장하였고 여기에는 주로 성적이 좋은 중산층 이상의 자녀가 다닌다는 지적이 일었다. 학교선택권으로 말미암아 계급에 따른 학생의 분리가 심화됨으로써 계급세습에 대한 우려가 제기되었다. 사실, 학교선택권이 도입된 이후 자유학교에 다니는 학생들이 어떤 사회경제적 배경을 가졌는지, 공립학교 학생들과 비교해 어떤 특징이 있는지는 연구자에 따라 견해차이가 크다. 공립학교와 비교해 큰 차이가 없다는 주장과 계급에 따른 학생 분리가 심각한 수준이라는 주장에 이르기까지 다양하다. 유감스럽게도 이러한 차이는 연구자가 학교선택권에 대해 어떤 견해를 갖고 있느냐에 크게 좌우되었다. 연구의 객관성보다는 자신의 입장과 이데올로기를 옹호하기 위한 논의가 더 많았다.

학교선택권 개혁을 바라보는 견해는 크게 세 가지로 나뉜다.

첫째, 사회 민주적 관점으로서 관료제적 통제가 심각한 학교시장에 교육의 다양성을 제공해준다는 견해다. 자유학교는 학생, 자원을 두고 공립학교와 경쟁할 것이 아니라 대안적 교육방법을 개발하고 발전시키는 데 주안점을 두어야 한다고 주장한다.

둘째, 신자유주의적 관점으로서 경쟁적인 학교시장에서 교육의 질을 높이는 데 이바지해야 한다는 견해다. 공립학교와 자유학교 간에 경쟁의 장벽을 모두 제거함으로써 교육의 질을 높이는 무한경쟁을 펼치도록 해야 한다. 이를 위해서는 학생들의 학교선택권이 보장되어야 하며 학교는 자신들이 제공하는 교육의 질과 성과에 대해 학생과 학부모에게 무한 책임을 져야 한다.

셋째, 다문화적 관점으로서 집단 및 개인의 문화적, 종교적 정체성을 보존해 나갈 수 있도록 학교가 이바지해야 한다는 견해다. 이들은 학교선택의 기준으로서 가족의 문화와 종교적 정체성이 가장 중요한 동기로 존중되어야 한다고 주장한다.

스웨덴에서 학교선택권 개혁은 애초 학생과 학부모가 학교를 선택할 수 있는 권리를 당연히 가져야 한다는 데서 출발했다. 여기에 더하여 교육소비자의 학교선택이 학교의 질을 향상시키는 동인이 될 것이라는 주장도 가세했다. 그러나 1990년대 초 교육개혁 시기에는 자유학교가 공립학교보다 질적으로 더 나을 것이라는 주장은 힘을 얻지 못했다. 대신에 자유학교의 등장으로 말미암아 교육의 다양성이 더 높아질 것이라는 견해가 우세했다. 오늘날은 당시와 반대로 자유학교가 학교 간 경쟁을 통해 교육의 질을 전반적으로 개선시킬 것이라는 주장이 점차 힘을 얻고 있다. 이제 자유학교는 교육의 다양성에서 한 걸음 더 나아가 공립학교 교육의 질을 높이는 촉매제로서 그 역할을 하고 있다.

교육의 시장화는 나쁜 것인가

학교선택권 개혁을 한마디로 표현하면 교육의 시장화, 즉 교육에 시장적 요소의 도입을 확대한 것이라 할 수 있다. 스웨덴은 공립학교와 자유학교가 하나의 공공교육시스템 내에 공존하는 형태를 취하고 있으며, 학부모에게는 학교선택권이 보장되어 있고 재정지원은 바우처 제도에 의한다. 이러한 체제에서 공립학교는 자유학교보다 상대적으로 시장적 요인의 영향을 덜 받는다.

자유학교는 본질적으로 시장에서 활동하는 민간기업과 같다고 볼 수 있다. 자유학교는 공립학교보다 시장의 움직임에 더 민감하게 영향을 받고 예산이나 등록 학생, 그 어느 것도 보장되지 않는다. 자유학교는 시장에서 활동하는 민간기업과 마찬가지로 시장 상황에 취약한 것이다. 자유학교의 생존은 성공적으로 경쟁할 수 있는 자신들의 능력에 달렸기 때문에 교육수요자들의 요구에 대해 공립학교보다 더 능동적으로 반응해야 한다. 이처럼 시장의 요구에 즉각적으로 반영하려면 자유학교가 공립학교와는 다른 조직구조를 갖추지 않을 수 없다.

공립학교 역시 경쟁에 노출되어 있기는 마찬가지라고 할 수 있지만, 자유학교와는 다른 조직의 역사를 갖고 있다. 자유학교 설립자가 민간부문에서 활동하던 경력을 가졌음에 비해 공립학교는 전통적인 공공부문 종사자라고 할 수 있다. 따라서 시장화가 공립학교에 경쟁의 압력으로 작용하여 변화를 유도하겠지만, 공립학교가 실제로 변화하기까지는 조직의 속성과 역사가 달라서 시차가 존재하게 된다. 이것은 그동안의 개혁과정에서 자유학교가 학생 수 기준으로 10%의 점유율을 차지할 정도까지 성장할 수 있었던 원동력이라 할 수 있다. 공립학교가 교육 시장화의 본질을 이해하고 학습하여 조직차원에서 대응할 수 있는 역량을 키우게 된다면 자유학교와 공립학교 간의 경쟁양상도 그 동안과는 달라질 것이다.

교육의 시장화는 교사의 행태에도 영향을 미치게 된다. 기존의 교사상은 정부가 정한 규제를 철저히 준수하고 교사로서의 전문적 지식을 발휘하고 윤리를 준수하는 것으로 충분했다. 그러나 교육에 경쟁적 요소가 도입되고 학부모의 교육적 요구에 능동적으로 반응하는 것이 중요해짐에 따라 교사상도 영향을 받게 되었다. 즉, 학교경영의 관점에서 리더십을 발휘하는 교사가 중요해졌고 이것은 민간부문의 경영자와 마찬가지로 학교경영에서 리더십을 강조하는 계기가 되었다. 학교장이 경영가적 관점에서 학교를 운영하는 사례가 증가하고 이들이 여러 가지 학교운영과 관련된 규칙, 지침, 방침 들을 제시함에 따라 자연스럽게 교사들도 영향을 받게 된다. 공립학교는 이러한 변화에 시간이 걸리겠지만, 자유학교에서 경영가적 마인드는 교사의 행태에 직접적인 영향을 미친다.

교사가 바뀌게 되는 또 다른 이유는 학교별 사명이 다양화하는 데 있다. 중앙정부의 획일적 통제가 사라지고 학교에 자율성이 부여되면서 학교마다 사명을 다양하게 설정하기 시작했다. 각 학교에서는 자신들이 설정한 사명을 학생들을 가르치는 과정에서 구현하려고 노력하게 되었고 교사가 학교의 사명에 따라 행동하도록 바뀌었다. 학교의 사명은 몬테소리나 발도르프 등과 같은 교육학적 모델, 스포츠나 야외활동 등과 같은 특정한 교육적 지향점에 의존해 작성되었다.

학교 간 경쟁이 치열해지면서 교사가 자신의 학교를 홍보하는 데 적극적이게 되었다. 학생과 학부모 사이에서 학교의 평판이 중요해짐에 따라 이제 교사는 학생과 학부모를 하나의 시민으로서 대하는 것이 아니라 고객으로서 존중하게 되었다. 학교에 대한 평판을 높이는 것이 교사 자신의 처우를 개선하기 위한 길이라는 인식이 형성됨에 따라 교사는 이제 고객만족이라는 관점에서 교육을 바라보게 되었다.

우리 사회에서 교육에 시장적 요소를 도입한다는 발상은 부정적어감이 강하다. 그 전후 사정이나 효과에 대해 생각해보기 이전에 학교에 경쟁을 도입한다는 이야기만 해도 얼굴을 찌푸린다. 아마 학교에서 성적경쟁에 내몰렸던 아픈 추억 때문이 아닌가 생각된다. 그러나 스웨덴에서 추진한 교육의 시장화는 우리 학교현장에서 벌어지는 것과 같은 학생 간 경쟁을 의미하지 않는다. 그동안 경쟁의 무풍지대에 놓여 있던 학교와 교사 간 경쟁을 강화하여 교육의 질을 높이고, 그 결과 고객인 학생과 학부모의 학교교육에 대한 만족도를 더 높이려는데 있다.

교육은 때로 학생의 요구에 반하여 올바른 것, 가르쳐야 할 것을 고집하지 않을 수 없다. 의사능력이 아직 완전하지 않은 학생들을 가르치려면 그들의 요구를 무시하는 일도 발생한다. 이러한 교육의 특수성으로 말미암아 교사가 소신껏 전문성을 발휘하여 가르치도록 하려면 수요자의 요구를 전적으로 수용하는 것은 불가능하게 된다. 이것은 그동안의 교육방식이 불가피함을 주장할 때 흔히 등장한다. 맞는 말이다. 교육의 시장화가 교사로서의 자존감과 전문성을 모두 던져버리고 학생과 학부모의 요구에 무조건 부응해야 한다는 뜻은 결코 아니다.

학교의 사명, 학생들을 가르치는 방식, 내용, 학교와 학부모 간의 소통, 학교운영 등에 대해 소비자들의 요구를 더 많이 담자는 것이다. 교사가 학생들을 가르칠 때도 일방통행식의 강의가 아니라 학생들의 요구나 개성을 더욱 많이 끌어안자는 것이다. 이것을 극단적으로 왜곡하여 이해하려는 것은 수요자중심의 교육이라는 시대적 과제를 부정하는 것이다.

교육의 다양성, 어떻게 달라졌나

학교선택권 개혁은 1992년 이전의 스웨덴 교육이 안고 있는 문제점으로부터 나왔다. 1992년 이전의 스웨덴은 우리나라의 평준화 제도와 사실상 같은 교육제도를 운용했다. 이렇다 보니 교과부를 정점으로 학교에 대한 관료제적 통제가 강하였고 국민의 다양한 교육욕구를 충족시키지 못하는 문제를 안게 되었다. 또 하나는 평준화 제도가 의도했던 계층이동의 확대, 교육에서의 기회균등과 결과균등이라는 소기의 성과를 거두지 못하고 있다는 비판도 일었다.

스웨덴이 평준화 정책을 채택한 철학적 배경에는 1930년대부터 장기집권해온 사회민주당의 정강정책과 관련이 있다. 사회민주당은 사회통합, 형평성의 제고를 중요한 가치로 삼아 1930년대 이래 사회복지를 세계 최고수준으로 발전시켜 왔다. 교육은 사회의 형평성과 복지제도의 발전에 이바지해야 하는 것으로 인식되었다. 이에 따라 교육에서는 기회균등뿐만 아니라 결과균등을 중요한 가치로 인식했다. 즉, 모든 학생은 그의 가정배경이 어떠하든 동질적인 교육환경에서 배움의 기회를 제공받아야 하며, 결과의 균등을 위해 모든 학교와 교육 당국은 학생들의 학력차이를 축소하는 데 노력해야 한다고 보았다. 이러한 사민당의 철학에 따라 엘리트 교육을 부정하고 평준화의 틀 속에서 스웨덴의 교육을 전면적으로 재편성했다. 엘리트 학교가 철폐되고 평준화 정책이 도입되어 1980년대 중반까지는 이러한 사민당의 철학이 국민의 지지를 얻기에 이르렀다.

그러나 사민당의 의도와 다르게 평준화 정책이 사회통합과 계층변

동의 활성화에 이바지하지 못한다는 증거가 나타나기 시작했다. 말로는 평준화 정책을 표방했지만 실제로는 계층에 따라 거주하는 지역이 분리되면서 기회균등과 결과균등을 기치로 한 사민당의 정책은 뿌리부터 흔들렸다. 평준화 정책하에서는 부자가 주로 거주하는 지역의 학교에는 가난한 근로자 계급의 학생이 다닐 수 없었다. 명목상으로는 모든 학교가 평등한 것으로 간주하였지만, 학교별 학력격차는 분명히 존재하였으며 학교별로 학생의 사회경제적 배경도 크게 다른 결과가 나타났다.

1980년대 접어들면서 신자유주의적인 주장이 힘을 얻게 되었다. 분권화, 선택의 자유, 자유학교의 확대에 대한 요구가 나타나기 시작한 것이다. 사실 자유학교는 평준화 정책하에서도 소수이지만 명맥을 유지해 1980년대 초에는 35개의 학교에 0.2%의 학생들이 다니고 있었다. 사민당 정부는 자유학교가 대안적 교육방법을 개발하고 적용하는 실험학교로서 유용성이 있다고 여겼다. 자유학교에 대한 정부의 재정지원은 엄격한 조건하에 이루어졌는데, 대안적인 교육방법이나 철학을 가진 경우에만 지원했다. 이에 따라 많은 자유학교가 단지 교과부에 등록만 하고 일체의 재정지원을 받지 못한 채 운영되었다. 그러나 학교선택권에 대한 국민의 요구가 높아지면서 1988년에 이르자 사정이 달라졌다. 자유학교에 정부의 보조금을 지원하도록 규제가 완화되었고, 1991년에는 공립학교와 완전히 같은 기준에 따라 정부로부터 보조금을 받기에 이르렀다.

스웨덴에서 학교선택권 개혁 이후 자유학교는 가히 폭발적으로 증가했다. 2006년 현재 약 800개 자유학교에 11만 명 이상이 재학

중이며 이는 대략 스웨덴 학생의 10%에 달하는 수치다. 자유학교는 특히 대도시 지역, 예를 들면 스톡홀름, 고덴버그, 말뫼 등에 집중되어 있다. 스톡홀름의 경우, 약 1/3의 초등학생들이 자유학교에 다니고 있다.

사태가 이에 이르자 사민당에서는 자유학교가 더 확장되는 것에는 반대하고 있다. 자유학교가 학생들을 사회적, 인종적, 종교적, 성적(性的) 기준에 따라 분리하고 있다는 이유에서다. 몇몇 연구에서 자유학교가 학생들의 분리를 가져오고 있다는 증거들을 제시하기도 했다. 그러나 자유학교의 확대에 따라 나타나는 긍정적 효과도 균형 있게 바라봐야 한다는 의견도 만만치 않다. 결론적으로 자유학교가 교육시장의 10% 정도를 차지하는 현 상황에서 섣부른 판단은 어렵다는 것이 대체적인 시각이다.

오늘날의 스웨덴 자유학교들이 과연 대안적 교육방법을 개발하고 적용하고 있느냐에 대해서는 비판적인 시각이 있다. 대체로 공립학교와 같은 교육모델을 가지고 자신들의 위치를 공고히 하는 경쟁을 펼치고 있을 뿐이라는 지적이 그것이다. 사회민주적 관점에서 자유학교에 대한 평가는 부정적이다. 그들은 자유학교가 새로운 대안적 교육방법을 적용하여 교육의 다양성을 높일 것으로 기대하였으나, 현실에서는 계층에 따른 학생 분리를 가속하고 있다고 보기 때문이다. 그럼에도 자유학교는 공립학교가 안고 있는 관료주의, 보수적 성향, 과거 지향적 문제들에서 벗어나 있다. 새로운 교육적 시도들이 끊임없이 이루어지고 있다는 점에서 교육의 다양성에 일정부분 이바지하는 점도 부인하기 어렵다.

학교선택권 개혁이 교육의 다양성에 이바지한 이유로 우선 꼽히는 것이 지자체, 지역교육청, 학교, 교사에게 부여된 자율성이다. 개혁 이전의 중앙집권적인 시스템에서는 교과부가 정해준 커리큘럼, 강의 계획, 학년제 등이 지역적 특성이나 학교와 학생의 요구나 사정을 반영할 수 있는 여지를 완전히 가로막았다. 교사와 학교는 단지 교과부에서 규정한 세세한 내용을 집행하고 실천하는 역할에 그쳐야 할 뿐이었으며 창의력을 발휘할 여지가 거의 봉쇄되었다.

그러나 개혁 이후 교과부는 성과목표를 제시하고 커리큘럼, 강의 계획, 학년제 등에 대한 개괄적인 원칙과 방향을 제시하는 것으로 기능을 바꿨다. 교육을 전반적으로 기획하고 큰 방향을 설정하는 기구로서 역할을 바꾼 것이다. 그리고 구체적인 성과달성 방법에 대해서는 지자체, 교육청, 학교, 교사가 지역과 개별학교의 실정을 반영하여 재량권을 발휘할 수 있도록 바꿨다. 교과부의 새로운 방침으로 말미암아 최적의 교수학습방법을 채택하고 적용하는 데 있어서 교사의 판단과 재량권이 최대한 존중되었다. 교실 내에서는 교사가 주도권을 발휘하여 수업을 진행할 수 있도록 허용됐다. 이처럼 교사의 재량권을 확대한 대전환의 이면에는 개별 학생들이 가진 경험, 역량, 요구를 교사가 신속하게 파악하고 탄력적으로 대응하여 교수학습에 반영할 때 교육적 성과도 높이고 교육수요자인 학생들의 만족도도 높아질 수 있다는 인식의 전환이 있었다.

'교육은 이렇게 해야 한다'는 중앙집권 식의 경직 되고 획일적인 교육에서 탈피하여 유연하고 창의적인 교육을 시도했다. 교육청, 학교, 교사가 창의성을 발휘하여 다양한 교수 방법을 개발하고 적용하는 것은 오늘날의 다양한 교육수요를 충족시키기 위한 전제조건이다. 같은 나이, 같은 교실에 앉아 있어도 초등학교 고학년쯤 되면 과목별 진도가 천차만별이고 학교나 교사가 가르치는 방식과 교과목에 대한 요구도 다양하다. 가르치는 입장에서 일방적으로 정한 진도, 과목, 시간, 교육방식이 통용되기 어렵게 교육환경이 변모하고 있는 것이다. 학습의 주체인 개별 학생의 교육적 요구에 초점을 맞추자는 관점의 전환이 스웨덴 교육개혁의 핵심이라 할 수 있다.

스웨덴의 국가 커리큘럼은 비교적 간략하다. 기본적인 교육의 가치, 학교의 사명을 제시하고 교육의 목표와 지침을 언급하고 있다. 국가에서 정한 이러한 기본적인 교육의 틀을 준수하기만 하면 개별학교는 구체적인 교육방법이나 내용에서 포괄적인 자유를 갖는다. 이를 구체적으로 이해하기 위해 국가교육위원회에서 발간한 의무교육학교의 커리큘럼 중 교육목표를 살펴보자.

스웨덴 의무교육 학교의 커리큘럼(Skolverket, 2006)

〈교육목표〉

학교는 의무교육을 이수한 모든 학생이 다음의 능력을 갖추도록
책임져야 한다.

□ 스웨덴어를 완전히 익혀서 적극적으로 듣고 읽을 수 있어야
함은 물론 자신의 아이디어와 생각을 말과 글로 표현할 수
있어야 한다.

□ 기본적 수학원리를 완전히 익히고 일상생활에서 적용할 수
있어야 한다.

□ 자연과학의 기본적 개념과 맥락을 이해함은 물론 기술적, 사
회적, 인문적 영역의 지식을 이해하고 알아야 한다.

□ 자신을 창의적으로 표현할 수 있는 능력을 개발해야 하며,
사회가 제공하는 다양한 문화 활동에 참여하는데 흥미를 느
껴야 한다.

□ 스웨덴, 노르딕 및 서구 문화유산의 정수에 친숙해야 한다.

□ 소수민족의 문화, 언어, 종교, 역사에 대해 알아야 한다.

□ 언어, 사진, 음악, 연극, 춤 등 가능한 다양한 표현형태로 지
식과 경험을 사용하고 개발할 수 있어야 한다.

□ 이문화에 대한 이해능력을 개발해야 한다.

□ 영어로 말하기와 글쓰기 등의 의사소통을 해야 한다.

□ 사회의 규범과 법률은 물론 학교와 사회에서 자신의 권리와
의무를 알아야 한다.

□ 국가 간의 상호의존성과 외국에 대해 알아야 한다.

□ 좋은 환경의 필요성에 대해 알아야 하고 기초적인 생태학적 맥락을 이해한다.

□ 건강을 지키는 데 필요한 기본적인 지식을 가져야 하고 자신의 건강과 환경을 위해 라이프스타일의 중요성을 이해한다.

□ 언론과 그 역할에 대해 알아야 한다.

□ 지식의 탐색과 자신의 학습을 위해 정보기술을 도구로써 활용할 수 있어야 한다.

□ 개인별로 선택한 과목에 대해 깊이 있는 지식을 가져야 한다.

개별화 교육의 진전

교육의 다양성을 높이는 궁극적인 목표는 개별화 교육을 구현하는 것이라 할 수 있다. 집단이나 단체를 교육의 대상으로 삼는 것이 아니라 학생 한 명 한 명의 특유한 교육적 요구를 충족시키려는 교육방법이 개별화 교육이다. 개별화 교육은 원래 장애아동을 위한 교육방법으로 도입되었지만, 오늘날에는 정보통신기술과 접목하여 미래교육의 지향점으로 새롭게 재조명 받고 있다.

사실 오늘날의 학교에서 시행되는 집체교육이라는 형태는 개인보다는 집단에 초점을 맞춘 것으로서 대량생산에 적합한 인재양성 방식이다. 공장제 생산을 뒷받침할 대규모 인력이 필요했던 산업화시대의 사회경제적 요구를 반영한 것이라는 비판이 존재한다. 공교육 제도가 정착되기 이전의 엘리트 교육은 비록 소수 특권층을 위한 것이기는 했지만 원래 의미에서 철저한 개별화 교육 방법을 적용했다고 볼 수 있다. 사제관계라는 것은 개별화 교육에서의 교사와 학생관계를 표현한 것이다. 이제 정보통신기술의 발달과 교육소비자의 다양한 교육적 요구가 결합하여 개별화 교육은 피할 수 없는 대세가 되고 있다.

1990년대 스웨덴 교육개혁의 방향 역시 개별화 교육을 지향했다. 개별화 교육은 여러 차원에서 이루어졌는데 교수, 강의, 교실 내 관행 등을 모두 개별화 교육의 방향에서 근본적으로 바꾸었다. 개별화 교육을 추구함에 따라 교실 내 학생 전체를 대상으로 한 강의시간은 점차 줄어들었고 수업과 더불어 학생의 실습과 참여시간이 증가하였다. 교육개혁 이전에는 학생들을 몇 개의 집단으로 묶고 집단을 단위로 실습과 참여가 이루어지도록 하는 교실 내 관행이 있었지만, 개혁 이후에는 이것이 점차 약화되었다. 불가피하게 학생들이 집단을 단위로 참여하는 경우에도 집단의 실습이나 작업이 학생 각자가 해야 할 숙제와 이어지도록 바뀌었다.

교사들은 학급 전체를 대상으로 설명하고 가르치고 숙제를 봐주는 시간을 줄였다. 그 대신 더 많은 시간을 학생관리, 정보 분석, 학생지도에 썼다. 학생 개개인의 학습계획과 진척도를 점검하고 학습계획을 언제까지 어떤 방법으로 달성할 것인가를 지도하는데 더 많은 주의를 기울였다. 1990년대 교육현장에서 나타난 주요한 변화 중의 하나는 컴퓨터의 도입이다. 학교 교실 내에서 학생 개인의 작업과 참여시간이 증가한 데에는 컴퓨터 사용시간의 증가라는 요인이 자리 잡고 있다. 그러나 컴퓨터가 교실에서 학생의 참여를 이끌었다고 하더라도 교사를 대신할 수는 없으며 교사가 학생의 과업을 지도하고 지식내용을 설명해주는 것이 갖는 중요성에는 변함이 없었다.

이러한 개혁의 결과 전체적으로 스웨덴의 학생들은 유럽연합이나 OECD 회원국에 비해 교사의 설명을 듣는 시간이 더 짧은 것으로 나타났다. 예를 들어, 읽기와 쓰기를 가르치는 방식에서도 교사가 일방적으로 설명하는 방식보다는 학생이 직접 참여하여 읽고 쓰는 것을 기본으로 수업이 이루어졌다. 이러한 방식은 학생이 자신의 학습에 대해 더 많은 책임을 져야 함을 의미하며 초등학교 저학년의 경우에는 이러한 책임이 학부모에게까지 확대되었다. 그 결과 학부모의 사회문화적 배경, 예를 들면 학력, 문화적 자본 등의 수준에 따라 자녀의 학습결과가 더 크게 좌우되는 변화가 나타났다.

개별화 교육은 학생들의 학습에서 교사가 가진 지식, 역량, 특정한 숙련의 중요성을 점차 낮추었다. 대신 학생들이 지식을 구하고 자신의 목표를 달성하는 데 있어서 스스로 갖고 있는 능력에 더욱 더 의존하게 만들었다. 이제 학습은 교사의 일방적 교육보다는 학생 개인의 노력과 열정에 더 많이 좌우된다. 개별화 교육에서 교사의 역할은 과거와 같이 지식의 일방적 전수, 학급의 관리보다 학생 개개인의 특성을 파악하여 올바른 목표를 세워주고 그것을 달성할 수 있도록 조언, 상담, 지원 등을 제공해주는 것으로 점차 바뀌었다.

개별화 교육이 확산된 데는 학교가 달성해야 할 과업 중 하나로서 학생의 참여를 포함하는 민주주의적 체험을 확대하도록 규정한데서도 찾을 수 있다. 스웨덴 정부가 정한 커리큘럼과 학교평가에서도 교육과정에 학생을 참여시켜 학교운영을 민주적으로 하는 것을 매우 중요하게 다루고 있다. 학교에서 민주주의를 구현하는 방식이 과거에는 집단주의적이고 정치적이었다면 이제는 학생 개개인의 개별적이고 개인주의적인 참여로 바뀌었다.

과거에는 학교가 권위주의적 기관으로 인식되어 학생은 학생회를 만들고 대표를 선출하여 학교의 의사결정에 참여하는 방식으로 학생참여를 보장했다. 그러나 이제는 학교가 민주주의적 과정을 훈련하는 기관으로 재인식되었고 정치적, 집단적 참여보다는 학생 개개인이 가진 의견을 학교생활 전반에 걸쳐 표출하는 방식으로 바뀌었다. 학생의 생각과 의견을 일상적으로 표현하고 의사결정에 참여하는 것이 진정한 민주주의적 과정을 익힐 수 있는 것이라고 보기 때문이다.

개별화 교육이 확산되면서 학교교육 현장에도 많은 변화가 이루어졌다. 개별화 교육은 학생 개개인의 경험, 능력과 교육적 요구에 기반을 두어 가르쳐야 한다는 철학에 기반하기 때문에 학생 개인을 무엇보다 중시한다. 과거의 교육이 학생 개인보다는 집단을 중시하였다면 이제는 학생 개개인에 최적화하여 교육하도록 바뀌었다. 교사가 학생 개개인의 경험, 역량, 교육적 요구를 파악하려면 교사가 학생의 생각, 신상, 습관 등에 대해 세심하게 이해하고 교사와 학생 간의 관계가 매우 친밀해야 한다. 교사는 학생이 다양한 상황에서 어떻게 반응하는지, 장점, 흥미, 과거의 경험 등은 무엇인지 등을 파악하고 있어야 한다. 교사가 학생의 요구를 정확히 파악할 수 있어야만 교육적 성과도 높아질 수 있다. 학교가 교육적 성과를 높이려면 지식의 탐구와 더불어 서로 보살펴주는 환경을 만드는 것이 중요하다. 아울러 학생 개개인에 대한 동기유발, 관심도, 학교에 대한 소속감 등이 전제되어야 한다.

개별화 교육의 장점에도 불구하고 몇 가지 부정적인 영향이 나타났다. 우선 개별화 교육은 학습에서 학생들의 책임감을 높여 학생들이 느끼는 스트레스를 가중시키는 것으로 나타났다. 스스로 주도적인 학습이 어려운 학생들에게는 부담스러운 교육 방식이었던 것이다. 또한, 실제 학력평가점수를 올리는 데는 그다지 효과적인 교육방식이 아니라는 견해도 제기되었다. 개별화 교육에서처럼 학생 스스로 지식에 접근하여 이해하도록 하고 수업시간 내에 스스로 참여하는 시간을 늘리는 것이 결코 점수향상에 도움이 되지 않는다는 주장이다. 학생의 학업성취도 향상을 위해서는 유능한 교사의 중요성이 결코 간과될 수 없으며 뛰어난 교사가 교육적 성과를 달성하는데 중요하다. 개별화 교육이 하나의 시대적 흐름인 점은 분명하지만, 교사와 학생 간의 친밀한 관계를 어떻게 구축하고, 학생들의 자기 주도적 학습과정을 지원하기 위해 교사가 어떤 노력을 해야 할 것인가에 대한 보다 구체적인 대안이 보완되어야 할 것이다.

교육의 질, 과연 개선되었나.

신자유주의자들이 세상을 보는 관점은 자유가 규제보다 대체로 더 좋은 결과를 가져온다는 것이다. 규제를 없애고 분권화를 통해 경쟁을 활성화하면 교육의 질이 높아지고, 학생들의 학력이 향상되며, 부모의 교육만족도가 올라가고, 교육비용은 감소한다고 주장한다. 경쟁을 통한 교육의 질 제고 주장에 깔린 철학은 경제학적 합리성과 효율성의 원칙을 교육 분야에 도입해야 한다는 것으로 요약된다.

학교를 경제학적으로 바라보면 정부재정과 교사의 교육활동, 학생의 학습활동이라는 투입을 통해 학생의 학력(성적)이라는 생산물을 만드는 기관으로 정의할 수 있다. 마치 공장에서 원자재, 자본, 노동을 투입해서 제품을 만드는 것처럼 교육비, 교사를 투입해서 학생의 성적을 높이는 것이 학교라는 관점이다. 이렇게 학교를 정의하면 아마 불쾌감을 느끼는 독자들이 많을 것이다. 하지만, 교육학의 한 분과학문인 교육경제학에서는 이러한 관점에서 실제로 학교를 정의하고 연구한다. 학교를 이렇게 파악하면 생산성이 높은 조직으로 만들어야 한다(적은 투입으로 학생들의 학력을 높이는 것)는 주장이 가능해진다. 이를 위하여 소비자(학생과 학부모)의 학교선택권은 당연히 보장되어야 한다(독점보다는 경쟁이 더 높은 성과를 올릴 수 있으므로). 소비자의 합리적 선택을 유도하기 위해 학교를 홍보해야 하며 학교 간 경쟁이 펼쳐지면 궁극적으로 학교의 효율성이 높아지게 된다.

기업이 원자재, 노동력을 투입하여 이윤이라는 부가가치를 만들어내는 것과 마찬가지로 학교는 학생들의 학력을 높이는 것이 부가가치에 해당한다. 공립학교는 경쟁이 없고 보상이 주어지지 않기 때문에 부가가치를 높이려는 유인이 부족하고 새로운 교육방법이 등장하더라도 이를 적극적으로 도입하기가 쉽지 않다. 반면, 자유학교는 관료제적 통제가 약하고, 유연하기 때문에 교육방법론에서의 새로운 시도와 도입, 확산이 빠르다. 자유학교는 경쟁의 결과 시장에서 받아들여지지 않으면 문을 닫아야 한다. 그래서 소비자의 교육요구에 신속하고 능동적으로 반응하게 된다. 공립학교에는 이러한 유인이 상대적으로 약하기 때문에 공급자 중심의 관점에서 벗어나기 어렵다.

이러한 자유주의적 견해에 대한 반박의견도 만만치 않다. 그들은 학교와 교실에 시장을 도입하려는 시도는 원천적으로 실패할 수밖에 없다고 주장한다. 그 이유로는 교육에서 개인의 책임을 강조하는 조치가 저소득층에게 책임을 전가하는 것과 마찬가지라고 주장한다. 소비자선택은 학교에 대한 피상적인 이미지에 크게 좌우될 가능성이 크며, 학교선택의 자유는 소수의 사회적 특권층에게만 유의미하다는 것이다. 시장기능이 원활하게 작동하려면 소비자가 모든 정보를 알아야 하지만 학력, 소득, 정보 면에서 뒤지는 저소득층, 사회경제적 약자는 최선의 선택을 할 수 없어서 불리하다.

양측의 주장이 팽팽히 대립하는 가운데 학교선택권 개혁이 과연 교육의 질을 개선했는가에 대한 질문이 제기되었다. 교육의 질을 어떻게 평가할 것인가도 쟁점이 되기는 했지만 대체로 다음과 같은 세 가지 질문으로 압축되었다. **첫째** 교육비용을 낮췄느냐, **둘째** 교육의 성과(성적)가 높아졌느냐, **셋째** 학생과 학부모의 만족도가 높아졌느냐.

첫 번째 질문, 교육비용의 변화가 중요한 이슈가 된 배경을 이해할 필요가 있다. 자유학교에 대해 부정적인 측에서는 자유학교가 공립학교로부터 공부 잘하는 학생과 재정을 모두 뽑아가 공립학교는 껍데기만 남을 것이라고 보았다. 이에 따라 공립학교의 교육비용은 전체적으로 증가하게 되고 그 결과 국가 전체의 교육비용도 함께 증가하리라고 전망했다. 반면, 자유학교에 찬성하는 측에서는 자유학교가 학교 간 경쟁을 촉진하고 시장의 힘을 교육에 도입함으로써 국가 전체적으로 교육비용을 절감할 것으로 기대했다.

이 점과 관련하여 자유학교와 공립학교 간의 교육비를 검토할 필요가 있다. 물론 이 수치를 통해 자유학교가 국가 전체적으로 교육비용을 감소하는 데 이바지했느냐를 파악할 수는 없겠으나 적어도 비용상의 차이는 확인할 수 있다. 스웨덴 국가교육청(National Agency for Education)의 공식통계를 보면 공립학교보다 자유학교의 교육비용이 더 낮은 것으로 나타났다. 의무교육의 경우를 예

로 들면, 2008년에 공립학교의 학생 1인당 연간 교육비가 77,000
SEK(스웨덴 크로나) 이었음에 비해 자유학교는 73,600 SEK에 그
쳤다.

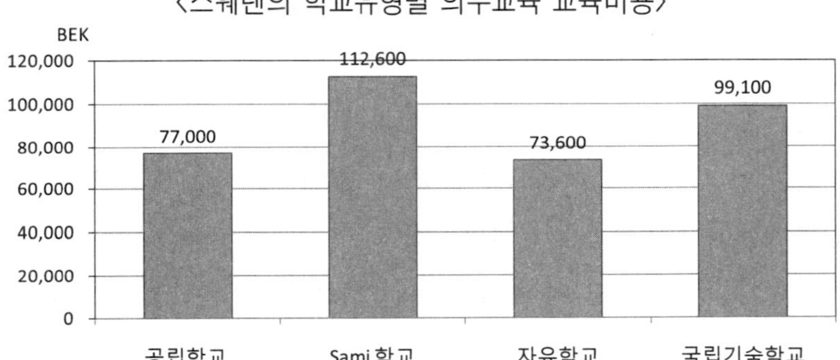
<스웨덴의 학교유형별 의무교육 교육비용>

출처 : Skolverket(2008), Costs National level, Report 316.

　　자유학교 확대 이후 스웨덴의 교육비용에 관한 실제 연구결과도
양 진영의 입장차만큼이나 상충된 결과를 보였다. 현재까지는 자유
학교 확대에 따라 교육비용이 확실히 낮아졌다거나, 아니면 그 반대
라는 연구결과나 증거는 찾아볼 수 없고 큰 변화가 없다는 것이 대
체적인 시각이다. 이처럼 자유학교 도입에도 불구하고 교육비용에
커다란 영향이 없는 이유로는 몇 가지가 지적되고 있다. **첫째는** 자유
학교가 전체 교육시장의 10%에 불과하여 본격적인 경쟁압력이 나
타나지 않고 있으며, **둘째로는** 공립학교의 관료주의와 교원노조가
학교에서 시장이 힘이 발현되는 것을 억누르고 있고, **셋째로는** 교육
비용을 낮춘 자유학교에서 학교운영자가 그 이윤을 가져가기 때문

이라는 것이다.

'교육의 성과가 높아졌느냐' 라는 **두 번째 질문**과 관련해서는 약간의 설명이 필요할 것 같다. 신자유주의자들은 자유학교 확대가 새로운 교육기법의 도입을 가져올 것이라고 주장했다. 그뿐만 아니라 학교 간 경쟁을 통해 공립학교에도 새로운 교육기법이 전파됨으로써 국가 전체적으로 교육의 성과를 높인다고 보았다. 이것은 자유학교를 확대하고 교육선택권을 강화해야 한다는 신자유주의적 견해의 핵심적 근거이다. 이에 대해서도 연구결과들이 제시되었으나 상반된 입장만큼이나 연구결과도 정반대였다.

자유학교의 성적이 더 높다는 연구가 있는가 하면, 공립학교의 성적이 더 높다는 연구도 있다. 자유학교의 성적이 더 높다는 연구에 대해 반대진영에서는 자유학교가 대안적인 교수학습방법을 적용하기 때문이 아니라 단지 더 우수한 학생만을 선별하여 뽑아가는 떠가기 효과(skimming effect)때문에 성적이 높을 뿐이라고 반박한다. 양 진영이 모두 합의할 수 있는 연구방법론, 자료 등이 존재하지 않고 이념적 대립이 너무 심하여서 이 역시 결론을 내리기는 어려운 상황이다. 자유학교와 공립학교 간 성적차이가 명확하지 않다는 것이 대체적인 시각인 것 같다.

'학생과 학부모의 만족도가 높아졌느냐' 라는 **세 번째 질문**에 답하기는 앞의 두 가지 질문보다는 좀 더 쉽다. 학생과 학부모의 만족도를 어떻게 측정할 것인지 논란이 있을 수 있지만, 국가교육청에서 학부모를 대상으로 실시한 일련의 설문조사 결과에 따르면 학부모 대다수가 학교 선택의 자유와 자유학교에 대해 지지하는 태도를 보이고 있다.

결론적으로 자유학교가 확대된다고 해서 그것이 곧바로 교육비용을 낮추고, 학생의 성적을 높일 것이라는 순진한 기대는 하지 않는 것이 좋다. 스웨덴에서는 1992년에 학교선택권 개혁을 했지만, 아직도 자유학교는 10%의 소수이고 나머지 90%의 다수를 차지하는 것이 공립학교이다. 공립학교가 어떻게 움직이느냐가 교육개혁의 성과를 결정짓는 중요한 변수이고 공립학교에서 긍정적인 변화를 유도하지 못하면 자유학교의 영향력은 제한적이라는 사실을 직시할 필요가 있다.

신자유주의자들이 주장하는 바와 같이 분권화, 규제타파의 아이콘은 자유학교이다. 그러나 스웨덴의 교육개혁 사례가 보여주는 것은 자유학교가 학부모의 만족도는 높였지만, 교육비용을 낮추고 성적을 높이는데 있어서는 아직 논란이 많다. 자유학교의 도입에서 중요하게 생각해야 할 점은 공립학교의 개혁문제이다. 공립학교를 그대로 두고 자유학교와의 경쟁이 공립학교를 저절로 변화시킬 것이라는 발상은 너무도 순진하다. 공립학교의 고질적 문제라 할 수 있는 관료주의와 조직의 경직성, 의사결정의 지연, 변화에 대한 둔감성을 치유하기 위한 대책 역시 함께 추진되어야 함을 스웨덴의 사례는 보여준다.

계층분리, 더욱 심화되었나

학교선택권 개혁에 대한 비판 중의 하나는 부모의 사회경제적 배경에 따른 계층분리가 더욱 심화될 것이라는 점이다. 학교선택권 체제에서는 좋은 학교와 나쁜 학교를 선별하는 부모의 능력이 중요해진다. 학교사정에 대한 부모의 정보 접근 능력, 그리고 획득한 정보를 해석하고 활용할 수 있는 부모의 능력에 따라 학교선택의 결과가 좌우되는 것이다. 이러한 조건에서 특정 성향의 부모가 특정학교를 선택하는 경향이 강화될 것이고 이것은 계층분리를 더욱 악화시키게 될 위험성이 높다. 이에 대해 스웨덴의 많은 연구자가 심층적인 분석을 했는데 다수의 연구가 학교선택권 개혁 이후 학교 간 계층분리가 증가하는 경향이 실제 존재하는 것으로 결론을 맺었다. 그러나 그 원인이 무엇이냐를 둘러싸고, 즉 학교선택권 개혁 때문인지에 관해서는 의견이 대립하였다.

실험이 불가능한 사회과학에서 흔히 직면하는 문제가 혼동 효과 (confounding effect)이다. 예컨대, 스웨덴에서 학교 간 계층분리가 심화되는 현상은 학교선택권 개혁 이전에도 존재하던 문제였다. 이것이 학교선택권 개혁에 의해 더욱 악화된 것인지를 밝히기란 쉽지 않다. 원래 존재하던 변화의 추세와 개혁에 따른 효과가 섞여 있기 때문에 개혁의 효과만을 분리해 내기란 쉽지 않은 것이다. 이러한 점을 고려하더라도 학교선택권 개혁에 의해 계층분리가 일정하게 심화되었다는 점에 대해서는 스웨덴 교과부에서도 어느 정도 동의하고 있다.

스웨덴 국가교육위원회(NAP)에서 2006년도에 낸 보고서를 보면 1998~2004년의 기간 중 학교 간 분리현상이 약 10% 정도 악화된 것으로 분석하였다. 이러한 결과는 부모의 학력, 소득계층 등을 고려하여 학교별 계층분리 실태를 수치화한 분석방법을 적용하여 얻은 것이다. 또한, 전통적으로 스웨덴은 국제학력평가 점수에서 학교 간, 학년 간 편차가 다른 나라에 비해 적어 형평성이 매우 높은 국가로 분류됐지만, 최근에 들어서 형평성이 약화되는 추세를 보이고 있다.

즉, 학교 내 학생 간 점수 편차는 줄어들고 학교 간 점수 편차는 증가하는 양상이 그것이다. 이러한 점 역시 학교 간 분리현상이 더욱 심화되고 있음을 보여주는 징표이다. 즉, 학생의 성적을 결정하는 가장 중요한 요인이 부모의 학력, 가구배경이라는 점을 고려하면 학교 내 성적차이가 별로 없다는 것은 특정학교에 다니는 학생들이 비슷한 가정배경을 갖고 있음을 시사한다. 반면, 학교 간 점수 편차가 확대되었다는 사실은 학교별로는 학생들의 출신 가정배경이 많이 다르지만, 학교 내에서는 비교적 동질적인 학생들로 구성되어 있음을 의미한다. 이러한 사실들을 종합해보면 학교별로 비슷한 가정배경의 학생들이 모여들고 학교 간에 이질성이 커지는 계층분리 현상의 일정부분은 학교선택권 개혁의 결과라고 볼 수 있다.

그러나 학교 간 점수격차가 확대된 원인에 대해 다른 시각도 존재한다. 즉, 스웨덴의 학교선택권 개혁과정에서 중앙정부가 갖고 있던 교육권한을 지방정부로 위임하였고 이에 따라 지방자치단체 간 교육격차가 확대된 점 때문이라는 것이다. 지방자치단체의 재정여건에 따라 학생 1인당 교육비가 가장 적은 지역은 6만 크로나에서부터 가장 많은 지역은 최대 10만 크로나까지 크게 벌어졌다. 교육의 질을 측정하는 대표적인 지표인 교사-학생 비율 역시 지역별 편차가 크게 두드러졌다. 학교별 교육환경, 학생의 필요라는 관점에서 교육재정을 학교별로 배분한 지자체도 있지만 그렇지 않은 경우도 있었다.

물론 이와 유사한 교육격차의 문제는 중앙집권화되었던 교육개혁 이전에도 존재했다. 하지만, 개혁 이후에 국가 차원의 학교교육에 대한 통일기준, 예를 들면 교사-학생 비율, 학생 1인당 교육비 등에 대한 구속이 느슨해지고 모든 학교의 교육여건을 균등화하려는 중앙정부의 개입권한이 약화된 점은 분명하다. 대신에 지자체, 교육청, 단위학교의 재량권과 자율권이 신장하였고 이것은 불가피하게 지역 간 교육여건의 격차확대로 연결되었다. 교육개혁 이전에도 지역 간 교육격차는 존재하였던 문제이고, 교육개혁을 하지 않았더라도 약 20년간의 교육개혁 과정에서 지역 간 교육격차는 틀림없이 더 악화되었을 것이다. 따라서, 지역 간 교육격차가 과연 교육개혁의 결과이었느냐는 문제 역시 혼동 효과로 말미암아 개혁의 영향만을 분리하기는 쉽지 않다.

또 다른 문제는 학교 간 차이보다 지역 간 차이가 본질적인 문제가 아닌가 하는 점이다. 잘 알려진 바와 같이 학생의 성적을 결정짓는 가장 중요한 요인은 부모의 학력, 소득 등과 같은 사회경제적 배경이다. 지역별 부동산 가격의 차별화를 매개로 하여 거주지역이 계층별로 분화되는 상황에서는 학교보다 지역이 교육격차의 더 중요한 요인이 된다. 예컨대, 강남의 집값이 치솟으면 저학력, 저소득층은 점차 도시 외곽으로 쫓겨나게 되고 그 자리를 고학력, 고소득층이 차지하게 된다.

　이렇게 되면 자연스럽게 강남은 고학력, 고소득층 학부모만이 거주하는 지역으로 탈바꿈하게 되고 강남지역의 학교는 학력이 높아지게 된다. 자녀의 학업에 관심이 많고 사교육에 아낌없이 투자하는 부모를 둔 학생과 그렇지 않은 학생 간의 차이가 지역을 매개로 하여 학교 간 점수 차이로 나타나게 되는 것이다. 스웨덴도 1990년대에 걸쳐 스톡홀름 등 도시지역의 부동산 가격이 크게 상승하면서 거주지역의 계층별 분화가 진행되었다. 이것은 학교개혁과 무관하게 학교 간 차이를 확대시키는 요인으로 작용하였을 가능성이 크다.

　지역이라는 요소를 빼놓고 보면 학부모의 사회경제적 배경, 교육환경 등의 차이가 모두 학교 간 점수 편차로 왜곡되어 나타나는 착시현상이 존재할 수 있다. 예컨대, 우리의 경우만 놓고 보더라도 강남 내부에서 학교 간의 점수 편차, 강북 내부에서 학교 간의 점수 편차는 별로 큰 차이가 없지만 양 지역 간의 점수 격차는 매우 큰 양상을 보이고 있다. 학교간 점수 편차를 분석함에 있어서 지역이라는 요소를 빼놓고 강남북 학교를 그냥 뒤섞어놓고 보면 지역간 점수편차가 모두 학교 간 차이로 과다하게 식별되는 것을 피할 수 없다

　스웨덴 역시 학교선택권 교육개혁 이후 학교 간 격차가 더 드러나는 점의 이면에는 지역별로 존재하는 학부모의 사회경제적 배경, 재정여건, 교육재정 배분원칙 등의 차이가 상당 부분 작용하였을 것으로 추정된다. 스웨덴의 사례는 학교선택권 교육개혁이 만능의 처방일 수 없음을 보여준다. 지역 간 교육여건의 차이를 어떻게 극복할 것인지, 학교의 교수학습 방법을 획기적으로 개선하여 출신배경의

영향력을 감소할 방안은 무엇인지를 고민하고 해결하기 위한 출발점이라는 점을 일깨워준다.

학교의 영리추구, 과연 허용해야 하나

스웨덴의 1992년 교육개혁에서 파격적인 것은 자유학교의 영리추구를 허용했다는 점이다. 학교가 영리를 목적으로 운영되는 것은 헌법에서 규정하는 교육의 전문성과 공공성을 부정하는 것이기 때문에 우리나라 사립학교법에서는 이를 엄격히 금지하고 있다. 이러한 태도는 여러 국가에서 공통적으로 발견되는 특징이기도 하다. 여기에는 국민의 세금으로 학교에 지원되는 공공재정 중 일부가 이윤이라는 명목으로 자유학교 설립자와 운영자의 개인 주머니로 들어가는 것에 대한 반감이 자리 잡고 있다. 아무것도 모르는 순진한 아이를 가르치는 것으로부터 돈을 벌 수 있도록 허용하면 교육이 황폐화되고 이윤추구 때문에 제대로 된 교육이 불가능할 것이라는 의구심도 있다.

그러나 학교가 이윤을 추구하면 안 된다는 주장은 다시 곱씹어볼 필요가 있다. 우선 국민의 세금이 사적 이익을 추구하는 학교운영자에게 흘러가는 것은 허용할 수 없다는 반감부터 살펴보자. 국민이 낸 모든 세금은 궁극적으로 정부의 재정지출을 통해 민간 사업자에게로 흘러들어 간다. 정부로부터 수주를 받아 도로, 항만, 다리, 철도, 댐, 지하철을 짓는 토목업체들은 민간사업자이고 이들은 국민이 낸 세금으로 공사비를 받고 이윤을 얻는다. 국민의 세금이 민간 사업자에게 지출된다는 사실만으로 거부감을 느낄 이유가 하나도 없는 것이다.

다만, 민간 사업자에게 흘러들어 간 국민의 세금에 비해 그들이 건설한 토목시설이 더 큰 가치를 창출하여 국민에게 제공되었는가는 따져볼 필요가 있다. 교육 역시도 마찬가지다. 학교가 정부로부터 지원받은 재원 중의 일부를 학교설립자의 이윤으로 귀속시키는 사실 자체는 문제가 되지 않는다. 단지, 교육 당국이 학교에 지급한 비용에 비해 교육소비자에게 얼마나 만족스러운 교육서비스가 제공되었는가가 중요하다. 지급한 비용에 비해 얼마나 좋은 교육서비스를 받았는지, 비용대비 효과는 충분하지를 따져보아야 한다.

다음으로, 학교의 영리추구를 허용하면 교육이 황폐화되고 제대로 된 교육이 불가능할 것이라는 우려를 보자. 여기에는 교육소비자인 학생과 학부모가 학교에서 제공하는 교육의 질을 평가할 역량이 부족하다는 전제가 깔려 있다. 무지한 학생과 학부모는 학교가 교육사기를 쳐도 속수무책으로 당할 것이라는 염려말이다. 영리를 추구하는 학교는 교육의 질을 저하시키면서 무리한 비용절감에 나설 것이라는 편견도 있다. 이 말은 적어도 평준화 시스템에서는 맞는 말이다. 학교가 교육의 질을 저하시켜도 정부가 학생을 강제배정해주는 독점력이 있으니까 말이다.

그러나 학교설립이 자유롭고 학교선택권 또한 학부모에게 넘어가 있는 완전경쟁 시장에서는 이러한 상황이 전개될 수 없다. 교육의 질을 저하시키는 방식으로 경쟁하는 학교는 학부모와 학생으로부터 외면받을 것이기 때문이다. 이러한 원리가 작동하려면 학생과 학부모가 개별 학교마다 교육의 질을 평가할 정보와 능력이 충분해야 한다. 이 역시도 오늘날의 학생과 학부모는 과거와 비교할 수 없을 정도로 똑똑하고 민감하기 때문에 걱정할 필요가 없다. 이 주장이 의심스럽다면 서울 강남이나 목동의 학원가를 한번 가보시기 바란다. 거기서 우리는 건물을 빽빽하게 뒤덮은 학원 간판들 사이를 바쁘게 오가는 수많은 엄마와 자녀를 목격하게 된다.

만약 학생과 학부모가 교육의 질을 평가하는데 무지하고 어느 학원이 좋은지 정보판단능력이 없다면 학원 역시도 시장기능이 작동하지 못해야 정상이다. 그러나 오늘도 학생과 학부모는 수많은 학원 중에 자신에게 가장 적합한 곳을 찾아 잘도 다닌다. 이러한 개인들의 선택이 집약되어 학부모들에게 좋은 평을 받지 못하는 학원은 도태되고 인기가 좋은 학원은 체인을 만들 정도로 성업하는 것이 학원시장이다. 완전경쟁에 가깝게 효율적으로 작동하는 것이 대한민국의 학원시장이다. 영어는 어느 학원이 잘 가르치고, 공부 잘하는 학생에게는 어떤 학원이 좋고, 어떤 학원은 성의없이 가르치고,… 수없이 많은 정보가 아이들과 학부모들 사이에 흘러다닌다. 시장에 의해 운영되는 학원시장에서는 정보가 충분히 유통되고 합리적인 소비자의 선택이 일어나 경쟁적인 시장으로 유지되고 있다.

그런데 유독 학교에서만은 시장적 요소를 도입하더라도 정상적으로 작동하지 못하여 시장실패가 나타날 것이라고? 정말 이해할 수 없는 주장이다. 우리는 지금 학교교육에 대한 교육소비자의 불만을 없애고 경쟁력을 높이기 위한 선택의 갈림길에 서 있다. 규제를 더

욱 강화하고 교육에 대한 정부의 간섭을 더 확대할 것인지, 아니면
시장의 기능이 작동할 수 있도록 학교에 자유를 주고 책임을 물을
것인지 하는 두 가지 선택이다. 이미 옴짝달싹할 수 없을 정도로 학
교, 교사를 옥죄는 규제를 지금보다 더 강화한다면 우리 교육은 질
식할 것이 자명하다. 이제는 교육에 시장의 힘을 도입할 필요가 있다.

학교설립자가 학생들에게 질 좋은 교육서비스를 제공하고 그로부
터 합리적 수준의 이윤을 얻도록 하는 것이 정말 부도덕한 일인가.
교육은 사회봉사요, 희생이라는 고정관념을 가지고는 21세기 학교의
교육경쟁력을 확보하기 어렵다. 정말 교직을 천직으로 생각하는 교사
가 있다손 치더라도 그 생각을 처음 학교에 임용되어서 정년퇴직할
때까지 지속적으로 갖기는 쉽지 않다. 이때 필요한 것이 외부의 적
당한 강제력이다. 잘 가르친 학교와 교사에게 격려와 보상을 해주고,
못 가르친 학교와 교사에게 불이익을 주는 외부의 자극이 있어야 학
교교육의 경쟁력이 높아질 수 있다. 또, 점차 다양해지고 세분화되
는 교육수요자의 욕구를 충족시키려면 중앙집권화된 획일적인 규제
방식으로는 대응하기 어렵다. 세계와 경쟁할 수 있는 인재를 양성하
고, 세계의 학교와 경쟁해야 하는 무한경쟁 시대에 교사로서의 사명
감, 학교설립자로서의 공공성만 강조해서는 교육수요자가 원하는 교
육서비스를 제공하기가 점차 어려워진다.

규제의 틀 속에 갇혀 경쟁다운 경쟁 한번 못해보고 고사해가는 학
교를 이대로 내버려둬서는 안 된다. 고객이 원하는 교육서비스를 제
공한 학교와 교사에게 사회가 정당한 보상을 제공해줄 때 교육수요
자와 공급자가 서로 상생하고 교육경쟁력이 높아지는 선순환이 가능

하지 않겠는가. 아무 고민 없이 기존에 해오던 방식에서 한 치도 벗어나지 않는 학교와 좀 더 효과적인 교수학습법을 개발하고 교안을 만들어 교육의 품질을 높이려고 애쓰는 학교를 아무런 차이 없이 똑같이 대우하는 것은 혁신하지 말라는 소리와 같다.

학교운영자에게 이윤추구를 용인하는 것은 학교선택 개혁에 있어서 중요한 의미가 있다. **첫째**, 영리기업의 자유학교 설립을 허용하는 것은 교육수요자의 요구가 있는 곳에 학교가 설립될 수 있는 여건을 만듦으로써 계급, 인종 분리를 봉쇄하는 역할을 할 수 있다. 학교설립이 각종 규제에 의해 쉽지 않을 때 오히려 거주지역의 특성에 따른 분리가 심화될 수 있다. 이것은 평준화 체제하에서 강남과 강북의 교육격차가 극명하게 보여주는 사실이다. 저소득층이 거주하는 지역과 고소득층이 거주하는 지역이 분리된다면 불가피하게 학교는 학생을 분리하는 기능을 하게 된다.

한 지역에 저소득층과 고소득층, 저학력자와 고학력자가 모두 섞여서 사는 것을 전제로 설계된 평준화는 경제가 미발전 상태에 있고 모두가 가난했던 시절에는 기회균등의 유효한 수단이었다. 하지만, 오늘날과 같이 부의 불평등이 심화되고 거주지역이 집값을 통해 계층분리의 도구가 되는 시대에는 평준화 시스템이 계층세습의 수단으로 전락하게 된다. 거주지역에 따른 교육 불평등을 없애려면 새로운 학교시스템의 모색이 불가피하다. 학부모의 학교선택권을 보장하기 위하여 자유학교가 여기저기 자유롭게 설립될 수 있는 여건을 만든다면 거주지역에 따른 교육격차를 없애고 계층분리를 약화시키는 유효한 수단이 될 것이다.

둘째, 교육비용 절감노력을 활성화할 수 있다. 자유학교의 이윤 추구를 허용하는 것은 비용절감을 통한 이윤증가의 유인으로 작용함으로써 국가 전체적으로 1인당 교육비를 감소시키는 메커니즘이 될 수 있다. 자유학교가 창의적인 방법을 통해 교육비용을 절감하는 데 성공하였다면, 이러한 사례를 공립학교에 적용하는 것이 가능하고 이것은 국가 전체의 교육비용 절감을 위한 유용한 혁신의 수단이 된다.

셋째, 우수한 교육공급자의 교육 참여를 촉진함으로써 학교교육의 질을 높이고 경쟁력을 제고할 수 있다. 기존의 학교규제에서는 어떤 사람이 교육성과를 높일 능력이 충분하고 학교경영에 탁월한 노하우를 갖고 있다고 하더라도 학교를 설립하거나 인수할 경제적 인센티브는 존재하지 않는다. 예를 들어, 학원업계에서 뛰어난 역량을 발휘한 학원장이 학교를 설립하는 것은 비즈니스가 아니라 자선사업이나 사회봉사가 아니면 불가능한 상황이다. 장학사업을 한다는 사회적 평판이 중요한 사람, 정말 교육에 헌신하고 싶은 사람을 제외하고는 교육시장에 눈을 돌리는 사람은 극소수다.

이래서는 경쟁력 있는 교육공급자가 학교를 설립하고 운영할 리 만무하다. 초기 설립비용은 그렇다 쳐도 매년 자기 돈을 내놓아야 학교가 운영될 판인데 사회봉사에 뜻이 없다면 누가 학교를 운영하려고 하겠는가. 학교에 영리추구를 허용함으로써 경쟁력 있는 교육공급자가 등장하고 이들이 모델이 되어 교육방식, 인프라 등이 다른 학교로 전파된다면 국가전체적으로 교육소비자의 만족도는 크게 향상될 수 있다.

7장

미국과 영국에서의 학교선택권

미국

미국의 교육제도는 주 정부에게 권한이 부여되어 있기 때문에 흔히 51개 주에 51개의 서로 다른 학교시스템이 있다고 이야기한다. 그만큼 미국의 교육제도가 다양하고 복잡하기 때문에 '이것이 미국의 교육제도다' 라고 일률적으로 규정하기 어렵다는 뜻이다. 미국에서 학교선택권을 보장하는 주요한 수단은 차터스쿨, 학교바우처, 공립학교 선택, 민간장학프로그램, 홈스쿨링 등이다. 차터스쿨은 앞서 설명한 스웨덴의 자유학교와 유사하게 학교운영의 재량권을 포괄적으로 인정하고 정부가 재정지원을 하는 제도이다. 이에 관해서는 뒤에서 자세히 설명한다.

학교 바우처 제도는 기회 장학(opportunity scholarships) 제도로 불리기도 하는 것으로서 사립학교에 다닐 수 없는 저소득층 학생을 위한 학교선택 프로그램이다. 즉, 정부에서 학생에게 공립학교의 '학생 1인당 교육비용'에 해당하는 비용을 지원해 주고 학생은 여기에 자비를 보태 자신이 선택한 학교에 다닐 수 있도록 허용하는 제도이다. 어떤 학교를 선택할 것인가에 대한 제약은 없으며 종교학교, 사립학교, 다른 학군의 공립학교 등 자신이 원하는 학교를 자유롭게 선택할 수 있다.

공립학교 선택권은 공립학교 중에서 어느 학교에 다닐 것인지 학부모에게 선택권을 부여하는 제도이다. 이는 다시 세 가지 유형으로 나누어지는데 동일학군 내의 선택권, 학군 간의 선택권, 차터스쿨 등이 있다. 동일학군 내의 선택권이란 자신이 거주하는 학군 내의 다른 공립학교만을 선택할 수 있도록 하는 제도로 저소득층 학부모에게 자녀를 전학시킬 수 있는 권리를 주는 방식이 대표적이다. 학군 간 선택권은 자신이 거주하는 학군 밖에 소재한 학교를 선택할 수 있는 권리를 인정한 것이다. 차터스쿨 역시 정부재정을 사용한다는 점에서 공립학교 선택권으로 간주된다.

사립장학프로그램이란 저소득층 자녀에게 부유층과 동일한 교육기회를 제공하기 위하여 사립학교 수업료의 일부를 지원해주는 정책이다. 이 프로그램에 참여하려면 저소득층으로 인정받아야 하고 프로그램이 적용되는 지역에 거주해야 한다. 다양한 사립장학프로그램이 있으며 학생후원, 기숙학교, 종교학교, 공동체 장학금 등이 있다.

이러한 제도의 도입 여부나 운영실태는 주마다 달라서 같은 제도라고 하더라도 일률적으로 정의하기는 사실상 불가능하다. 여기서는 미국 교육에 새 바람을 불러일으키고 있으며 광범위하게 보급되고 있는 차터스쿨을 중심으로 학교선택권 개혁을 소개한다.

차터스쿨(Charter School)

교육에 관한 각 주의 권한이 강한 만큼 차터스쿨 역시 주마다 다양한 형태로 운영되고 있다. 따라서 여기서 소개하는 내용은 대체로 나타나는 특징일 뿐 주에 따라서는 전혀 다른 방식으로 운영될 수 있음에 주의할 필요가 있다. 미국의 차터스쿨은 일종의 대안 공립학교로서 1970년대 매사추세츠 주의 교육가 레이 버디(Ray Budde)에 의해 최초로 제안되었다. 지역교육위원회가 새로운 교육방식을 추구하고자 하는 학교에 '인가서(Charter)'를 주고 자율적으로 학교운영을 할 수 있도록 허용함으로써 교육혁신을 촉진하자는 아이디어에서 비롯되었다. 1991년에 미네소타 주에서 최초의 차터스쿨 법률이 통과된 이래, 39개 주와 워싱턴 DC.에서 차터스쿨을 허용하고 있다.

차터스쿨은 2000년 1,651개교에서 2009년에는 5,043개교로 급속히 증가하였고 150만 명 이상의 학생들이 여기에 다니면서 공교육의 대안으로 급속히 부상하고 있다. 참고로 미국의 초·중·고에 재학 중인 학생 수는 5,520만 명(학교 수 133천 개교)이며 이중 공립학교에 4,929만 명(99천 개교), 차터스쿨에 154만 명(5천 개교), 사립학교에 591만 명(34천 개교)이 재학 중이다. 차터스쿨에 다니는 초중등 학생 수가 전체의 약 2.9%를 점유하고 있다.

〈차터스쿨 증가 추이〉

(단위 : 개교)

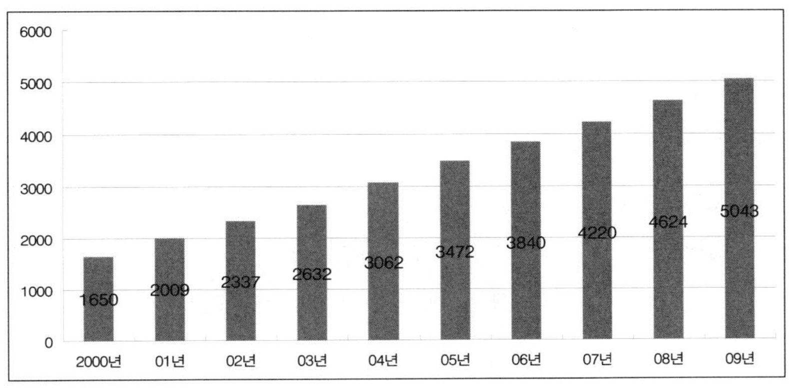

출처: 미 교육개혁센터(Center for education Reform, www.edreform.com)

차터스쿨이 꾸준히 증가함에 따라 점차 더 많은 학부모가 공교육의 대안으로써 차터스쿨에 관심을 갖기 시작하고 있다. 미국 교육개혁센터에서 발간한 '2010년 차터스쿨 연례조사보고서(Annual Survey of America's Charter Schools 2010)'에 따르면 차터스쿨에 입학대기 중인 학생이 차터스쿨당 평균 239명이며, 지난 1년간 차터스쿨에 대한 수요가 21%나 증가한 것으로 나타났다. 입학희망 대기자가 있는 차터스쿨의 비율이 2008년에는 전체 차터스쿨의 59%였지만 2009년에는 65%로서 6% 증가하였다. 일부 차터스쿨의 경우 대기자 명단이 학교 정원의 3배에 이르기도 한다. 현재 차터스쿨 입학대기자를 모두 없애려면 현재 존재하는 차터스쿨 수만큼인 5,000개의 학교가 더 설립되어야 할 정도다.

차터스쿨은 일반적인 공립학교에 비해 점차 소규모화하고 있는데 평균 학생 수는 372명으로 일반 공립학교의 478명에 비해 약 22% 적다. 연구에 따르면 대규모 학교보다 소규모 학교는 개별 학생들의 교육적 요구에 더욱 충실히 대응할 수 있는 편안한 학습 분위기를 제공해주고 학교 구성원 간의 친밀도가 높아서 학생들의 학습효과를 높일 수 있는 것으로 알려졌다. 최근에는 'Green Dot School'과 같은 조직들이 실패한 대규모 공립학교를 인수하여 작은 차터스쿨로 쪼개서 성공적인 학교로 변신시킨 사례도 있다. 'Green Dot School'은 1999년에 스티브 바(Steve Barr)에 의해 설립된 이래 로스앤젤레스 지역의 실패한 공립 고등학교를 소규모의 차터스쿨로 고치는 작업을 하여 학부모들로부터 높은 지지를 받는 학교모델이다.

차터스쿨의 인기는 버락 오바마 미국 대통령의 취임과 더불어 더욱 높아지고 있다. 오바마 대통령은 차터스쿨을 미국 공교육 개혁의 중요한 축으로 받아들이고 있다. 미국 교과부장관으로 발탁된 덩컨은 시카고 교육감 시절 관내 학군에 수십 개의 차터스쿨을 만들어낸 주역이다. 오바마 정부가 의욕적으로 추진하는 '최고를 향한 경쟁(Race to the Top)' 프로그램의 핵심요소도 차터스쿨이다. 오바마 정부는 43억 5천만 달러를 프로그램 예산으로 책정해 놓고 각 주의 교육개혁 노력을 평가해 예산을 배분한다. 각 주의 신청에 대한 심사기준에 차터스쿨 도입현황과 도입조건, 차터스쿨의 성적향상 여건 제공 등의 평가항목을 포함하여 차터스쿨의 확대를 유도하고 있다.

차터스쿨의 운영주체는 자선단체, 교사, 학부모, 기업 등으로 다양하다. 전통적인 학교에 적용되는 수많은 규제로부터 자유로우며 누구나 입학할 수 있고 정부로부터 재정지원을 받는 공립학교이다. 차터스쿨은 설립인가자인 지역교육위원회와 학교운영자 간의 계약에 기초하여 운영되며 학교운영자는 학교의 임무, 목적, 교육방법 등을 계약이전에 명확히 설정해야 한다. 차터스쿨의 계약기간은 통상 3~5년간이며 이 기간에 학교가 운영되지 못하거나 운영상 경쟁력을 확보하지 못한 것으로 판명되면 계약기간은 연장되지 않는다. 이것은 차터스쿨이 학부모, 납세자, 지방정부에 대해 책무성을 갖게 하는 통제장치이며, 차터스쿨은 형식적으로 학교를 운영할 수 없고 학생들이 만족할 수 있는 고품질의 교육을 제공해야 함을 의미한다.

차터스쿨은 새로운 교육과정이나 교수법에 대해 생각을 공유하는 교사집단, 학부모집단이 지역교육위원회의 허가를 받아 새로 학교를 만드는 방식으로 운영된다. 학교운영에 대한 자율권, 정부로부터의 재정지원을 바탕으로 혁신적인 실험을 하고 이것이 공교육 전체의 경쟁력을 향상시키는 선순환 구조를 염두에 두고 시작되었다. 주지하듯이 미국에서는 국가 차원의 커리큘럼이 없고 교사와 학교에 상당한 재량권을 인정하고 있기 때문에 교사와 학교 차원의 교육과정, 교수학습법 혁신이 중요하다.

차터스쿨은 정부의 재정지원을 받으면서도 교육과정, 교사채용, 재정지출 등에서 지역 교육 당국의 간섭을 받지 않고 독립성을 갖기 때문에 여러 가지 혁신적인 시도가 이루어질 수 있다. 학교와 교사가 중심이 되어 교육수요자의 요구에 민감하게 반응하고 차별화된 교육서비스를 제공함으로써 교육의 다양성을 높일 수 있기 때문에 공교육 개혁을 선도할 수 있는 대안으로 인기가 높다. 더구나, 차터스쿨은 새로 학교를 설립하는 것뿐 아니라 기존 공립학교를 차터스쿨로 전환하는 것도 허용되어 있기 때문에 학교운영에 대한 청사진만 분명하다면 누구나 제약 없이 만들 수 있다. 심지어 몇 개 주에서는 이윤을 목적으로 하는 기업들도 차터스쿨 운영할 수 있도록 허용하고 있다.

교육혁신과 교수학습 방법의 다양성을 확대시키는 것에서 출발했던 미국의 차터스쿨은 오늘날에는 수요자의 학교선택권, 학교 간 경쟁의 관점에서 받아들여지고 있다. 교육혁신과 학교선택권, 학교 간 경쟁은 서로 동떨어진 관점이 아니다. 어느 분야를 막론하고 혁신이라고 하는 것이 어떤 집단이 원한다고 해서 저절로 이루어지는 것은 아니다. 혁신을 하려면 조직, 구성원들이 다양한 시도를 할 수 있는 자율성이 있어야 할 뿐만 아니라 혁신에 대한 경쟁과 보상이라고 하는 요소를 빼놓을 수 없다. 미국도 초기 차터스쿨 도입 시만 하더라도 교육혁신을 위해 학교가 다양한 시도를 할 수 있는 자율성을 바탕으로 한 교육혁신에 방점을 두었다. 오늘날에는 자율성에 더하여 시장에서의 경쟁이라고 하는 요소를 결합하여 책무성을 묻는 형태로 변모되고 있다.

설사 초기 차터스쿨이 표방한 자율성을 바탕으로 한 다양한 교육적 실험이 오늘날에까지 유효하다고 하더라도 교육개혁에 성공한 차터스쿨에 대한 교육수요가 증가하리라는 점은 분명하다. 어떤 차터스쿨이 잘 가르친다고 소문이 나면 거기에 자녀를 입학시키려고 하는 부모가 줄을 서는 것 또한 당연하다. 혁신적인 교육방법론을 개발한 차터스쿨에 대한 교육수요의 증가는 다른 차터스쿨이나 공립학교 학생들의 감소를 의미하고 이것은 자연스럽게 학교 간 경쟁을 부추기게 된다. 차터스쿨 초기 운동가들이 원하든 원하지 않았든 차터스쿨이 공교육 제도에 도입되는 순간 학교 간 경쟁은 피하고 싶어도 피할 수 없는 숙명이 된다.

차터스쿨에 대해 부정적인 측에서 흔히 제기하는 비판은 다음의 두 가지다. 그 하나가 차터스쿨이 부자들을 위한 학교라는 주장이다. 여기에 차터스쿨이 교육방법의 혁신보다는 공부 잘하는 학생만을 선발해 무임승차하고 있다는 비판이 가세한다. 그러나 이것은 차터스쿨을 흠집 내려는 일방적 주장일 뿐 구체적 데이터로 입증되지 않는다. 그 근거로 미국 교육개혁센터에서 발간한 연례보고서를 보면 차터스쿨 학생들이 일반 공립학교보다 덜 가난하다거나 성적이 낮다는 증거는 존재하지 않는다. 보고서에서는 54%의 차터스쿨 학생들이 정부에서 운영하는 무료점심 프로그램 자격을 충족할 정도로 가난한 계층의 학생들인 것으로 나타났다. 다만, 차터스쿨의 39%가 정부에서 운영하는 무료점심 프로그램에 행정적, 재정적, 정치적 이유를 들어 신청하지 않고 있을 뿐이다. 해당 차터스쿨의 학생들이 무료점심 프로그램을 신청할 자격이 되지 않을 정도로 부유하기 때문은 아니다.

차터스쿨이 성적 좋은 학생만을 선별한다는 주장 역시 사실과 다르다. 규정상 차터스쿨은 학교에 학생 선발권이 없고 추첨에 의해 학생을 입학시키도록 하고 있다. 규정이 아니더라도 차터스쿨 학생들의 실제 구성을 보면 이러한 주장이 터무니없음을 알 수 있다. 차터스쿨 학생 대부분은 소수민족(52%), 저소득층(54%) 등으로 나타나고 있다. 40% 이상의 차터스쿨은 학생 중 소수민족, 저소득층 등 취약계층의 비중이 60%를 웃도는 상황이다. 한마디로 차터스쿨을 찾는 절대다수의 학생들은 기존의 공립학교에서 별로 대접을 받지 못했던 계층이다.

차터스쿨은 또한 기존 공립학교의 양 극단에 있는 학생들에게 적합한 교육프로그램과 커리큘럼을 성공적으로 개발하여 적용하는 것으로 나타났다. 즉, 기존 공립학교에서 공부를 아주 못해 포기한 학생들, 또 공부에 아주 탁월한 재능이 있는 학생들에게 적합한 특성을 보였다. 기존 공립학교는 한마디로 말하자면 '100치수'의 기성복만을 보유한 채 다양한 손님들을 상대하려는 옷가게와 비슷하다. '100치수'에 맞는 평균적인 학생들에게는 별문제가 없었을지 몰라도 '95치수'나 '105치수'가 필요한 몸집이 크거나 작은 학생들에게는 맞지 않는다. 또 '100치수'에 해당하더라도 색상, 디자인이 다양하지 못하고 신장이나 몸무게 차이도 고려되지 않는다. 결국, 기성복을 사서 자신의 체형에 맞도록 길이를 줄이는 등의 수선을 하는 것과 마찬가지로 사교육을 통해 학교교육의 부족한 부분을 채워야 하게 된다.

기존의 공립학교가 '옷에 몸을 맞추라'는 식의 공급자 중심의 접근방식이었다면 차터스쿨은 모든 손님에게 맞춤식 옷을 제공하는 의상실과 같은 수요자 중심의 개념을 도입했다. 학생 개개인에 대해 관심을 갖고 각자의 학습습관, 관심, 실력 등을 교수학습에 반영하여 교육성과를 높였다. 학급 전체를 대상으로 한 색깔 없는 획일적 교육이 아니라 학생 개개인에 최적화하여 학습 성과를 올리기 위한 교수학습 방법을 개발하고 적용하는 개별화 교육을 추구함으로써 교육의 다양성을 확대해 나갔다. 전통적인 학교는 개성이 사라진 획일적 학습의 공간, 어른(교사)이 아이(학생)를 일방적으로 가르치는 권위의 공간이었다. 차터스쿨의 도입과 더불어 학교에서 학생이 존중받고, 학습이 즐거움으로 바뀌고, 다양성이 존중되는 자발적 학습공간으로 탈바꿈하기 위한 중요한 진전이 이루어지고 있다.

영리기업의 학교운영

최근 미국에서 이윤을 추구하는 영리기업이 차터스쿨을 운영할 수 있도록 허용됨에 따라 일종의 학교체인이라 할 수 있는 '교육경영조직(EMO: Educational Management Organization, 이하 EMO)'이 확대되고 있다. 학교체인에 해당하는 에디슨(Edison)이나 어드밴티지(Advantage) 등과 같은 차터스쿨 주식회사가 급속히 성장하고 있으며, 이들에 의해 운영되는 차터스쿨의 수도 기하급수적으로 증가하고 있다. EMO가 성장하는 배경에는 차터스쿨이 있다. 교육위원회로부터 학교운영에 관한 자율권을 획득한 차터스쿨은 학교운영과 교육혁신 과정에서 다양한 문제에 봉착하였다. 차터스쿨의 증가와 더불어 그들이 봉착한 문제들을 해결할 수 있는 전문적 서비스에 대한 수요도 함께 증가하였다. 대표적으로 에디슨주식회사는 2010학년도에 25개 주 약 50만 명의 학생들을 교육하고 있으며, 영국, 아부다비에도 진출해 있다.

학교선택권, 차터스쿨의 확대에 밝은 면만 있는 것은 물론 아니다. 대표적으로 차터스쿨이 학교 전체의 학업성취도 평균을 떨어뜨린다는 이유로 학업 부진아동을 외면하는 그릇된 풍토에 대한 비판이 있다. 또한 차터스쿨로 빠져나가는 교육재정이 일반 공립학교의 교육여건을 더욱 악화시키는 악순환이 나타난다는 지적도 있다. 그중에서도 비판이 가장 심했던 것은 영리를 추구하는 사기업을 학교운영에 참여시킨 조치이다. 영리를 추구하는 차터스쿨이 이윤을 극대화하기 위해서 교육의 질을 희생시키고 교육비용이 많이 드든 학습부진아를 외면하는 부작용에 대한 염려가 높다.

교사연맹에서는 차터스쿨이라는 개념을 개발하고 보급하는데 앞장서 왔지만, 오늘날에는 유보적인 뜻으로 선회했다. 교사연맹에서 공립학교와 비교하여 밝힌 차터스쿨의 문제점은 다음과 같다.

첫째, 차터스쿨에서는 인종 분리현상이 심각하다.
둘째, 차터스쿨에는 교육비용이 더 많이 소요되는 이민자 자녀, 저소득층 자녀 수가 더 적다.
셋째, 교사인건비 절감을 위해 무자격교사, 경험이 적은 교사를 더 많이 채용한다.
넷째, 행정비용이 과도하고 수업에 사용되는 재정규모가 작다.
다섯째, 학업성취도 면에서 큰 차이가 없다.
여섯째, 교육과정과 활동 면에서 일반 공립학교와 차이가 없다.

이러한 지적은 차터스쿨에 공통적인 것들이지만 특히 EMO에서 가장 심각한 것으로 결론을 내렸다. 그러나 EMO에 대해서는 상반된 견해가 대립하고 있다. 차터스쿨의 급속한 확산에 결정적으로 이바지하였고, 교육과정, 교수학습방법, 학교운영기법 등의 학교교육 혁신성과를 학교 다수에 단기간에 전파하는 데 이바지했다는 견해도 있다. EMO에 대한 지금까지의 평가를 검토함으로써 미국 차터스쿨의 성과와 한계에 대해 살펴보자.

EMO가 단기간에 급속히 성장한 것은 사실이지만 앞으로도 이러한 추세가 지속될 것이냐에 대해서는 이견이 있다. 특히, EMO에 대해 비판적인 견해에 따르면 재정 및 교원인사에 대해 지역교육위원회가 관여할 여지를 없애고 있다는 점과 EMO가 이윤추구를 위해 교육의 질을 희생시킬 것이라는 두 가지 점에서 반감이 커지고 있다고 주장한다. **첫 번째** 우려는 지역교육위원회가 EMO에 모든 재량권을 주고 그 운영에 개입하지 못한 채 정부재정이 계속 투입되는 것은 불합리하다는 주장으로 요약된다.

하지만, 이러한 주장은 사실과 다르다. EMO는 지역교육위원회와 학교의 임무, 목적, 교육방법 등에 관해 계약을 체결하고 이러한 계약의 범위 내에서 재량권을 부여받는다. 포괄적으로 보면 정부가 용인할 수 있는 범위 내에서 재량권을 부여받은 것에 불과하다. 만약 EMO가 지역교육위원회와 맺은 계약을 이행할 수 없거나 실패한다면 계약은 더는 연장되지 않고 지원되는 재정은 중단되게 된다. 따라서 지역교육위원회는 EMO를 유효하게 통제할 수단을 여전히 갖고 있다고 보아야 한다.

둘째, EMO가 이윤을 추구하기 때문에 교육비용을 낮춰 이윤을 극대화하려는 유인이 존재하고, 교육비용이 많이 소요되는 소외계층 학생들을 외면할 것이라는 비판이다. 이것은 스웨덴의 영리 학교 체인에 대한 비판과도 같은 맥락이다. 그러나 이러한 비판은 이윤을 추구하는 기업에 대한 오해에서 비롯된 측면이 많다. 즉, 이윤을 추구하는 기업은 비용의 절감을 추구하지만 이와 더불어 품질과 서비스의 개선이라는 또 다른 유인 동기가 존재함을 놓친 것이다.

즉, 기업은 같은 비용을 투입하는 조건에서 최고의 서비스를 추구하며 같은 서비스 수준을 제공하는 전제하에 최소의 비용을 추구한다. 공립학교는 비용을 절감하려는 유인도, 서비스를 개선하려는 유인도 갖고 있지 않다. 하지만, EMO는 혁신을 통해 교육비용을 절감하고 교육서비스를 개선하여 더 많은 학생을 유치하려는 두 가지 유인동기를 갖기 때문에 이윤은 이러한 노력에 대한 정당한 보상으로 보아야 할 것이다. 미국의 차터스쿨 개혁과정에서 EMO는 급속히 성장하였으며, 앞으로도 차터스쿨 확산에 핵심적 역할을 할 것으로 보인다.

EMO의 장래를 밝게 보는 이유로서 **첫째**, 주 정부들이 교육성과를 강조하는 추세를 들 수 있다. 과거 학교운영에 필요한 절차, 규칙을 상세히 마련하고 학교가 이를 준수하는지를 중점적으로 감독하던 방식에서 벗어나, 학생의 학습과 성과를 관리하는 방식으로 바뀌었다. 이제 지역교육청들은 상당한 재량권을 부여받고 학생의 학업성취도를 개선하라는 압력을 받고 있으며 성과에 따른 책임을 져야하는 상황에 있다. 지역교육청은 EMO가 가진 혁신적 교육방법, 학생관리, 학교운영 등의 노하우를 필요로 하고 정부로부터 이를 활용할 수 있는 재량권을 부여받고 있기 때문에 수요가 증가하고 있다.

둘째, 학교선택권이 하나의 대세로 자리 잡는 추세도 있다. 학군 간 혹은 학군 내의 자유로운 학교선택, 대안학교, 마그넷 프로그램 (magnet programs) 등은 모두 교육수요자의 학교선택권을 보장하는 조치들이다. 어떤 전문가는 약 60%의 미국 학생들이 어떠한 형태이든 학교선택의 결과로서 학교에 다니는 것으로 보고한다. 미국의 학부모들은 더는 모든 학교가 똑같다고 생각하지 않는다. 이것은 학교운영이 기존방식을 답습하는 데서 벗어나 좀 더 혁신적이고 창의적으로 바뀔 필요성을 제기하며, EMO에 대한 의존을 강화시키게 될 것이다.

셋째, 학교 간 경쟁에서 실패한 학교를 EMO가 운영하여 새로운 변화를 가져오려는 추세다. 지역교육청에서 EMO에 위탁을 하는 경향은 이전에도 있었지만, 교육성과를 강조하는 정책하에서 실패한 학교는 불가피하게 발생할 수밖에 없고 이를 다시 재건하는 것은 EMO의 주요한 임무가 될 것이다.

넷째, 차터스쿨의 지속적 성장추세이다. 차터스쿨의 운영, 교육혁신을 위해 EMO와 협력하는 것이 하나의 추세를 이루기 때문에 차터스쿨의 확대는 EMO의 동반성장을 가져올 것이다.

이처럼 EMO가 미국 교육개혁의 핵심적인 요소로 떠오른 것은 다소 의외이나 여기에는 이유가 있다. 차터스쿨의 증가, 성과주의의 확산, 학교선택권의 보장이라는 학교를 둘러싼 변화는 학교운영, 교육방법의 혁신을 요청하였다. 그러나 관리, 행정중심으로 운영되는 교육청에서는 이러한 개별 학교들의 요구를 충족시켜줄 전문성이 부족했다. 이 틈을 파고든 것이 바로 EMO이다. EMO는 개별 학교들이 교육방법을 개혁하고 학교운영의 효율성을 높이려면 무엇을 해야 하는가에 관한 전문적 컨설팅과 자문을 제공해주고 직접 학교를 체인형태로 운영한다.

그럼 EMO가 가진 강점이 무엇이기에 그토록 주목을 받는 것인지 구체적으로 살펴보자.

첫째, 연구개발을 추진할 수 있는 자금조달 능력이 탁월하다. 학교개혁을 위해서는 커리큘럼, 교육기법, 교사연수, 학생평가, 학교운영 등에 있어서 전면적인 변화가 필요하며 시행착오를 최소화하면서 학교를 바꾸려면 치밀한 연구개발이 있어야 한다. 그러나 개별 학교에서는 이러한 전면적 변화를 준비하기 위한 연구개발 예산이 없고 이를 확보할 방법도 사실상 없다. EMO는 기업이기 때문에 벤처자금조달, 주식매각 등의 방법을 통해 학교개혁을 위한 연구개발 자금을 조달할 수 있고 커리큘럼 개선, 교사연수, 강력한 정보시스템 구축, 학교운영 등을 개선하기 위한 투자가 가능하다. 다만, 투자자, 주주 등 이해관계자는 EMO가 투자와 운영상의 효율성을 높이도록 강제하는 압력으로 작용하기 때문에 지역교육위원회와의 계약을 충족시키면서 투자의 효율성을 최대한 높여야 한다.

둘째, 규모의 경제에 따른 효율성과 효과성이다. 개별학교는 규모가 작아서 교육개선을 위해 비용을 투자하더라도 경제성을 확보하기가 쉽지 않다. 그러나 EMO는 복수의 학교를 운영하고 있기 때문에 개별학교 단위에서는 경제성이 없는 투자라도 특정 EMO에 속한 학교 전체에 적용하여 수익이 나올 수 있다면 투자할 수 있다. 또한, 효과 역시 하나의 학교에서 나오는 것이 아니라 동일 EMO에 속한 모든 학교로부터 나오기 때문에 증폭되는 이점도 있다.

셋째, 연구개발에 투자할 유인이 높다는 점이다. 공립학교의 전체 예산에서 연구개발에 대한 투자는 0.03%에 불과하지만, EMO에서는 그보다 100배가 높은 3% 이상을 투자한다. 연구개발투자는 학교혁신과 운영상의 효율성을 높이기 위한 전제조건임에도 공립학교에서는 이러한 투자가 거의 없어서 혁신도 기대하기 어렵다. 학교개혁을 통한 효율성의 증대는 이윤이라는 형태로 보상되므로 EMO는 학생의 학업성취에 영향을 주는 커리큘럼, 강의, 평가, 교사연수, 교육기법 등은 물론이고 학교경영시스템, 교원에 대한 보상, 학교조직 등 학교운영 전반에 대한 혁신에 집중하게 된다.

넷째, 커리큘럼, 강의, 프로그램 등의 다양성을 확보하려는 노력이다. 각각의 EMO는 교육소비자를 유인하기 위해 공립학교, 차터스쿨 등과 치열하게 경쟁하고, 자신이 제공하는 교육서비스의 특징, 장점을 부각시키고 고유한 브랜드를 갖고자 한다. 이러한 욕구는 다른 EMO나 공립학교와 차별화하는 노력으로 연결되고, 각 EMO들이 고유한 교육서비스를 제공하려는 시도로 나타난다.

EMO가 특히 인기가 있는 것은 실패한 학교를 많이 인수하여 운영하기 때문이다. 실패한 학교에 자녀를 보내는 학부모들은 EMO가 인수한 사실 자체만으로도 환영한다. EMO가 약속하는 더 높은 학력평가점수, 연간수업시간 연장, 청결유지, 기초부터 다시 시작하는 커리큘럼, 학부모의 참여 등에 대해 대체로 만족한다. EMO는 교사 및 교직원과 능력본위의 고용계약을 체결하며 유능한 경우에만 계약을 연장한다. 학교실패의 중요한 원인 중의 하나는 무능한 교사에 있기 때문에 교사의 질을 높이려는 EMO의 정책은 학부모에게 인기가 높다.

다섯째, EMO는 소속 학교들의 운영에 대하여 고도의 내부통제 장치가 있어 교육의 질 관리에 주력한다. EMO는 지역교육청이 교사 채용, 보수, 교수학습법, 교사지원 등에 있어서 관내 학교를 관리하는 방식에 비해 더 철저하게 소속 학교들을 관리한다. 예를 들면, 교사채용을 계약제로 하고 교사의 능력을 평가하고 유능한 교사만 계약연장을 하기 때문에 교사의 질을 높게 유지할 수 있다. 이것은 교사의 신분을 보장하는 공립학교에서는 불가능한 인사관리 방식이다. EMO는 또한 유능한 교사에게 더 높은 보상을 제공하며, 능력개발기회도 확대하여 경력을 개발해 나갈 수 있도록 지원한다. 이러한 보상시스템은 우수한 교사일수록 EMO에 더 끌리게 하는 요인이 되고 있어 전반적으로 유능한 교사를 확보하는 선순환이 가능하다.

여섯째, EMO는 교육수요자의 욕구를 충족하고 학생의 성적향상이라는 성과달성을 위해 최선을 다한다. 많은 학생과 학부모가 원하는 것은 성적향상이고 EMO는 성적향상을 위해 교육방법 혁신, 연간교육시간 연장, 교사훈련 및 우수교사 확보 등과 같은 노력을 하고 이것이 성적향상으로 연결되고 있다. EMO가 학업성취도 점수를 높이는 데 효과가 없다는 반대주장도 있기는 하지만 적어도 학부모 사이에서 인기가 높은 것만은 부인하기 어렵다.

이와 같은 EMO의 강점은 어쩌면 당연하다. 학교가 자유롭게 경쟁할 수 있도록 불필요한 규제를 없애고 경쟁의 결과에 대해 책임과 보상을 주는 시스템에서는 시장의 힘이 작동하기 때문에 개별 학교와 교사는 '어떻게 성과를 높일 것인가?', '더욱 효과적인 교육방법은 무엇일까?'를 고민하게 되고 수요자의 요구에 눈을 돌리게 된다. 이러한 과정에서 재량권이 상대적으로 적은 공립학교는 경쟁에서 열위에 서는 애로에 직면하게 되고 이것은 EMO의 인기를 더욱 높이는 요소로 작용한다.

미국에서 차터스쿨 실험이 시작된 것은 공교롭게도 스웨덴과 거의 같은 1990년대 초반이다. 20년의 시간이 흐른 지금 차터스쿨이 어떤 교육적 성과를 가져왔는가를 평가하기에는 이른 감이 있지만, 이와 관련된 다양한 연구들이 있고 상반된 입장들이 있다. 앞서 소개한 교사연맹의 결론—즉, 오늘날의 차터스쿨은 당초 취지와 다르게 몇 가지 심각한 문제점이 있다—에 대해서도 이를 반박하는 연구들이 많이 나오고 있으며 모든 차터스쿨이 이러한 문제점에 직면하고 있는 것은 더더구나 아니다. 차터스쿨로 상징되는 학교 간 경쟁의 어두운 면이 존재하는 것은 분명하지만, 기존의 미국 공립교육 역시 교육의 질이 낮은 한계를 안고 있다. 미국의 차터스쿨은 교육에 경쟁논리를 도입하는 것은 불가피하다는 점과 더불어 어떻게 하면 경쟁에 따른 부작용을 최소화할 것인가라는 과제도 동시에 제기한다.

영국의 아카데미(Academies)

영국에서 정부가 학교에 재정을 지원하면서 시장기능을 활성화하자는 자유학교에 관한 아이디어는 상당히 일찍부터 제기되어 왔다. 하지만, 이것이 실행에 옮겨진 것은 1980년대의 일이다. 당시 집권 당이었던 보수당은 자유학교, 공립학교를 불문하고 어디든 학부모가 학교를 선택할 수 있도록 하는 바우처 제도 도입을 검토하였다. 철의 여인이라 불린 대처총리 마저도 논란을 우려하여 결국 실행에 옮기지는 못하였고 대신에 준 시장적 개혁조치가 1988년 교육개혁을 통해 도입되었다.

준 시장적 개혁의 골자는 학교에 대한 연간예산을 정부에서 학교로 직접 지원하는 방식은 동일했지만, 학부모에게 선호에 따라 6개 학교 중에서 선택할 수 있는 권리를 주었다. 동시에 합리적 선택을 유도하기 위해 학교의 성과에 대한 정보를 함께 제공하였다. 이와 더불어 소수의 도시기술대학(CTC: City Technology Colleges)을 설립하였는데, 이것은 민간기업이 발기하고 정부로부터 재정지원을 받는 자유학교의 성격을 가졌다. 그러나 CTC는 1990년대의 공공부문 축소 정책에 따라 크게 확대되지 못하고 몇몇 학교가 명맥을 잇는 수준에 그쳤다.

2000년에 토니 블레어 총리가 정권을 잡으면서 교육개혁의 불씨가 다시 지펴졌다. 블레어 총리의 교육 분야 스승이라 일컬어지는 앤드류 아도니스(Andrew Adonis)의 주도하에 영국 교과부는 공교육 시스템에서 실패한 학교를 도시 아카데미(city academies)라고 하는 새로운 형태의 학교로 신설하겠다는 방침을 밝혔다. 도시 아카데미는 민간기업 혹은 자선단체가 설립하고 정부가 재정을 지원하는 일종의 자유학교이다. 농촌지역에서도 이러한 정책을 적용할 예정이었기 때문에 후에 도시라는 단어는 삭제되고 아카데미로 명명되었다. 드디어 2002년에 최초로 3개의 아카데미가 설립되었고 2010년까지 200개의 아카데미를 설립하겠다는 정책이 발표되었다. 2006년 11월에는 토니 블레어 총리가 그 수를 400개로 두 배 늘리겠다는 방침을 발표하기도 했다. 2009년 1월 현재 133개의 아카데미가 설립되었고, 80개가 더 설립될 예정으로 있다.

아카데미가 설립된 지 10년이 채 되지 않았지만 당초 설립취지와는 다르게 몇 가지 중대한 변화가 일어났다. 처음 아카데미 프로그램 도입 시에는 궁핍한 지역의 실패한 소수 학교를 대상으로 설립자에게 커리큘럼, 학교건물 디자인, 교직원 급여와 근무조건 등에 광범위한 재량권을 부여하려고 했다. 지역교육청이 양질의 교육을 제공하는 데 실패한 학교에 대한 치유책으로 아카데미가 도입되었기 때문에 당연히 지역교육청이 아카데미에 간섭하는 것은 원칙적으로 배제하였다.

이후 토니 블레어 총리가 당초 아카데미 설립목표 200개를 400개로 대폭 확대하면서 실패한 학교에 대한 치유책으로 시작되었던 정책의 성격이 바뀌었다. 실패한 학교를 더욱 많이 찾아내는 정책으로 변모된 것이다. 이때부터 아카데미는 당초 구상과 달리 조금씩 틀어지기 시작했다. 아카데미 숫자의 증가로 개별 학교에 지원되는 예산과 시간이 감소하게 되었다. 비용절감을 위해 신설될 아카데미의 건물 디자인에 대한 개별 아카데미 발기인의 결정권한이 축소되었고 정부의 획일적인 학교건축 프로그램이 그 자리를 대신했다. 새로운 학교라는 콘셉트를 학교건물 디자인을 통해 보여주려는 의도

는 무산되었고 과거와 거의 차이가 없는 똑같은 학교건물이 그 자
리를 대신했다.

처음 아카데미가 도입될 때는 아카데미에 대해 우호적인 지방교육
청만이 참여했다. 하지만, 아카데미의 숫자가 증가함에 따라 이 정책
에 대해 적대적인 지방교육청까지도 포함하지 않을 수 없게 되었다.
이러한 상황에서 아카데미에 적대적인 지방교육청을 아카데미 설립
을 위한 공동발기인으로 인정하는 양보는 불가피했다. 민간의 자율
성을 보장하려던 당초 취지가 무색해진 것이다. 발기인의 수가 증가
함에 따라 개인 재정후원자에 크게 의존했던 아카데미 정책은 학교
체인, 대학, 자유학교, 공립학교들이 후원하는 형태로 바뀌었다. 이에
따라 아카데미 정책은 당초 정부개입을 배제하고 민간의 혁신과 창
의력을 활용하겠다는 의도에서 벗어나 교과부가 주요한 의사결정을
하고 정책을 이끌어가는 것으로 그 성격이 바뀌었다.

이러한 정책변화는 긍정적인 측면과 부정적인 측면을 모두 갖고 있
다. 아카데미가 효율적으로 추진될 수 있는 제도적 지원을 교과부로
부터 받는다는 점에서는 긍정적이지만, 학교건물 디자인에 대한 자
율권이 상실되고 적대적인 지역교육청의 개입이 확대된다는 점에서
는 부정적이다. 한 가지 분명한 사실은 당초 소수의 실패한 학교를
대상으로 설계된 아카데미 프로그램이 과도하게 확대됨으로써 설립
취지에서 벗어났다는 점이다.

아카데미 정책은 교원노조와 노동당의 압력에 따라 2006년에 교
육법이 개정되면서 또 다른 변화를 겪게 되었다. 학교단위의 자율권
이 크게 위축된 '트러스트(Trust)' 라고 하는 새로운 형태의 아카데

미가 인정된 데에 따른 것이다. 트러스트는 커리큘럼, 교사의 근로조건 등에 대해 아카데미와 같은 자율권을 부여받지 못했고 아카데미의 발기인에 해당하는 파트너(partner)의 권한 역시 크게 약화되었다. 더욱이 학교는 여전히 지역교육청의 규제에서 벗어나지 못하게 되었다.

토니 블레어 이후 집권한 브라운 총리는 아카데미 프로그램에 대해 소극적이었다. 브라운 총리 집권 이후 아카데미에 부여되었던 자율권이 점차 위축되었고 지역교육청의 간섭이 증가하였다. 아카데미는 블레어 총리의 급작스러운 확대정책과 교과부의 간섭이 확대됨으로써 점차 독자적인 특색을 갖기 어려운 상황이 되었다. 아카데미의 설립은 중앙정부와 지방정부에 의해 통제되었고 학부모는 이에 관여할 수단이 거의 없었다. 아카데미는 기본적으로 실패한 공립학교를 아카데미로 대체하는 정책이기 때문에 간접적인 의미에서 수요자에 의해 주도된다고 할 수 있다. 하지만, 스웨덴의 자유학교와 같은 성격은 결코 아니었다.

당초 아카데미 정책은 '실패한' 공립학교를 어떻게 하면 다시 경쟁력을 갖도록 살릴 것인가 하는 아이디어에서 비롯되었다. 여기서 '실패한' 공립학교는 영국 교과부가 모든 중등학교를 대상으로 하는 학력진단평가를 통해 찾는다. 이 시험에서 영어와 수학과목에서 기준 점수 이상을 기록한 학생의 비율이 30%보다 적은 학교가 '실패한' 학교로 규정되는 것이다. 이렇게 실패한 공립학교를 찾은 다음에 영국 교과부는 해당 학교가 소속된 지역교육청을 설득하여 아카데미 프로그램에 참여하도록 유도한다.

사실 아카데미 설립에 관한 법률에 따르면 영국 교과부는 지역교육청의 동의 없이 실패한 공립학교를 자유롭게 인수할 수 있는 권한을 갖고 있다. 하지만, 실제 법집행에서는 이러한 권한을 사용하지 않았고 지역교육청의 동의를 전제로 운영했다. 교과부는 지역교육청을 회유하기 위해 추가적인 재정지원을 해주는 당근정책과 지역교육청의 일부 혹은 전부를 민영화하겠다는 채찍정책을 적절히 사용했다.

지역교육청이 아카데미 프로그램 참여에 동의하면 이번에는 설립자를 찾아야 한다. 아카데미 프로그램 도입 초기에는 교과부가 적극적으로 나서 개인 및 단체에 설립자가 될 것을 권유했다. 그 이유는 새로 도입된 제도의 위험과 의미를 민간에서 파악하기 어려웠기 때문이다. 아카데미의 숫자가 늘어나면서 교과부가 주도하는 개별적인 짝짓기는 더는 불가능해졌다. 교과부가 지역교육청에 아카데미 설립 과정에 대한 권한을 위임해주면서 지역교육청이 만든 위원회에서 이에 관여하게 되었다. 2007년 이후부터는 교과부가 아카데미를 운영하고자 하는 설립후보자 목록을 지역교육청에 제공해주면 지역교육청 산하의 위원회에서 이 목록에 수록된 후보자 중에서 설립자를 선정하는 방식으로 운영하고 있다.

이처럼 지역교육청이 아카데미 설립에 깊숙이 관여하도록 허용함에 따라 이해 상충(conflict of interest)의 문제가 발생하게 되었다. 즉, 지역교육청은 자신의 담당하에 있는 공립학교와 새로 신설되는 아카데미가 지나치게 경쟁하지 않도록 아카데미 프로그램을 운영할 유인이 존재하는 것이다. 아카데미 인·허가권을 가진 지역교육청이 이러한 생각을 하는 한 아카데미에서 혁신적이고 역동적인 새로운 교육공급자가 등장하길 기대하기는 무리다. 이것은 공립학교와 경쟁하도록 의도된 아카데미 프로그램의 취지와는 정면으로 배치되는 것이다.

아카데미 프로그램에서는 영리기업이 설립자가 될 수 없으며 오로지 자선단체만이 학교를 설립할 수 있다. 이 때문에 혁신적인 학교를 세워 공립학교와 경쟁토록 하겠다는 당초의 의도는 상당 부분 희석되었다. 비영리 설립자만으로는 아카데미 설립을 확대하는 것에 자본 등의 한계가 있으며 혁신적인 교육방법을 개발하는 데도 많은 시간이 소요된다. 더구나 아카데미 설립자에게 2백만 파운드의 설립수수료를 내도록 한 조치는 종교단체, 자유학교와 대학(이들에게는 설립수수료 면제), 교육에 관심 있는 독지가만으로 참여범위를 좁히는 결과를 초래했다.

아카데미를 설립하는 과정은 철저히 비밀리에 진행된다. 아카데미 설립자가 공표되기 전까지 일반인들은 어떤 학교가 설립되는지, 필요성이 있는 것인지 등에 대해 전혀 알 수 없다. 설립자가 선정된 경위 역시 안갯속이다. 몇 명이 경합을 벌였는지, 누가 경합에 참여했는지, 최종적으로 설립자로 선정된 이유는 무엇인지 등을 교과부, 지역교육청이 밝히지 않기 때문이다. 설립자의 자격기준으로서 자선가나 단체라는 점 이외에 명확하게 공표된 것은 없다. 또한, 설립자가 가진 특정한 종교적, 정치적 목적을 어느 선까지 추구해도 되는가에 대한 명확한 지침도 없다. 이에 따라 몇몇 아카데미에 대해서는 투명성 부족으로 말미암아 논란이 벌어지기도 했다.

아카데미가 다른 공립학교에 비해 많은 자유를 누리는 것이 사실이지만, 스웨덴의 자유학교, 미국의 차터스쿨 등에 비해서는 여전히 규제가 심하다. 우선 커리큘럼은 제도도입 초기에는 완전한 자유가 주어졌지만, 현재는 영어, 수학, 과학 등의 과목에서 국가커리큘럼을 따라야 한다. 아카데미 설립자들은 새로 채용한 교사에 대해서는 급여와 근로조건을 자유롭게 설정할 수 있지만, 기존교사에게는 이전의 급여와 근로조건으로 다른 학교로 전근시켜 줘야 한다. 학교건물 디자인 역시 제도 도입 초기에는 설립자에게 자유가 주어져 프로젝트 매니저와 건축가를 채용하여 개성 있는 건물을 지을 수 있었다. 하지만, 이제는 설립자가 직접 디자인하는 것이 불가능하고 일반학교들과 같은 기준으로 지을 수 있을 뿐이다.

아카데미에 대해 재정지원이 이루어지기 때문에 학생들로서는 비용 측면에서 공립학교에 다니는 것과 아무런 차이가 없다. 설립자로서도 충분한 재정지원이 이루어지기 때문에 아카데미 관리나 운영을 특별히 잘못하지 않는 이상 재정상의 이유 때문에 운영이 곤란한 상황은 발생하지 않는다. 아카데미는 학생선발을 성적에 따라 할 수 없고 2007년 이후부터는 일반학교와 동일한 기준에 따르기 때문에 학생유치를 위한 경쟁은 없다고 할 수 있다.

결론적으로 영국의 아카데미 프로그램은 교육선택권을 높이고 혁신적 교육방법의 개발을 위해 도입되었으나 당초의 설립취지와 다르게 정책의 일관성이 손상되었다. 정치적 이유 때문에 아카데미의 자율권이 위축되고 정부의 간섭이 증가함에 따라 일반 공립학교와의 차별성은 점차 약화되고 있다. 2010년 5월 영국 총선에서는 보수당이 승리했는데, 이들의 교육개혁안은 스웨덴식의 자유학교를 누구든

자유롭게 설립할 수 있도록 하고 정부가 학교에 재정지원을 하겠다
는 것이었다. 영국의 아카데미 프로그램에도 많은 변화가 있을 것으
로 예고된다.

3부
학교선택권,
학부모가 나서자!

8장

우리 학교에 '대안'은 있는가

누더기가 된 고등학교

평준화의 근본 틀은 그대로 둔 채 교육개혁에 대한 요구가 비등할 때마다 내놓은 학교정책 탓에 우리 고등학교 정책은 그야말로 누더기처럼 되어 있다. 고등학교는 입시전쟁으로 일컬어지는 대학입시의 최전선에 있으므로 학부모의 관심이 가장 뜨겁다. 그 탓에 정권이 바뀌면 마치 실험 대상처럼 고등학교가 교육개혁 정책의 주된 대상이 되곤 했다. 입시제도가 바뀌는 것은 기본이요, 고등학교의 유형마저도 그때그때 임시방편으로 다양하게 도입되었다. 평준화라는 근본은 건드리지 않은 채 언 발에 오줌 누기 식(凍足放尿)으로 학부모의 다양한 교육요구를 수용하다 보니 발생한 현상이다.

정부도 고등학교가 지나치게 복잡하다고 느꼈는지 2010년 1월에 고교유형을 일반고, 특성화고, 특목고, 자율고의 4개로 단순화하는

〈 고교체제 개편 관련 '초·중등교육법 시행령' 개정(안) 〉

현행		법적 근거	▶	정비 후		법적 근거
학교구분		법적 근거		학교구분		법적 근거
일반계고		없음		일반고		제79조의2 전문
계열 전문	전문계고	없음		'특성화고'로 일원화		제79조의2 제91조
	특성화고	제91조				
	마이스터고	제91조의2				
특목 고	특목고 중 농·공·수산· 해양·과학고, 외고, 국제고, 예고, 체고	제90조		특목고 4계열	과학고	제79조의2 제90조
					외고,국제고	
					예고,체고	
					마이스터고	
자율 계열	자율형 사립고	제105조의3		자율고	자율형 사립고	제79조의2 제105조의3 제105조 제6항
	자율형 공립고	없음			자율형 공립고	
	기숙형고	없음			기숙형고	

출처: 교육과학기술부(www.mest.go.kr) 법령정보(2010.1.28). 초중등교육법 시행령 입법예고.

조치를 발표했다. 전문계고, 마이스터고(산업수요 맞춤형고)를 제외한 전문계 특목고, 특성화고는 '특성화고'로 유형을 단일화하였다. 설립목적에 맞게 운영되는 과학고, 외고·국제고, 예술·체육고는 '특목고'로 존치하고 마이스터고를 새롭게 추가하였다. 자율형 공립고, 자율형 사립고, 기숙형 고교는 '자율고' 유형으로 새롭게 설정했다.

△ 전문계고=초·중등교육법 시행령 제80조(선발시기 구분)에서는 전문계고가 농업·공업·상업·임업, 정보·통신, 수산·해운, 가

사·실업 등의 전문교육을 주로 하는 고교로 규정돼 있다.

△ 특목고=같은 법 시행령 제90조(특수목적고)는 교육감이 특수 분야의 전문적인 교육을 목적으로 하는 고교를 둘 수 있게 하면서 계열을 지정했다. 공업계열과 수산계열, 해양계열, 과학계열, 외국어계열, 예술계열, 체육계열, 국제계열 등이 있으며 전국적으로 30개 외고(학생수 25,510명)와 20개 과학고(3,451), 4개 국제고(1,045명) 등이 설립됐다.

△ 특성화고=초·중등교육법 시행령 제91조(특성화고)에 따르면 교육감이 소질과 적성 및 능력이 유사한 학생을 대상으로 특정 분야 인재를 양성하거나 자연현장 실습 등 체험 위주의 교육을 전문적으로 실시하는 고교를 지정·고시할 수 있게 돼 있다. 대안학교는 특성화고에 해당된다.

△ 마이스터고=같은 법 시행령 제91조의 2(산업수요 맞춤형 고등학교)는 전문적인 직업교육 발전을 위해 산업계 수요에 직접 연계된 맞춤형 교육과정을 운영하는 고교를 선정할 수 있도록 했다. 정부에서는 '고교다양화 300'의 일환으로 50개의 마이스터고를 설립할 예정이다.

△ 자율형 사립고=역시 같은 법 시행령 105조의 3(자율학교 지정 등)은 요건을 충족하는 사립고를 지정해 학교 또는 교육과정을 자율적으로 운영하게 한다. 설립 요건은 국가나 지자체에서 교직원 인건비와 학교·교육과정 운영비를 지급받지 않고, 법인 전입금 기준 및 교육과정 운영기준을 지키는 것이다. 서울 중동고, 부산 해운대고 등 전국 43개 학교가 자율형 사립고이며, 정부에서는 '고교다

양화 300'의 일환으로 100개의 자율형 사립고를 설립할 방침이다.

△ 영재학교=영재교육진흥법 제6조(영재학교 지정 등)는 국가가 영재교육을 위해 고교과정 이하의 각급 학교 중 일부를 영재학교로 지정해 운영하거나 영재학교를 신설할 수 있도록 했다.

△ 자율학교=학교 형태가 아니라 운영상의 개념으로, 초·중등교육법 제61조(학교 및 교육과정 운영의 특례)에 따르면 학습부진아 등을 가르치거나 학생의 적성·능력을 고려한 열린 교육 또는 수준별 교육과정을 운영하는 학교, 창의력 계발 또는 인성함양 등을 목적으로 특별한 교육과정을 운영하는 학교, 특성화중, 특성화고 등이 이에 해당한다. 자율학교의 한 종류인 자립형 사립고는 전남 광양제철고, 강원 민족사관고, 전북 상산고, 경북 포항제철고, 서울 하나고, 울산 현대청운고 등 6곳이다. 현재 전북 상산고를 제외하고는 모두 자율형 사립고로 전환되었으며, 상산고 역시 전환을 신청한 상태다. 전인교육 실현과 고교 교육의 혁신을 지향한다는 목표로 도입된 개방형 자율학교는 서울의 구현고, 원묵고 등 전국적으로 10개교가 지정돼 시범 운영 중이다.

학교유형의 다양화, 어떤 효과가 있나

평준화 체제는 그대로 유지하면서 교육수요자들로부터 분출되는 교육의 수월성, 교육의 다양성에 대한 요구를 수용하기 위해 도입된 것이 특목고, 자율고, 특성화고이다. 이러한 정책들은 앞서 소개한 스웨덴의 자유학교, 미국의 차터스쿨, 마그넷스쿨 등의 장점을 평준화 체제 내에 도입하려는 시도로 평가된다. 다만, 이것이 우리와 같은 평준화 체제에서 어떻게 작동될 것인지 따져 볼 필요는 있다. 특목고, 자율고, 특성화고는 모두 학교선택권을 넓힌다는 긍정적 측면을 갖고 있지만, 수요자가 원하는 대로 충분히 학교공급이 이루어지지 못한다는 점에서는 불완전하다.

<고교유형별 특성비교>

	일반계고 (평준화)	특목고	자율고	특성화고
설립배경	평등한 교육기회	교육의 수월성	교육의 다양성	교육의 다양성
기본이념	형평성	수월성	다양성	다양성
학생선발	연합고사 후 추첨	자기주도전형,과학창의성전형	내신+추첨, 자기주도학습전형	면접
국가교육과정	일괄적용	전문과목 중심	자율성	자율성
재정지원	O	O	X	△
학교선택권	X	△	△	O
학생선발권	X	O	O	O
학교 수 (2009)	1,333	54	43	28
문제점	수월성 저해, 학교선택권 없음	입시위주 교육, 교육기회 불평등	입시위주 교육	

학교 수나 학생 수를 기준으로 볼 때 우리 교육의 90% 이상은 일반계 고에 의해 이루어지고 있으며, 일반계고는 다시 평준화 지역과

비평준화 지역으로 구분된다. 고등학교 졸업자 수를 기준으로 살펴
보면 2008년에 평준화 지역 고졸자는 30만 명, 비평준화 지역 고졸
자는 10만 명이다. 도시지역의 평준화 일반계 고등학교가 우리 교육
의 근간인 셈이므로 이를 중심으로 살펴본다. 이하에서는 '특성화
고'가 직업중심 전문계고를 제외한 인가형 대안학교를 의미하고 있
다는 점에 유의하면서 다양한 고교유형의 효과를 검토해보자.

평준화 체제하에서는 기본적으로 학교선택권이 보장되지 않는 것
이 원칙이지만, 2010학년도에 서울교육청에서는 일반계 고교를 대
상으로 학교선택제를 도입하였다. 이른바 '사교육특구'로 일컬어져
온 강남 3구와 양천구, 노원구 학교에 대한 학생과 학부모들의 높은
선호도는 예상했던 바지만, 같은 구에서도 경쟁률 격차가 크게 나타
났다. 학교의 경쟁력이 지역적 특성에만 기인하지 않으며, 동일 지역
내에서도 개별 학교가 어떤 노력을 하느냐에 따라서 학생들의 선호
가 달라질 수 있다는 점을 보여줬다.

그런데 서울교육청에서 도입한 학교선택제가 갖는 장점에도 한계
는 자명하다. 거주지역 내에서 조금 나은 학교를 선택할 수는 있겠지
만, 지역 간 격차문제는 여전히 존재할 가능성이 크다. 강북 거주 학
생이 과연 얼마나 강남의 학교를 지망하겠는가. 지망한다고 해서 얼
마나 수용할 수 있겠는가. 또, 강남에 거주하면서도 학교에 남은 자
리가 없어서 강북에 배정받는 학생은 어떻게 할 것인가. 강남의 학교
를 선택한 강북학생들이 학교에 다니면서 느낄 소외감, 교우관계의
어려움, 왕따 등의 문제도 이 정책이 근본적인 처방으로서 갖는 한계
를 보여주는 것이다.

학교선택권이 바람직한 것이기는 하지만 선택의 기준이 서울대 몇 명 보냈느냐와 같은 원초적 경쟁이라면 곤란하다. 현재 대다수 학교가 하고 있듯이 학생을 오래 학교에 붙잡아두고 철저하게 관리해 주는 학교도 필요하다. 하지만, 공부에 흥미가 없는 학생들에게 희망을 주는 학교, 혁신적인 교육방법을 적용해 학력을 신장해주는 학교도 있어야 한다. 학교 간 경쟁이 점수위주의 공부에 염증을 내는 학생까지 모두 학교에 붙잡아두는 전근대적인 방식이 아니라 교육방법의 혁신을 통해 교육의 생산성을 높이는 경쟁이 되도록 유도해야 한다는 뜻이다.

학교선택권은 개별학교의 교육에 대한 자율권과 결코 따로 떼어내 논의할 수 없는 개혁방안이다. 학교의 손발은 다 묶어놓고 경쟁하라고만 다그치면, 교육방식의 혁신을 위한 경쟁보다는 학생을 오래 학교에 붙들어 놓고 성적을 기준으로 스트레스를 주는 저급 경쟁으로 흐르기 십상이다. 혁신적 교육방법을 둘러싼 경쟁을 유도하려면 학교에 교육방법, 커리큘럼 등에 관한 포괄적인 자율권을 부여해야 한다. 학교와 교사가 창의력을 발휘하여 혁신적인 교육방법을 내놓고 이것이 학부모들의 선택에 의해 평가를 받는 방식으로 경쟁이 이루어져야 우리 교육의 업그레이드가 가능하다.

아울러 경쟁의 결과에 대한 보상도 중요하다. 서울시교육청에서 공언하는 대로 학생들로부터 외면당하는 학교에 대한 맞춤식 지원을 강화하겠다는 것은 경쟁의 원리에 맞지 않는다. 실패한 학교에 불이익을 주는 것이 아니라 더 많은 지원을 하겠다는 것은 지극히 평등주의적인 발상이다. 가능하다면 어떤 학교도 도태시키지 않고 끌고

가는 것이 바람직하지만 실제로는 가능하지 않다. 만약 그것이 가능하다면 미셸 리 교육감식의 교원 퇴출에 대해 미국사회가 왜 그렇게 열광하겠는가. 정책 당국이 정작 고민해야 할 것은 교육방법을 개선하여 학생과 학부모의 만족도를 높여 인기가 높은 학교에 대해 보상해줄 방안을 찾는 것이다. 이렇게 해야 학교와 교사들의 교육방법 혁신노력을 이끌어 낼 수 있다. 서울시교육청에서 말하는 맞춤식 지원이 무엇을 의미하는지 정확하지는 않지만 경쟁할 수 있는 자유를 주고 그 결과에 대해 책무성을 묻지 않는다면 결과로서 돌아오는 것은 도덕적해이(moral hazard)일 가능성이 크다.

2009년 국감자료를 보면, 최근 3년간 과학고와 외고 등 특수목적고가 일반고보다 정부의 지원을 14배 더 많이 받은 것으로 드러났다. 특목고 학생 1인당 지원받은 특별교부금과 교육경비보조금은 최근 3년간 모두 162만 8,000여 원으로 전국 평균 11만 4,000여 원보다 14.3배 많았다. 엘리트 소수를 대상으로 수월성 교육을 추구하는 특목고는 교사, 시설, 교육비 등의 모든 면에서 교육여건이 월등하기 때문에 선망의 대상이다.

하지만, 특목고는 상위 1% 학생만을 대상으로 한다. 대다수 학생을 위한 고등학교 교육의 대안으로 보기에는 한계가 있다. 더구나 특목고에 대해 예산상 특혜가 베풀어지는 것은 필연적으로 일반계고 교육여건의 악화로 귀결된다. 학부모의 절대적 지지를 받는다고 해서 전국의 모든 고등학교를 특목고로 만들어 운영할 수 없는 노릇이란 뜻이다. 어차피 소수 엘리트만을 위한 교육이라면 이 정책이 보편교육이 되어야 할 고등학교 교육의 미래가 될 수 없음은 자명하다.

자율고는 또 어떠한가. 자율고는 정부로부터 재정지원을 받지 않고 비싼 등록금을 받는 대신에 교과과정에 자율성을 부여받는다. 2009년 국감자료를 보면, 교과부의 재정지원을 받지 않고 재단과 학부모가 교육비를 부담하는 자율형 사립고는 학생 1인당 지원받은 특별교부금과 교육경비보조금이 최근 3년간 모두 7만 7,000여 원으로 전국 평균의 70% 정도를 지원받은 것으로 나타났다. 정부의 재정지원이 부족한 만큼 학부모의 부담이 증가하게 된다. 자율고는 중학교 내신 50% 정도면 도전할 수 있으니 엘리트교육은 분명 아니다.

그러나 문제는 자율고 설립이 학부모들이 원하는 만큼 충분히 이루어질 것이냐는 것이다. 정부재정이 끊어지고 재단전입금을 매년 넣어야 하는 상황에서 재력이 탄탄한 소수 교육독지가를 제외하고 누가 학교를 설립하겠는가. 자율고에 대해서도 여전히 잔존하는 교육규제의 문제는 논외로 하더라도 학부모가 원하는 만큼 학교설립이 어려울 것이라는 점에서 근본적으로 한계를 갖는 정책이라 할 수 있다.

자율고는 원활한 학교설립을 위한 조치들이 강구된다면 보편교육으로서 제도권 교육의 질을 높이고 다양화할 수 있는 정책으로 평가된다. 실제 자율고 학생들의 학교에 대한 만족도가 일반고보다 높은 것으로 나타나고 있다. 시설이나 교육 등 자율고의 학습 환경에 대해 학생들이 긍정적으로 평가하였다. 실제 서울지역 '자율형 사립고(자율고)' 종합평가 결과에 따르면, ▷학교 환경 ▷교과 외 활동 ▷고교만족도 ▷학력 수준 등 4가지 지표를 25개 문항으로 세분화해 재학생과 졸업생을 대상으로 만족도를 조사한 결과 평균이 3.15점으로 일반계고(3.09점) 보다 높았다. 자율고가 확대되고 다양한 교육방법을 적용한 학교들이 등장하게 되면 학생들은 자신의 학력수준에 적합하고 좋아하는 교육방법을 채택한 학교에 진학하여 교육만족도가 높아질 것으로 기대된다.

자율고의 확대를 위해서는 스웨덴의 자유학교, 미국의 차터스쿨과 같이 바우처 제도를 통해 간접적으로 정부재정 지원이 이루어지도록 할 필요가 있다. 재력이 탄탄한 교육독지가에 의해 우리 교육이 유의미한 변화를 겪으려면 아마 백년하청(百年河淸)일 것이다. 이것은 우리 국민처럼 성질이 급하고 다혈질인 사람들에게는 학교가 변하지 않겠다는 말로 들릴 뿐이다. 특성화고 중 대안학교에 대해서는 좀 더 심층적인 논의가 필요하므로 별도로 다루고자 한다.

특성화 대안학교

우리나라에서 근대적 학교교육이 시작된 지 100여 년이 지나는 사이 학교에 대한 인식도 크게 변해 왔다. 근대식 학교가 생길 당시만 하더라도 신식교육이라고 해서 당시 지배층으로부터 별로 환영받지 못하고 백안시되었지만, 서구문명이 본격적으로 유입되고 서양식 합리주의와 과학적 사고가 자리 잡으면서 주목받기 시작했다. 적어도 1980년대까지는 학교가 신분상승을 꿈꿀 기회의 장으로써, 어디서도 배울 수 없던 지식의 화수분으로써 독보적인 위치를 차지하였다. 이때까지만 해도 학교는 가고 싶은 곳, 배움의 터전으로 인식되었다. 그러나, 이 역시도 사회가 다원화되고, 민주화와 시장경제가 정착되고, 서구식 개인주의 가치관이 자리를 잡는 등의 사회변화가 급속히 이루어지면서 변하고 있다. 학교는 이제 낡은 권위주의의 공간, 몰개성과 획일적인 점수경쟁만이 펼쳐지는 시험대, 청춘의 열정을 갉아먹는 불모지로 비쳐지기 시작하고 있다. 사교육에 겁먹은 가난한 수재들이 좌절을 맛보고 주눅이 들어 일찌감치 계층상승을 포기하도록 만드는 순치의 공간으로 변질되고 있다. 많은 학생들에게 학교는 가고 싶지 않은 곳, 시간을 때우는 곳, 인맥을 쌓는 사교의 장으로 전락하고 있다.

1990년대 초반에 들어서면서 입시위주의 경쟁적 학교교육에 좌절한 어린 학생들의 자살이 잇따르고 학교에 부적응한 학생들이 많이 증가하였다. 한해 약 100여 명 이상의 학생들이 입시와 성적 등을 비관하여 자살을 택했고 수만 명의 학생이 가출과 중도탈락을 하는 등 제도권 학교교육에 대한 우려가 비등했다. 풍요의 시대에 태어나 이념적으로나 문화적으로 열려 있고 경제발전과 민주화의 세례를 제대로 받은 신세대 학생들에게 권위주의 시대의 낡은 학교교육은 받아들이기 어려웠다.

그들은 자살, 가출, 중도탈락 등으로 권위주의적인 학교에 저항했다. 교내에서도 폭력, 왕따 등의 문제가 심각성을 더해갔다. 학생들의 저항은 근대 학교교육의 한계를 극복하고 새로운 교육의 미래를 모색하기 위한 움직임으로 이어졌다. 1980년대 중반부터 맹아적 형태의 대안교육 운동이 나타나기 시작해 1997년에는 비로소 간디청소년학교와 같은 정식 대안학교가 설립되기에 이르렀다. 정부에서도

1997년 '대안학교 설립 및 운영지원계획'을 발표하여 시민사회에서 일고 있던 대안학교 운동에 힘을 실어주기도 했다.

서양에서는 이미 100년 전에 근대적 학교가 가진 문제점을 간파하고 다양한 교육혁신 시도를 해왔다. 1921년에 세워진 영국의 서머힐(Summerhill School), 1919년에 세워진 독일의 발도르프 학교 (Waldorf School)가 대표적인 사례다. 발도르프 학교는 전 세계적으로 퍼져나가 그 학교 수만도 700여 개에 이르며, 서머힐은 자유학교의 탄생에 지대한 영향을 미쳤다. 스웨덴의 자유학교, 미국의 차터스쿨 및 마그넷스쿨로 대표되는 학교선택권 개혁도 획일화된 근대 학교교육의 한계를 극복하기 위한 움직임이라고 할 수 있다.

대안교육은 제도권 학교교육에 대한 '보완' 또는 '대체'의 두 가지 의미를 갖는다. 사실, 대안이라는 사전적 의미로 보자면 '보완'보다는 '대체'가 더욱더 적확한 개념이라고 볼 수 있다. 하지만, 현실에서 대안학교는 제도권 학교교육에 대한 부적응 학생을 위한 '보완'의 성격이 강한 것으로 인식되고 있다. 물론, 간디학교, 이우학교와 같은 특성화 대안학교처럼 제도권 학교에 대한 '대안'을 모색하는 경우가 전혀 없는 것은 아니지만 말이다. 제도권 학교가 획일화된 형태를 취하는 것과 대조적으로 대안학교의 모습은 정형화된 형태가 없이 다양하며 크게 세 가지 유형으로 구분된다.

첫째, 제도권 학교와 유사한 형태를 보인 대안학교이다. 간디학교나 이우학교가 대표적인데 학생 수도 100명 이상으로 비교적 많고, 학교의 모습도 기존 학교와 별 차이가 없다. 경쟁과 입시위주보다는 상생과 협력을 교육이념으로 삼지만, 중산층 이상의 학생들이 대부분이고 대학진학을 목표로 삼기 때문에 기존학교와 경쟁 관계에 있다고 할 수 있다. 교육방법의 혁신이라는 관점에서 긍정적으로 평가할 수 있으며 제도권 학교의 혁신방향에 대한 시사점을 제공해준다.

이러한 유형에서는 특성화 학교가 대표적이라고 할 수 있는데 정부로부터 일정한 재정지원을 받는 대신에 정부에서 정한 교육방침의 틀에 맞춰 대안학교의 자율성을 일부 타협한 경우이다. 시설 및 기자재, 교육과정, 교사채용, 학교운영 등에 이르기까지 정부에서 정한 표준적인 규제에 따라야 하기 때문에 설립이 쉽지 않은 단점이 있다. 스웨덴의 자유학교가 정부로부터 재정지원을 받음에도 교육방법, 학교운영 등에서 상당히 포괄적인 자율권을 인정받는 것과 대조적이다.

둘째, 기존의 학교에 적응하지 못한 학생들을 위한 공간이다. 지식교육 중심의 제도권 학교와는 완전히 다른 개념으로서 학력인정을 받지 못한다. 입시위주, 치열한 경쟁중심의 기존 학교의 획일적 교육에 적응하지 못했지만, 창의적이고 성취동기가 강한 아이들이 스스로 자신의 진로를 발견하고 성취해 나갈 수 있도록 돕는 학교이다. 학생 개개인의 개성이 강하기 때문에 대규모 제도권 학교와 다른 개별화된 맞춤교육 방식을 선호하고 소규모 학교라는 특성이 있다. 학교의 규모, 학생 수가 대단히 소규모이며 스튜디오, 사랑방, 책방 등의 네트워크형 만남의 모습을 하는 학교들이 존재하는 등 실험적 형태의 학습이 활발하게 이루어지고 있다.

셋째, 제도권 학교와 형태면에서 전혀 다른 학습공간들이다. 외환위기 이후 고용불안과 가정해체로 오갈 데 없는 학생들이 증가하고 있으나 제도권 학교에서는 이들을 수용할 방법이 없다. 가정집을 이용하여 운영하는 '그룹 홈' 형태의 작은 복합공간에서 먹고 자고 배우는 형태가 등장하였다. 이들이 배우는 지식은 제도권 교육과는 전혀 다르게 대학진학을 위한 것이 아니라 세상 속에서 자립하여 살아가려는 것이다. 지식을 배우고 익히는 학교로써의 기능보다는 가정처럼 따뜻한 보살핌을 제공해주는 사회 복지적 기능이 더 강하다고 할 수 있다.

대안학교에 대한 관심이 높아지고 학교들도 많이 생겨나고 있지만, 우리나라의 대안학교 재학생 수는 2006년 말 현재 5,000명으로 전체 학생의 0.2%에 불과한 실정이다. 이것은 스웨덴의 자유학교 개혁이 1992년에 시작되어 현재 약 10%의 학생들을 아우르는 점과 비교할 때 매우 저조한 것이라고 할 수 있다. 비록 스웨덴보다 약 5년 정도 뒤늦게 제도권 교육의 하나로 대안학교를 받아들였다는 점을 고려하더라도 말이다. 이는 우리 교육 당국이 대안학교를 진정한 기존 제도권 학교교육의 '대안'으로 수용하지 못하고 '보완'적 성격으로 규정한 정책적 한계의 소산이라 할 수 있다.

이들 세 가지 유형의 대안학교는 나름대로 제도권 학교에서 끌어안지 못한 아이들에게 학습기회를 제공한다는 점에서 긍정적으로 평가된다. 하지만, 막상 현행 제도권 교육의 진정한 대안이 무엇이냐는 물음에는 답하기 어려운 것이 현실이다. 교육의 다양성이라는 점에서는 대안학교들의 새로운 시도가 모두 소중하지만, 350만 명의 초등학생, 200만 명의 중학생, 200만 명의 고등학생을 모두 아우르는 교육의 틀로써 기존 학교를 완전히 해체하는 형태는 바람직하지도 가능하지도 않다고 생각된다. 이러한 점에서는 특성화 대안학교와 같은 형태가 현재 제도권 학교교육을 대체하거나 개혁하기 위한 중요한 모델로 평가된다. 따라서 이하에서는 특성화 학교를 중심으로 대안학교의 운영성과와 한계를 집중적으로 살펴본다.

특성화학교 정책은 1995년의 5.31 교육개혁 방안에 그 뿌리를 두고 있다. 5.31 교육개혁안에는 학생들의 다양한 개성을 존중하기 위해 고교설립 준칙주의를 도입해 다양한 유형의 학교설립을 가능케 한다는 계획이 포함되어 있었다. '특성화 학교' 정책은 당초 중도탈락 학생들을 위한 대책을 고민하던 교과부가 민간에서 설립기미를 보이던 대안학교를 지원하자는 쪽으로 결론이 나면서 시작되었다. 상고, 공고 등과 같은 기존 직업교육 고등학교와 차별화된 만화학교, 디자인학교, 요리학교 등과 같은 직업중심 특성화학교를 기획하던 교과부가 대안학교 등을 묶어 특성화학교 정책으로 가닥을 잡았다. 정책의 뿌리와 추구하는 가치가 다른 이질적인 요소들이 하나의 정책으로 결실을 보게 된 것이다. 여기부터는 특성화 학교 중 직업중심 학교를 제외하고 대안학교로 인가된 것만을 논의하려고 하므로 '특성화 대안학교'라는 용어를 사용한다.

'대안학교'를 제도권 학교교육에 대한 부적응 학생을 위한 비상구 정도로만 인식하고 있었던 교과부는 '공교육 강화'를 통해 부적응학생 문제를 해결하려는 태도를 보였다. 이러한 교과부의 태도는 특성화 대안학교를 단지 중도 탈락생을 위한 학교 정도로 의미부여 했던 설립취지에 그대로 드러나 있다. 그러나 공교육의 강화는 기존 제도권 학교시스템의 유지, 강화를 의미하는 것이기 때문에 제도권 학교교육이 안고 있던 획일성과 몰개성, 점수위주의 경쟁, 권위주의, 관료주의 한계를 극복하기는 역부족이었다. 출발 당시와 다르게 이제 우리 교육에서 특성화 대안학교는 중도탈락생을 위한 비상구 정도로만 인식되는 것이 아니라 새로운 교육방법의 실험장으로서 낡고 쇠약한 공교육에 새로운 혁신의 바람을 불러일으킬 변화의 진원지로서 새롭게 조망 받기 시작하고 있다.

특성화 대안학교는 일반 학교와 차별화된 교육을 제공하기 위해 도입되었다는 점에 가장 큰 특징이 있다. 교육의 다양성을 보장하기 위하여 제7차 교육과정을 기준으로 융통성 있는 교육과정 편성 운영이 가능하며, 특성화 중학교는 교육과정의 30% 정도, 특성화 고등학교는 교육과정의 70% 정도의 자율성을 갖는다. 이러한 자율성을 대안학교의 입장에서 역으로 보면 일반학교보다 자율성이 높다기보다는 대안학교가 원래 가졌던 100%의 자율성 중 일부분을 재정지원, 학력인정 등과 맞바꾼 꼴이 된다.

특성화 학교는 일반 사립학교와 마찬가지로 인건비, 표준교육운영비(학생 1인당 교육비)를 지원받고 시설비 등의 특별예산이 배정된다. 그러나 정부재정 지원이 충분치 않기 때문에 학생이 부담해야 하는 비용 또한 적지 않고 지방자치단체의 재정 현황에 따라 예산 배분이 다르게 적용되어 학습자 부담비용이 증가하는 추세에 있다.

특성화 학교는 대부분 소도시나 농촌지역에 소재한 지역적 특성이 있다. 여기에는 자연친화적 학습, 체험중심의 학습 등을 추구하는 교육방법론 상의 특성과 더불어 도시지역에서는 교육법에서 규정하는 운동장, 학교시설요건을 맞추는 데 드는 천문학적인 비용을 감당하기 어렵기 때문이기도 하다. 이 결과 특성화 대안학교 중 이우고등학교와 대명고등학교를 제외한 89.3%가 기숙형 학교인데, 그 이유는 이들 학교가 대부분 지방에 위치한 관계로 집에서 통학할 수 없기 때문이다.

설립 및 운영주체를 보면 2006년 말 현재 28개의 특성화 대안학교 중 종교단체가 운영하는 곳이 20개교로 전체의 약 3/4을 차지하고 민간이 운영하는 것은 7개교에 불과하다. 이것은 특성화 대안학교가 새로운 교육에 대한 열정만으로는 운영될 수 없으며, 종교재단과 같이 거대자본을 동원할 능력이 되는 극소수에만 열린 문이라는 점을 웅변해 준다.

특성화 대안학교 졸업생의 진로도 흥미롭다. 2006년 말 특성화 대안 고등학교 졸업생의 총 수는 636명인데 이중 대학 진학자는 90%(574명), 취업자 2%(14명), 기타 8%(48명) 정도로 나타난다. 이것은 같은 해 일반계 고등학교 졸업생의 대학진학률 87.5%에 비해 높은 수치로 대안학교의 교육성과가 일반교육에 비해 높을 가능성을 시사한다. 암기식, 문제풀이 위주의 반복학습과 경쟁을 조장하는 일반학교에 비해 대안학교는 체험학습, 자연학습, 창의적이고 다양한 참여활동 등을 통해 협력과 나눔, 인성에 치중하면서도 결코 성과가 뒤지지 않았다. 이것은 제도권 학교교육이 나아갈 방향을 제시하는 것으로 볼 수 있으며, 대안학교의 커리큘럼, 교육방법 등을 정리하고 심층적인 연구를 통해 효과를 분석함으로써 효과가 입증된다면 일반 학교에 확대보급 할 방안을 모색할 필요가 있다.

특성화 대안학교가 도시에 설립되기 어려운 이유는 교육법에서 규정하는 학교부지와 학교설립 요건 때문이다. 수도권에서 이를 모두 충족하려면 최소한 100~200억 원, 농어촌 지역이라고 하더라도 50억 원 이상 소요되기 때문에 웬만한 재력가가 아니고서는 엄두를 내기 어렵다. 어렵게 학교를 설립했다고 하더라도 학교운영비를 지원받는 또 다른 관문이 남아 있다. 일부 시도교육청은 특성화 학교에 대한 재정지원을 회피하여 학교운영이 어렵고 결과적으로 학생 개인당 부담이 늘어나 저절로 귀족 학교화 한다는 비판에 직면하고 있다.

특성화 대안학교가 제도권 교육의 진정한 '대안'이 되도록 하려면 도시형 대안학교가 활발하게 생겨날 수 있도록 학교설립 요건을 대폭적으로 완화해야 한다. 대안학교가 더 이상 학교 부적응 학생들만을 위한 것이 아니라는 사실과 우리 교육의 미래를 모색하는 중요한 실험의 장이라는 인식이 있다면 이것은 그리 어려운 일이 아니다. 스웨덴의 자유학교, 미국의 차터스쿨 등과 같은 사례도 있지 않은가.

대안학교가 정부의 재정지원을 받으면서 기본적으로 국가교육과정을 따라야 한다는 점, 학교운영의 융통성을 크게 제약하고 교육청의 일상적 행정규제를 받아야 하는 점은 혁신적인 교육방법을 개발하는 데 장애가 된다. 국가교육과정을 준수하려면 통합교과적인 수업이 어렵고 과목별 분절화로 귀결되기 때문에 이는 과목별 교사의 고른 확보라는 부담을 가져와 대안학교를 더욱 어렵게 만든다. 단 하나의 예외도 인정하지 않고 대안학교를 일반학교와 같은 기준으로 다루려는 교과부, 교육청의 자세부터 달라져야 한다.

9장

학교선택권 교육개혁의 쟁점들

쟁점 1 : 학부모의 교육수요는 과연 다양한가

학부모들이 아이를 키우면서 가장 큰 충격을 받는 날은 아마 중학교 1학년 중간고사 성적표가 나오는 날이 아닌가 싶다.

"아니 똑똑한 우리 아이 성적이 이것밖에 안 된다고? 그간 사교육에 쏟아 부은 노력과 시간이 얼만데……. 큰일 났다. 빨리 학원이나 알아봐야겠다……."

공부 잘하는 자녀를 둔 소수를 빼고는 자녀의 성적표를 받아 들고서 대충 이런 반응을 보이지 않을까 싶다. 중학교에 가서야 전교석차, 학급석차가 적힌 성적표를 처음 받으면서 생기는 현상이다. 우스갯소리지만 아이가 태어나면 서울우유를 먹인다고 한다. 서울대에

갔으면 하는 부모의 소망 때문이다. 이제 아이가 자라서 초등학교에 다닐 때쯤이면 연세우유로 바꾼다. 아무리 부모라지만 자녀가 공부하는 것을 보면 서울대는 무리라는 생각이 들고 'SKY대학' 만 가면 좋겠다는 생각에서다. 중학교에 가면 건국 우유로 바꾼다. 서울소재 대학에만 가면 좋겠다는 것이다. 고등학교에 가서 수능시험을 보고 나면 저지방 우유로 바꾼다. 자녀의 성적이 너무 낮아서 서울 근처의 대학은 불가능하고 저 멀리 지방대학에 진학해야 하기 때문이다.

대부분의 초중등 학부모들은 자기 자식에게 큰 욕심은 없고 다만 기본만 해줬으면 좋겠다고 말한다. 그런데 실상 그 기본이란 것이 사양이 너무 높다는데 문제가 있다. 주변에서 만나는 욕심 없는 부모들이 원하는 '기본' 은 대개 '인서울' 정도의 대학에 진학하는 것이다. 더도 욕심이 없다고 말한다. 그런데 요즘은 인서울 하려면 적어도 전국석차 상위 10% 정도는 해야 한다고 하니 기본이 아니라 공부를 아주 잘해야 하는 셈이다. 아이 역시 서울대는 아니더라도 최소한 '인서울' 정도의 대학을 원하는 것은 마찬가지다.

학벌로 모든 것을 재단하는 한국사회에서 학생과 학부모의 소망은 단연 명문대학에 진학하는 것이다. 교육전문가들이 전인교육, 인성교육을 이야기하지만, 학생과 학부모의 귀에는 들어오지 않는다. 대한민국 부모님의 높은 '교육열' 이라고 하는 것이 실상은 명문대학에 진학하길 희망하는 '학벌열' 이라고 하는 편이 훨씬 솔직하다. 사회가 학벌을 중시하고 내세울 학벌이 없는 설움을 누구보다 잘 알기 때문에 자식에게만은 그 서러움을 대물림하기 싫은 것이 오늘날 대한민국 부모의 심정이다. 이것은 부정하고 외면하고 싶은 우리 시대의 어두운 단면이지만 학벌의 굴레에서 자유로운 부모는 많지 않은 것이 또한 현실이다.

'학원 열심히 다니고 아이가 노력하면 성적이 오르겠지' 하는 희망의 끈을 놓지 않고 발버둥을 치는 것도 그나마 중학교 때까지다. 학원도 보내고 사교육도 시키고 아이를 닦달해보지만, 부모의 기대와 달리 성적이라는 것이 그렇게 쉽게 오르지 않는다. 다른 아이들도 열심히 공부하는 판에 속도를 올려 추월하기란 웬만해서 쉽지 않다. 그래서인지 중학교 1학년 중간고사 성적을 보면 어느 대학에 갈지 대충 견적이 나온다는 이야기도 있다.

이제 세월이 흘러 고등학교에 진학하고 나면 학부모도 학생도 어느 정도 포기단계에 접어든다. 어렵지만, 부모도 자식도 한계를 받아들이고 현실을 직시하기 시작한다. 아이도 머리가 굵어지면서 공부 못하면 삼류인생으로 전락한다는 부모의 협박을 더는 진지하게 받아들이지 않는다. 사춘기가 되면서 반발심도 커지고 공부하라고 다그치는 부모와는 거의 원수지간이 되다시피 한다. 부모도 이쯤 되면 자식이 사고나 치지 말고 학교나 무사히 졸업했으면 하는 바람으로 바뀐다. 대략 상위 10%의 학생을 제외한 나머지 90% 이상의 학생은 '혹시나'로 시작했다가 '역시나'로 끝나는 것이 지금 우리의 고등학교다.

현재 시행되고 있는 고교선택제, 특목고, 자율고, 특성화고 등은 모두 좋은 대학에 자녀를 보내고 싶은 부모님의 욕구를 반영한 제도들이다. 중학교까지만 해도 학부모 대부분이 자녀에 대해 높은 기대치를 갖고 있기 때문에 좋은 고등학교에 대한 학부모들의 관심은 뜨

겁다. 평준화에 목을 매는 교육계도 이러한 요구를 외면만 할 수 없
는 것이 현실이다. 그런데 문제는 좋은 학교의 기준이 무엇이냐는 것
이다. 학부모가 생각하는 좋은 고등학교는 단적으로 '서울대 몇 명
보냈는가' 가 기준이 된다. 명문대학에 많이 진학시키면 좋은 학교라
고 보는 것이다. 어떻게 해서 보냈느냐는 따져보지도 않는다.

　이쯤 되면 '학부모의 교육수요가 다양하다' 라는 주장은 힘을 잃
게 된다. '명문대학 많이 보내는 것이 좋은 고등학교라는데 어떻게
학부모의 교육수요가 다양할 수 있느냐' 는 반박에 할 말을 잃게 된
다. 그러나 다시 한 번 생각해보자. 가령 A라는 고등학교가 서울대
에 10명 보냈고, B라는 고등학교는 1명만 보냈다고 치자. 그럼 서울
대 10명 보낸 A라는 학교가 정말 더 좋은 고등학교일까? 물론 서울
대 10명 안에 자녀가 포함된 학부모는 '그렇다' 고 말할 것이다. 그
럼, 나머지 대다수 학부모는? 단지 들러리일 뿐이다. 서울대 10명을
보내기 위해 들러리를 선 것밖에 다른 무슨 의미가 있는가? 서울대
로 진학하지 못한 학생의 입장에서 보면, A학교 B학교 가릴 것 없이
서울대 몇 명 보냈는가는 아무 의미 없는 숫자에 불과하다.

　그렇다면, 정말 좋은 고등학교는 무엇일까. 혹시 '인서울' 대학을
꿈도 꿀 수 없었던 중학생에게는 '인서울' 대학으로 진학할 수 있도
록 가르쳐 주는 학교가 진정 좋은 학교는 아닐까? 중학교 때 성적이
하위권을 맴도는 아이가 외고, 과학고에 진학했다고 해서 다른 아이
들처럼 공부 잘하는 아이로 저절로 바뀔까? 외고, 과학고가 서울대
에 많이 보내는 이유는 잘 가르쳐서라기보다 원래 똑똑하고 성취욕
이 높고 공부 열심히 하는 학생을 선발한 때문은 아닐까? 외고, 과

학고의 심화학습이 오히려 중하위권 학생의 실력을 증진시키는데 저해요소로 작용하지는 않을까? 상식적이고 합리적인 부모라면 누구나 할 수 있는 의심이고 생각들이다. 지금 불고 있는 특목고에 대한 열풍은 그래도 공부를 어느 정도 하는 중학생 부모들이 일으키는 치맛바람일 뿐이다.

문제는 외고, 과학고, 자사고에 진학하지 못한 90%의 학생들이 배정받게 되는 평준화 일반계 고교에 있다. 공부 못하는 아이들이 다니는 학교라는 낙인, 학생 스스로 느끼는 좌절감과 의욕상실, 이런 학생들을 다독이며 이끌어주지 못하는 학교와 교사 등이 상승효과를 일으켜 만드는 패배주의다. 일반계 고등학교에 왔지만 정말 열심히 공부하고 싶은 학생들까지 공부에 전념하지 못하게 만드는 학교 분위기 말이다. 외고를 지망하는 학부모들은 내신에서 손해 보는 것은 잘 알지만, 일반고에서는 공부할 분위기가 못되기 때문에 특목고에 갈 수밖에 없다고 말한다. 만약 이것이 사실이라면 일반고가 왜 기피 대상이 되고 있느냐를 살펴보아야 한다.

제도권 학교들은 너나 할 것 없이 모두 성적순으로 학생을 줄 세워 놓고 앞줄의 학생들에게는 당근을 주고, 뒷줄의 학생들에게는 채찍을 드는 경쟁주의적 교육방법을 적용한다. 이러한 방식은 전통적 교육에서 그 효과가 입증된 것이기는 하지만, 오늘날의 학교에서는 통용되기 어렵게 되고 있다. 우선 학생들이 과거처럼 순종적이지 않다. 인터넷과 컴퓨터를 통해, TV 등의 대중매체를 보면서 사회 물정에 너무도 밝다.

더구나 지금은 성적이라는 획일적 가치관이 통용되기 어려운 다원주의 시대다. 학창시절에 공부를 못했지만 출세한 연예인, 사업가, 작가 등에 대해 학생들은 너무도 잘 알고 있다. '학교에서 1등이 사회에서 1등은 아니다.' 라는 말은 이제 진부할 정도다. 더욱이 게임, 인터넷, 휴대전화, 영화, 음악 등 공부보다 재미있는 것들이 무궁무진 널려 있고 유혹도 많다. 또, 외우고 반복만 하는 재미없는 공부에 집중해 봐야 소용없다는 것을 일찍부터 깨닫는다. 심지어 초등학교 6학년만 되도 '나는 공부에 취미 없어' 하고 포기하는 아이들도 생겨난다.

공부에 대한 열정이 있고 성취욕이 강한 상위 10%의 아이들은 어떻게 가르치던지 잘 따라온다. 문제는 나머지 90%의 학생들이 힘들어하고 잘 따라오지 못하는 전통적 교육방식에 집착하여 부적응하는 학생들만 야단치는 평준화 고등학교와 교사의 구태의연함이다. 정해진 국가교육과정만을 무슨 바이블이라도 되는 듯 고수해야만 하는 현재의 획일화된 평준화 시스템하에서는 이런 학생들을 끌어안기가 원천적으로 불가능하다. 상위 10%를 제외한 90%의 나머지 학생과 학부모들이 진정 원하는 좋은 학교란 자녀가 공부 못한다고 상처받지 않고 포기하지 않도록 용기를 주는 학교가 아닐까.

천차만별인 학생들의 학력수준, 학습태도, 학습 취향에 맞춰 아는 것부터 차근차근 가르쳐서 그 학생의 잠재력을 100% 발휘하도록 해주는 학교가 좋은 학교다. 평범한 아이를 서울대를 바라보는 수재와 비교하여 열등감을 느끼게 하여서는 안 된다. 남들과 비교하기보다 아이 스스로 가진 잠재력에 비추어 이를 최대치로 끌어내어 발휘하도록 이끌어내야 진정 좋은 학교다. 학교가 이렇게 바뀌려면 아이들의 수준에 맞도록 단계별 학습, 개인별 학습이 가능하도록 교육방법을 획기적으로 바꿔야 한다.

현재 시행하는 우열반 정도의 수준별 학습으로는 부족하고 학생의 진도나 단계에 맞춰 개별학습이 가능할 정도로 교육방식을 전면적으로 혁신해야 한다. 모든 학교가 이렇게 새롭고 특성화된 프로그램을 개발하고 그 프로그램이 자신의 자녀에게 적합하다고 생각하는 학부모들이 학교에 모여들도록 해야 학교도 변화하고 학생과 학부모의 만족도도 높아질 수 있다. 학부모가 원하는 좋은 대학에 진학하는 소망은 충족시키지 못하더라도 자녀의 능력으로 갈 수 있는 제일 좋은 대학에 진학시킨다면 만족하지 않을까.

아마 좋은 학교를 '서울대 진학 학생 수'를 근거로 판단하는 학부모들도 사실은 고등학교가 다 똑같다는 생각 때문일 가능성이 크다. 고등학교마다 교육방법이라는 수단이 모두 똑같은 조건에서는 '서울대 진학 학생 수'라는 결과만 따질 수밖에 다른 도리가 없다. 만약 고등학교들이 학교마다 자신들만의 고유한 교육프로그램을 학부모들에게 알리고, 학부모들은 자신의 아이 눈높이에 맞는 프로그램을 제공하는 학교에 갈 수 있도록 한다면 '서울대 입학숫자'라는 무의미한 기준을 가지고 좋은 학교를 판단할 학부모는 아마 없을 것이다.

결국 '교육수요가 정말 다양한가'라는 질문은 '닭이 먼저냐, 달걀이 먼저냐'의 문제로 귀결된다. 즉, 고등학교가 획일적이기 때문에 교육수요가 획일적으로 보일 뿐이지, 고등학교가 다양하다면 교육수요도 다양하게 표출될 것이라는 얘기다. 이것이 교육수요의 다양성을 주장하는 측의 논지이다. 반면 교육수요가 획일적이라고 주장하는 입장에서는 현재 관찰되는 교육수요는 결국 ‘서울대 진학자 숫자’로 모두 같은 것이 아니냐는 반론이다.

우리 평준화 고등학교들은 교육방법론에 있어 사실상 학교 간 차이가 별로 없다. 국가가 정한 국가교육과정을 같이 적용하고, 똑같은 검인정 교과서를 사용하며, 교원의 보수 및 평가체계가 획일적이다. 평준화 일반계 고등학교 간 차이란 것은 결국 학생을 얼마나 공부에 몰입할 수 있도록 학교에 오래 붙잡아 놓고 관리를 철저히 하느냐의 문제로 귀착된다. 한마디로 공부할 수 있는 분위기를 잡아주고 독려하는 학교가 좋은 학교이다. 여기에서는 교육과정의 혁신이나 새로운 교육프로그램의 도입과 같은 시도들은 이루어질 수 없다. 오로지 얼마나 타이트하게 학생들을 성적 경쟁에 내모느냐, 얼마나 학생들을 오래 공부하게 하느냐의 경쟁만이 있을 뿐이다.

결론적으로 학부모들의 소망인 ‘자녀가 명문학교에 진학했으면’ 하는 것에는 큰 차이가 없다고 하더라도 그것을 달성하기 위한 방법론에는 차이가 존재할 수 있다. 학생의 학력수준, 공부방법, 학습태도 등에 차이가 있고, 진로설계, 관심분야 등에 있어서도 다양성이 존재한다. 다만, 국가가 교육에 대한 모든 권한을 쥐고 학교와 교사에게 자율권을 인정하지 않기 때문에 학교가 획일화되어 있고 그래서 학부모가 자신의 진정한 교육수요를 표출할 방법이 없는 것뿐이다.

쟁점 2: 학교 부적응아 문제, 이대로 방치할 것인가

　숨 막히는 제도권 학교에 최초로 반기를 든 것은 1994년 서태지와 아이들 정규 3집 앨범 수록곡 <교실이데아>다.

　　됐어 이제 됐어 이제 그런 가르침은 됐어
　　그걸로 족해 이젠 족해
　　매일 아침 7시 30분까지
　　우릴 조그만 교실로 몰아넣고
　　모두 똑같은 것만 집어넣고 있어

　　막힌 꽉 막힌 사방이 막힌 널
　　그리곤 덥석 모두를 먹어 삼킨
　　이젠 지겨운 교실에서
　　내 젊음을 보내기는 너무 아까워…

　서태지는 절규했고 학생들은 열광했다. 주당 평균 학교 수업시간(보충·심화수업 포함) 37.1시간으로 세계 1위. 학원 수강 등 과외 수업시간은 주당 9.3시간으로 경제협력개발기구 평균의 3배. 하루에 4~6시간밖에 못 자는 고교 3학년 학생 비율 30.3%. 전국교직원노동조합이 경제협력개발기구의 ‘2003 학업성취도 국제비교연구’ (2003 PISA) 자료와 자체 조사를 토대로 발표한 우리나라 고교생들의 ‘입시 노동’ 실태다. 오죽하면 유엔아동권리위원회가 한국의 과도하게 경쟁적인 교육시스템이 아동이 가진 잠재력을 최대한으로 발전시키는 데 저해요소가 될 것이라는 경고를 반복하겠는가. 그런데 당시와 비교해 지금 무엇이 달라졌는가. 전교조가 세를 불리고 정권도 3번이나 바뀌었지만 그때나 지금이나 학교는 변함없이 똑같은 모습 그대로다.

1989년 '행복은 성적순이 아니잖아요!' 라는 영화가 사회적 이목을 끌었다. 성적에 대한 부모의 압박 때문에 자살한 여고생을 다룬 영화였는데, 당시 시대상을 반영하여 화제가 됐다. 당시 성적에 비관하여, 왕따 때문에, 가정불화 때문에 자살한 중고생이 연간 100여 명으로 급증했다. 아이들은 X세대다, Y세대다 해서 기성세대와 사고방식, 행동양식이 다른 신인류라고까지 불렸지만, 학교는 여전히 과거와 똑같았고 권위주의로 학생들을 억누르고 획일적 점수경쟁으로 아이들을 몰아갔다.

여기에 반발한 학생들의 심정을 대변한 것이 서태지였고, 그 반응은 가히 폭발적이었다. 자살한 중고생을 언론에서 비중 있게 다루고 사회적으로 중요한 이슈로 드러남에 따라 교육 당국이 나서고 교육 전문가가 목소리를 높였다. 그 후 20여 년이 지났지만, 여전히 한해 100명 이상의 청소년들은 여전히 자살을 택한다. 다만, 달라진 점이 있다면 이제는 청소년 자살이 사회면 뉴스거리조차 되지 못할 만큼 관심은 멀어졌고 정부에서도 이에 대해 아무런 대책조차 내놓지 않고 외면한다는 사실이다.

청소년 자살이라는 극단적 병리현상의 심각성은 새삼 강조할 필요가 없지만 관심에서 멀어진 또 하나의 이슈는 중도탈락생 문제다.

이 역시도 1990년대 사회적 관심을 끌고 특성화 대안학교 정책을 이끌어내는 계기가 되었지만, 당시보다 더욱 심각해진 것이 현실이다. 초등학교, 중학교, 고등학교를 합쳐 매년 전체 학생정원의 1%를 넘는 8만여 명이 중도탈락하고 있지만, 이들에 대해 실질적으로 아무런 정부 차원의 대책이 없다. 대안학교가 이들을 교육하는 유일한 기관이지만 재정지원은 물론 학력인정도 되지 않고 교육보다는 복지 차원에서 접근한다고 보는 편이 정확한 실정이다. 물론 정부의 인가를 받은 소수 대안학교는 사정이 다르기는 하지만 말이다.

2009년 중도 탈락생은 8.1만 명으로 전체 재학생의 1%를 웃도는 숫자다. 초등학교 1.5만 명, 중학교 1.7만 명, 고등학교 4.9만 명 등이며, 특히 전문계고 중도 탈락생은 3.2만 명으로 재학생 대비 4.3%에 달할 정도로 높다. 모두 그런 것은 아니지만, 성적순으로 줄을 세웠을 때 맨 후미에 있는 학생들이 전문계고이기 때문에 나타나는 현상이다. 전문계고를 일반계 고에 갈 성적이 못 되는 학생들을 임시로 수용하는 곳 정도로 방치해 놓아서는 중도 탈락생 문제를 근본적으로 해결할 수 없다.

전문계고의 설립목적은 졸업 후 곧바로 취업할 수 있도록 직업교육을 하는 것에 있다. 하지만, 전문계고 졸업생 중 70% 이상이 학업을 계속하기 위해 전문대, 혹은 4년제 대학에 진학하고 있다. 그렇다면, 전문계고에서 직업교육은 도대체 왜 하는 것인가. 어차피 상급학교에 진학하는 학생들이 대다수인데 일반교육을 하는 편이 더 낫지 않은가. 학생들이 무엇을 원하든지 간에 국가교육과정에 정해진 대로 로봇처럼 움직이는 한국의 학교교육이 빚은 비극이 아닐 수 없다.

학교에서는 직업교육을 하고 학생들은 대학에 진학하는 현실, 이것이 바로 오늘 한국의 학교교육이 직면하는 문제의 본질이다.

이러한 중도탈락자 문제에 대하여 우리 교육 당국은 제도권 학교에 다니든지 말든지 그것은 자신이 알아서 할 일이라는 태도다. 한마디로 학교에 안 다니면 네 손해니 맘대로 하라는 배짱식 대응이다. 중도탈락자가 찾는 대안학교에 대해서는 기본적으로 학력을 인정해주지 않고, 또 학력을 인정받는 유일한 방법인 검정고시도 제도권 학교에서 가르치는 내용만을 기준으로 출제한다. 혐오감을 느껴 대안학교에 온 학생들은 여기서도 마땅한 '대안'을 못 찾고 사회에 진출하기도 전에 낙오자 대열을 예약하는 셈이다. 한번 제도권 학교에서 멀어지면 다시 정상으로 복귀할 기회는 영영 주지 않는다.

연간 8만 명의 청소년들이 미래의 희망을 포기하고 자활능력을 갖추지 못한다면, 이들은 우리 사회에 범죄, 사회복지 비용의 증가라는 부메랑으로 돌아올 것이 불을 보듯 뻔하다. 그런데 교육 당국에서는 만약 대안학교에 학력을 인정해주는 등 이들에게 숨통을 조금이라도 틔워주면 기존의 교육제도가 붕괴할 것을 우려하여 철저히 외면하고 있다. 교육 당국이 이런 태도를 보이면 범죄를 책임지는 행정안전부, 복지를 담당하는 보건복지부 등에서 이 문제를 제기할 법도 하지만 먼 미래의 일이라 그런지 도무지 관심이 없다. 나중에 사회가 치러야 할 비용의 1/10, 아니 1/100 만이라도 지금 투입하고 관심을 가지면 될 터인데 모두가 너무 근시안적이다.

쟁점 3: 어느 학교 급까지 교육의 다양성을 도입할 것인가

학교의 다양성을 확보하는 것은 수요자중심의 교육으로 개혁하기 위한 전제조건이다. 소비자의 학교선택권은 거주 지역으로부터 통학 가능한 거리에 다수 학교가 존재해야 비로소 실질적으로 보장된다고 할 수 있다. 또한, 이들 학교가 획일적이지 않고 저마다 특색 있는 교육이념과 방법을 적용하는 다양성이 있어야 한다. 선택이 의미가 있으려면 여러 가지 대안 중에서 하나를 골라야 하기 때문이다. 그런데 유감스럽게도 현재 우리 학교들은 모두 획일화되어 있다. 고등학교 단계에 가서야 특목고, 자율고, 특성화고 등 겨우 10% 미만의 학교가 조금 다른 모습을 갖추고 있을 뿐이다. 이마저도 정부가 허용해주는 제한적 범위 안에서의 자유이지 정말 질적으로 다른 교육적 시도를 할 수 있을 만큼의 자유는 아니다.

이제 고등학교에 교육의 다양성을 도입하는 것은 피할 수 없는 대세가 되고 있지만, 초등학교 및 중학교에 대해서는 이상하리만큼 별다른 대책이 없다. 현재 고등학교가 봉착하는 교육문제의 본질이 초등학교, 중학교와는 아무런 상관이 없다는 말인가. 초등학교, 중학교에서는 교육수요의 다양성이라는 문제가 정말 존재하지 않는가. 아마 여기에는 의무교육이라고 하는 심리적 부담 때문에 교육의 다양성을 주장하기 어려운 금기 같은 것이 작용하기 때문으로 보인다.

똑같이 획일적인 학교가 최선이 아닐 수 있음은 다양한 교육적 수요를 가진 학생과 학부모들이 증가하는 데서 찾을 수 있다. 여기에는 초등학교, 중학교도 예외가 될 수 없음은 명확하다. 우선 초등학교만 보더라도 1990년 초등학교 1학년생의 중도탈락 비율은 0.08%에 불과했지만, 지난해 1.2%로 15배가량 늘었다. 2~6학년생은 90년 0.02%에서 지난해 0.2%로 10배로 늘었다. 초등학교는 의무교육이어서 법적으로 자퇴가 허용되지 않아 중도탈락률의 급증은 심각한 문제이다.

초등 1학년생의 경우 조기입학생의 학교 부적응으로 말미암은 중도탈락이 많지만 2~6학년생의 경우 40대 이혼과 맞벌이 부부 등이 늘어나면서 부모가 제대로 자녀를 돌보지 못해 가출이나 등교 거부 등으로 말미암아 중도 탈락하는 것으로 추정된다. 여기에 최근 몇 년간은 불법 조기 유학이 중도탈락의 원인이 되기도 했다. 초등학교의 불법 유학생 수는 1999년 1,650명에서 2009년 3,728명으로 늘었다.

결손가정의 증가든 불법유학생의 증가든 초등학교가 현재의 모습대로 운영되면 불가피하게 중도 탈락생이 나올 수밖에 없는 구조다. 이혼율이 높아지고 가족이 해체되며 조기 유학을 위해 기러기가 되기를 두려워하지 않는 학부모들이 즐비한 오늘날 학교는 과연 이들에게 어떤 대책을 내놓고 있는가. 여전히 고리타분한 형평성의 논리를 들이대면서 일부 예외적인 상황에 대처하려고 전체 학교교육의 틀을 흔들 수는 없다는 주장만 되풀이할 것인가.

우선 결손가정은 이혼, 미혼모 등의 증가로 앞으로 더욱 심각해지리라는 것이 전문가들의 공통적 견해다. 그리고 이들을 학교가 수용하려면 학교에서 숙식과 공부를 모두 함께할 수 있는 형태의 대안학교가 유일한 대책이 될 수 있음을 강조한다. 하지만, 정부에서는 이들 대안학교에 대한 재정지원에 인색하고 학력인정은 단호히 반대한다. 숙식과 공부를 함께하는 비인가 대안학교에 재정지원을 늘리게 되면 제도권 학교에 지원할 예산이 줄어든다는 이유를 든다. 또한, 이들에게 학력인정을 해주게 되면 국가교육과정이 무력화되기 때문에 예외를 인정할 수 없다고 한다. 모두 틀린 말은 아니다. 그러면, 중도 탈락생 문제는 어쩔 것인가.

다음으로, 불법유학생 문제는 더욱 심각하다. 학부모들의 관심이 높은 영어교육에 대해 우리 교육 당국과 학교가 만족할만한 대안을 내놓지 못함에 따라 학부모들은 사교육에 매달리고, 조기 유학에 눈을 돌리는 것이 현실이다. 그렇지만, 교육 당국에서는 초등학교에 원어민 교사 1명 배치하는 선에서 할 일 다 했다는 듯 한 태도를 보이고 있다. 국경이 개방되고 세계화가 진전되는 21세기에 교육경쟁력을 높이는 것은 국가경쟁력을 높이는 첩경이고 더는 미룰 수 없는 국가적 과제이다. 한국의 교육경쟁력이 열악할수록 국민은 자녀를 국외로 내보내고 이 과정에서 국부유출은 피할 수 없게 된다. 교육을 통해 유능한 인재를 만들어내지 못하면 기업의 경쟁력도, 국가의 경쟁력도 약화하고 국가는 쇠약해진다.

중도 탈락생 문제를 논외로 하더라도 초등학생, 중학생을 둔 학부모의 교육수요는 다양하다. 붕어빵처럼 획일적인 암기식, 주입식 강의위주의 교육보다는 스스로 체험하고, 느끼고, 관찰하는 학습에 관심 있는 부모들이 늘어나고 있다. 또, 학교에서 일방적으로 제시하는 시간표에 수동적으로 따라가기보다는 학생들이 관심 있는 과목, 이해도가 떨어지는 과목을 선택해서 집중적으로 학습하는 방식을 선호하기도 한다. 세분화된 과목보다는 통합형 교과, 프로젝트형 수업, 토론식 수업 등 다양한 교육방법이 있지만, 한국의 교실에서는 교사가 일방적으로 강의하고 학생들이 받아쓰는 60년대식의 일방적 강의 틀에서 벗어나지 못하고 있다.

고등학교에서 교육의 다양성을 인정한다면 마찬가지 논리로 초등학교, 중학교에서도 이를 수용해야 한다. 의무교육이기 때문에 사회통합과 민주주의를 위해 국민이 꼭 알아야 할 것을 모든 학교가 똑같이 가르쳐야 한다는 논리는 성립하기 어렵다. 스웨덴, 미국, 영국 등의 선진국에서는 의무교육이지만 교육의 다양성을 수용하는 것이 보편적 추세이다.

교육에 대한 관점이 지식의 전수로부터 역량의 함양으로 급속히 바뀌고 있다. 단편적 지식의 암기보다는 문제해결능력, 창의력, 상상력 등이 더 중요한 시대가 되고 있다. 이제 정형화된 형식지는 언제든지 컴퓨터에서 꺼내 쓸 수 있는 시대가 되었기 때문에 지식을 단순히 전달만 하는 방식의 교육은 점차 시대착오적이 되고 있다. 그렇지만, 우리 교육은 어떠한가. 광물이름을 외우고, 식물이름을 외우게 하는 식의 교육이 아직도 교실에서 이루어지고 있다. 원리를 가르치고, 그 원리를 어떻게 응용하여 문제를 어떻게 해결할 것인가를 훈련해야 역량이 키워지고 21세기를 살아가는데 유용하지 않을까.

'역량기반 교육'이 먼저 주목받은 곳은 학교가 아닌 기업이었다. 명문대학을 졸업한 수재들을 선발해도 막상 기업이 이들에게 업무를 부여하면 기대치보다 형편없는 경우가 많았다. 문서도 제대로 작성하지 못하고 프레젠테이션, 회의 등을 제대로 이끌어가지 못하는 것은 물론 거래처, 고객과의 상담 등을 진행하는 역량이 매우 떨어졌다. 한마디로 학교에서 이론과 지식은 너무 많이 배웠지만, 실제 기업 현장에서 부딪히는 다양한 상황과 문제들을 해결할 역량은 전혀 키우지 못하고 대학을 졸업한 탓이다.

발 빠른 기업들은 1990년대부터 리더십, 기획 능력, 발표 능력 등 기업인이 갖춰야 할 역량을 길러주기 위한 교육을 직원들을 대상으로 시작했다. 역량에 대한 관심이 학교 교육현장에 들어온 것은 불과 10년 전이다. 2000년대 초에야 학생들이 사회에 진출했을 때 맞닥뜨리게 될 환경에 잘 대처할 수 있도록 교육과정을 바꿔야 한다는 주장이 제기되었다. 이 주장을 가장 먼저 받아들인 곳 중 하나가 캐나다 퀘벡 주다. 퀘벡은 2001년부터 '역량기반 교육과정'을 도입해 시행하고 있다.

하지만 우리나라의 경우 '역량기반의 교육'은 아직 먼나라 이야기다. 지식 중심의 획일적 교육방식을 해체하고 다양한 교육적 시도를 통해 21세기형 인재를 키우는 방향으로 변화하려면 초등학교 단계부터 교육의 다양성을 확대할 필요가 있다.

10장

학교선택권 교육개혁의 방향과 10대 개혁과제

한국교육에 대한 10대 불만

한국교육의 문제점을 지적할 때 교육과학기술부 공무원들이 반박하기 위해 즐겨 쓰는 통계가 있다. OECD가 44개 국가의 만 15세 학생들을 대상으로 실시한 학업성취도 국제비교, 즉 PISA에서 한국의 종합 성적이 핀란드에 이어 2위라는 사실이다. 한국의 교육성과가 객관적으로 국제 최고수준에 있는데 무슨 문제가 있다고 그러냐는 투다. 미국의 오바마 대통령이 틈만 나면 칭찬을 아끼지 않는 것이 한국교육이니 교육 관료의 주장이 전혀 일리가 없는 것만도 아니다.

그러나 길을 막고 한번 물어보라. 초중등 학생을 둔 학부모에게 한국교육이 세계 최고수준이라고 주장한다면 코웃음 칠 사람이 한둘이 아닐 것이다. 세계 최고수준의 점수가 학교교육의 성과라기보다는 학생, 학부모의 희생으로 성취한 것이라는 생각 때문이다. 한참 친구들과 뛰어놀 시기에 학교, 학원을 전전하며 반복학습에 시달리는 학생들, 비싼 학원비, 과외비 대느라 등골이 휘는 학부모의 희생이 없었다면 최고 점수는 불가능하였으리라. 한마디로 한국 교육경쟁력의 원천은 교육관료, 학교, 교사의 열정과 노력의 산물이 아니라 국민의 높은 교육열 덕분이라 할 수 있다.

실제 증거도 있다. 한국직업능력개발원 채창균 박사의 연구에 따르면, 2006년도 57개국의 PISA 수학점수를 분석한 결과 한국의 평균점수는 547점으로 세계 4위이지만, 공부시간이 세계최고 수준이어서 공부시간당 점수는 세계 48위에 그쳤다고 한다. 한강의 기적을 일군 것이 세계 최장의 노동시간으로 골병든 부모였다면, 세계 최고 수준의 성적표를 받아 쥔 우리 학생들은 세계 최장의 학습시간이라는 스트레스에 고통받고 있다.

학생들이 받는 고통은 실제 통계로도 확인된다. 통계청에서 발표한 「2010년 청소년통계」에 따르면 15~19세 연령층의 10명 중 7명은 학교생활에서 스트레스를 느낀다고 응답하였다. 사정이 이러함에도 PISA 성적표를 근거로 한국의 공교육 경쟁력이 높다고 주장할 수 있을 것인가. 교육 당국, 학교, 교사가 다른 OECD 선진국의 경쟁자에 비해 정말 더 효과적으로 열심히 정책을 입안하고 가르쳤다고 자부할 수 있는가. 혹시 학생과 학부모를 무한경쟁의 미궁에 빠뜨리고 그 결과로 얻은 상처뿐인 영광은 아닌지 자문해볼 일이다.

이제 한국교육에 대한 불만을 교육수요자인 학부모의 입장에서 정리해보자.

첫째, 사교육비 부담이 과중하다.
둘째, 학부모의 교육선택권이 보장되지 않는다.
셋째, 교사가 학습의 조력자가 아니라 지배자가 되려고 한다.
넷째, 자녀를 안심하고 학교에 보내기 어렵다.
다섯째, 교육의 다양성이 결여되어 있다.
여섯째, 반복학습, 문제풀이 중심의 죽은 교육을 하고 있다.
일곱째, 학생만 경쟁하고 교사와 학교는 뒷짐 지고 있다.
여덟째, 독서, 예능, 체육 등 기초교육이 빈약하다.
아홉째, 도서관, 체육관 등 교육시설이 빈약하다.
열째, 학부모와 교사 간의 소통, 협력이 부족하다.

첫째, 과중한 사교육비는 출산기피의 주요 요인으로 지목될 지경이니 이에 대해서는 긴 설명이 필요하지 않다.

둘째, 현행 공교육 시스템에서는 학부모의 교육선택권이 사실상 보장되지 않는다. 학교배정이 근거리 원칙에 의해 강제로 이루어지다 보니 학부모가 희망하는 학교가 있다고 하더라도 이사를 하지 않는 이상 해당 학교에 다니는 것이 불가능하다. 학부모가 교육선택권을 갖느냐는 교육의 주도권을 누가 잡느냐를 결정하는 중대한 의미를 담고 있다. 한국에서는 학부모의 교육선택권이 보장되지 않기 때문에 교육의 주도권은 교육공급자, 즉 학교와 교사가 갖게 된다. 이에 따라 학부모와 학생은 교사의 눈 밖에 나지 않으려고 교육에 대한 불만이 있다고 하더라도 쉽사리 표출하지 못하게 되고, 부당한 대우, 부실한 교육에 대해서도 눈감게 된다.

셋째, 학생에 대한 교사와 학교의 교육서비스 제공이 불충분하다. 이것은 학부모의 교육선택권과 연결된 문제로 교육의 주도권을 교육공급자가 쥐게 됨에 따라 나타나는 현상이다. 교사가 학생에 대한 상담자, 지원자, 조력자 역할을 하기보다 윽박지르고 군림하는 권위적인 경향을 띠게 된다. 학생 개개인에 대한 학습지원 및 학습 성과관리는 아예 시도조차 하지 않고 학급 전체의 통솔과 관리에 주력하게 된다.

넷째, 학생들의 안전, 교내폭행, 왕따 등의 문제에 대해 학교와 교사가 적극적인 역할을 하지 못하고 있다. 학교에 외부인의 출입이 아무런 통제 없이 무시로 이루어지고 학생 간의 폭행, 왕따 등이 벌어지더라도 학교 차원에서 적극적으로 해결하려는 의지가 약하다. 학교에서 불미스러운 일이 발생했을 때 매뉴얼에 따라 처리하고 재발방지 조치를 강구하기 보다는 문제를 덮고 은폐하려는 경향이 강하다. 문제 학생, 문제 교사에 대해 주로 내려지는 전학이나 전근 조치와 같이 폭탄을 다른 학교에 떠넘기려는 식의 미봉책이 대표적인 사례이다.

다섯째, 교육의 다양성이 부족한 문제이다. 같은 학년이라고 하더라도 학생들의 학력, 학습능력, 관심이 모두 다르지만, 우리 교육에서는 이를 인정하지 않고 교육과학기술부에서 정한 커리큘럼, 시수, 교육내용을 철저히 준수하도록 하고 있다. 지식교육, 인성교육, 창의성교육 등 학교교육에 대한 학생과 학부모의 기대와 욕구가 다양하지만, 현행 학교시스템에서는 이를 흡수하는 방법이 전혀 없다. 또, 시도조차 이루어지지 않는다.

여섯째, 반복학습, 문제풀이 중심의 죽은 교육을 하고 있다. 교육목표가 상대평가를 통한 등급부여에 있기라도 한 것처럼 동일유형의 문제를 반복해서 풀도록 하고 무의미한 '실수 안 하기 경쟁'에 아이들을 몰아넣고 있다. 창의력을 높이려면 학생들의 흥미 유발과 체험학습이 중요하지만 개발 연대식의 암기위주, 반복학습, 문제풀이가 종식되지 않고 있다.

일곱째, 학생은 죽어라고 공부하지만, 교사와 학교는 사실상 방관하고 있다. 일부라고 믿고 싶지만, 학생들이 학원에서 선행학습을 하고 학교에서는 사교와 휴식을 취한다는 말조차 떠돌고 있다. '방과후학교'라고 해서 수업시간 이외에 보충수업을 하고는 있지만, 학교에 학생을 오래 붙잡고 있을 뿐 실질적인 학습효과나 교육욕구 충족에는 의문이 든다.

여덟째, 독서, 체육 등 기초교육이 빈약하다. 단기 성과주의에 묻혀 학생의 장기적이고 지속적인 학습능력의 배양에는 소홀한 측면이 있다. 아동기의 독서지도, 체력관리는 일생을 살아가면서 필요한 기초능력이라 할 수 있으나 우리 교육은 점수위주의 경쟁에 지나치게 경도되어 과목중심, 지식교육 중심으로 흐르고 있다.

아홉째, 도서관, 체육관 등 시설이 빈약하다. 우리 학교시설에서 시급히 확충해야 할 것이 도서관과 체육관이다. 도서관에 충분한 규모의 장서를 비치하고 학생들이 자유롭게 이용하도록 함으로써 독서가 어렸을 때부터 몸에 배도록 해야 한다. 학교 도서관이 확충되면

가계의 도서구입비 부담도 줄고 저소득층 학생들의 교육여건도 개선하는 효과가 있다. 아울러 비만 오면 물바다가 되는 학교운동장에서는 운동하기가 불가능하므로 전천후로 운동할 수 있는 실내체육관을 확충하여 체력관리에 소홀함이 없도록 해야 할 것이다.

열째, 학부모와 교사 간의 소통, 협력이 부족하다. 학부모의 교육에 대한 관심과 열의는 높으나 학교에서 적절한 참여의 기회, 방법을 제공해주지 못하고 있다. 이에 따라 학교와 학부모 간의 소통이 원활하지 못하고 학생의 학습, 인성교육 등을 효과적으로 하기 위한 협력도 이루어지지 못한다.

학부모의 이러한 불만들을 없앨 방법은 어디에서 찾아야 할 것인가. 이 문제가 바로 이 책 전체의 핵심적 주제이다. 코페르니쿠스적 발상의 전환을 하지 않고서는 난마처럼 얽힌 한국교육의 문제를 풀 수 없다는 생각이다. 코페르니쿠스적 발상의 전환이란 무엇인가. 태양이 지구의 주위를 돈다는 고정관념을 버리고 지구가 태양의 주위를 돈다는 역발상을 해보자는 것이다. 교육에서 역발상이라면 무엇일까. 교육과학기술부, 학교, 교사 등으로 대표되는 공급자 중심으로 짜이고 운영되고 있는 교육을 수요자 중심으로 확 바꾸는 것은 아닐까.

교육소비자인 학부모들이 가진 학교교육에 대한 불만은 많은 부분이 교육공급자들이 자신들 중심의 사고방식에 젖어 있기 때문에 발생하는 것들이다. 학부모나 학생이 어떻게 생각하든 공급자로서 편한 것, 가능한 것, 힘들지 않은 것만 하려고 하는 소극적이고 이기적인 자세 말이다. 소비자의 목소리에 귀 기울이지 않는 기업이 없듯이, 학교가, 교사가, 교육 당국이 학부모와 학생들의 요구에 반응하게 하려면 공급자의 손에 쥐어진 권력을 학생과 학부모에게 되돌려주어야 한다.

공급자 중심의 교육을 수요자 중심으로 바꾸려면 학생과 학부모에게 성실히 교육서비스를 제공한 학교, 교사가 승진하고 우대받을 수 있도록 제도를 뜯어고쳐야 한다. 교사가 윗사람에게 잘 보이려고 경쟁하기보다 학생을 잘 가르치려고 경쟁하게 만들어야 한다. 교장이 시도교육청에 밉보이지 않으려고 신경 쓰는 것이 아니라 학부모를 만족시키고 노력하게 하여야 학교가 살아나고 교육에 대한 불만이 제로가 될 수 있다. 이것은 지금의 체제를 그대로 두고 교원평가, 학교별 학력평가, 정보공개만을 도입하는 방식으로는 이룰 수 없다.

교육수요자의 권리선언

해방 이후, 더 멀리는 근대적 교육이 이 땅에 도입된 이래 우리 교육을 규율한 것은 교과부를 정점으로 하는 교육청, 학교, 교사, 교원단체 등의 교육계였다. 달리 표현하면, 교육공급자의 관점에서 학교교육이 규정되고 제공되었다고 말할 수 있다. 이 과정에서 교육수요자인 학부모와 학생의 요구는 받아들여질 여지가 없었고, 교육의 획일성, 형평성에 대한 강조만이 있었다. 개별 학생들의 교육에 대한 요구, 불만이 학교교육을 통해 해소될 여지는 거의 없었기 때문에 학생이 교사를 신뢰하지 못하고, 교사는 무력감에 빠지고, 사교육이 창궐하는 악순환에 빠지게 되었다.

사교육을 받는 이유가 공교육에 대한 실망 때문인지, 아니면 학교에서 더 좋은 성적을 거두기 위한 경쟁심리 때문인지를 구분하기는 쉽지 않다. 공교육에 대한 실망 때문에 사교육이 창궐하고 있다면 공교육을 강화하고 개선하는 것이 해법이 될 수 있다. 반대로 학교에서 더 좋은 성적을 얻으려고 사교육을 받는다면 공교육을 아무리 개선하고 품질을 높이더라도 사교육을 줄이기는 원천적으로 불가능할 것이다. 내신을 강화하는 방식으로 공교육을 강화하면 내신을 위한 사교육이 기승을 부르는 것이 지금의 현실이다. 그러나 한 가지 분명한 사실이 있다. 학교교육이 지금과 같이 천편일률적이고 획일화되어 있는 한, 교육소비자들의 다양한 요구를 충족시키기는 불가능하다. 학교에서 원하는 교육을 받을 수 없다면 사교육에 의존하는 길 외에 도대체 무엇이 있겠는가.

국가교육과정에서 제공하는 표준적인 진도를 따라가지 못하는 학생이나, 선행학습을 통해 이를 이미 이수한 학생은 모두 학교수업에서 더는 얻을 것이 없다. 또한, 어떤 이유로 진도를 한 번 놓친 학생은 학교수업에서 다시 이를 보충할 기회가 없고 이것은 이 학생이 필사적인 노력을 하지 않는 이상 학업부진으로 귀결된다. 국가가 정한 초등학교 1학년부터 고등학교 3학년까지 12년간의 교육과정에서 한 순간이라도 한눈을 팔게 되면 다시는 같은 내용을 배울 수 없는 일방통행의 극치가 한국의 초중등 교실에서 벌어지고 있다.

우리나라에서는 학생이 소정의 학업성취를 했느냐와 무관하게 때가 되면 계속해서 한 학년씩 진급하고 또 상급학교에 진학한다. 그래서 이 과정에서 국가에서 정한 교육과정은 금과옥조처럼 지켜졌는지 몰라도 한번 진도를 놓친 학생은 점차 학교교육에 흥미를 잃게 된다. 유급제도를 두는 것이 오히려 그 학생의 학습권을 지키는 길이 될 수도 있건만 아무런 사후대책 없이 무조건 진급을 시켜놓고 아무도 책임지지 않는다.

물론 유급을 당하는 학생은 자존감에 상처를 입을 것이다. 하지만, 남은 학교생활에서 알아듣지도 못하는 수업을 계속 들어야 하는 고역은 피할 수 있을 것이 아닌가. 유급이 아니더라도 학업부진아에 대한 보충교육조차 신경 쓰지 않는 것은 정말 아이러니가 아닐 수 없다. 학생 개개인의 학업능력, 진도에 맞춰 개별화된 학습기회를 제공하지 않는 학교는 원천적으로 학원이나 사교육에 경쟁력을 잃을 수밖에 없다.

지금 대부분 학교에서는 암기식, 문제풀이, 반복학습, 핵심위주 학습방식을 채택하고 있다. 소위 명문대학에 진학하기 위해 불가피한 선택이라는 생각들이다. 하지만, 좋은 대학에 진학하고자 하는 최종목적은 같다고 해도 이를 달성하려는 교육방법에 모범답안이 있는 것은 아니므로 다양한 시도가 있어야 한다. 더구나, 상당수 학생이 학교의 이러한 교육방식에 염증을 느끼고 있지만, 이들이 선택할 수 있는 대안은 사실상 없다.

기초를 다지면서 실험, 상상력, 체험, 자기주도 학습을 확대하는 것이 더 맞는 학생들이 분명히 있지만, 공교육에서는 이러한 교육을 제공하지 않는다. 왜 모든 학교가 붕어빵처럼 똑같은 모습으로 똑같은 내용을 교육하면서 거기에 적응하지 못하는 많은 학생을 공부 못한다고 비난해야 하는가. 왜 학교가 즐거운 학습의 공간이 아니라 무조건 암기하고 외우고 시험 치는 무지막지한 공간이 되어야 하는가. 학생들은 디지털 세대로 앞서 있는데 학교는 구닥다리 아날로그 방식에서 한 치도 못 벗어나 70년대식의 구태의연하고 고리타분한 교육방식을 고수하는 현실이 비판받아야 하지 않을까.

이 모든 현상의 원인은 학교교육을 획일적 모습으로 재단하고 예외를 인정하지 않는 평준화 시스템에 있다. 국가가 교육의 모든 권한을 쥐고 가르칠 내용, 가르치는 방식을 규제하기 때문에 천편일률적인 학교교육이 제공되고 여기서 고통받고 신음하는 것은 우리의 어린 학생들이다. 공급자가 주도해온 교육을 수요자 중심으로 바로잡으려면 그동안 무시되어온 교육소비자의 선택권이 존중되어야 하며 이를 교육수요자로서 당당하게 권리선언 해야 한다. 학습의 주체이자 교육서비스의 수요자로서 당당히 자기 목소리를 내고 권리를 행사하자는 말이다.

첫째, 교육수요자의 학교선택권을 보장하기 위해 학교설립을 자유롭게 허용한다.

둘째, 교육소비자의 만족도 제고, 수요자중심의 교육서비스를 제공한다.

셋째, 교육내용, 교육방식을 둘러싼 학교, 교사 간 혁신을 위한 경쟁을 북돋는다.

첫째, 교육소비자인 국민의 학교선택권을 실질적으로 보장해주어야 한다. 붕어빵처럼 똑같은 학교를 만들어 놓고 선택하라는 것은 공급자의 횡포일 뿐이다. 교육선택권의 핵심은 학교선택권이다. 학교를 특성화하고 다양화하고 학교를 선택하도록 하는 것이 교육소비자의 선택권을 실질적으로 보장하는 가장 효과적인 방안이기 때문이다. 이를 위해서는 학교설립이 자유로워야 한다. 학교설립에 여러 가지 제한을 두어서는 학교설립이 이루어지기 어렵고 소비자의 학교선택권은 심각한 침해를 받게 된다.

둘째, 학교가 국가에서 정한 교육과정, 교육내용, 교육방법을 일방적으로 제공하는 기관이 아니라 교육소비자인 학생, 학부모의 요구에 능동적으로 반응하고 개별화된 교육서비스를 제공하는 수요자주도 기관으로 탈바꿈되어야 한다. 교육은 교사가 학생에게 한 방향으로 지식을 전달하는 것이 아니라 학생의 요구에 쌍방향으로 소통하고 피드백하는 방식으로 변화되어야 한다. 이 과정에서 최우선 순위에 두어야 할 것은 바로 교육소비자의 만족도를 높이는 것이다. 수요자가 만족하는 학교, 소비자 주도의 학교를 만드는 것이 교육개혁의 가장 중요한 목표가 되어야 한다. 학교가 제공하는 교육의 성과에 대해 학교가 책임지는 구조를 만들고 학교와 교사가 누구보다 앞장서서 교육혁신을 위해 경쟁하고 교육성과를 높이도록 만들어야 한다.

셋째, 교육의 질을 높이고 만족도를 높이기 위한 학교 간 경쟁을 활성화하며 교육과정, 교육내용, 교육방법 등의 혁신이 경쟁의 내용이 되도록 해야 한다. 우수학생을 선발하기 위한 학생 간의 점수경쟁은 원천적으로 배제하고 자유학교가 재정적 안정성을 가지면서 공

립학교와 경쟁할 수 있도록 재정지원에서 차별해서는 안 된다. 교육
과정, 교육내용, 교육방법 등에 대한 규제를 획기적으로 철폐하고 학
교와 교사에게 교육 전반에 관한 포괄적 자유를 인정해 학교 간, 교
사 간 경쟁을 실질적으로 확대한다.

10대 개혁과제

1) 자유로운 학교설립

수요자 주도의 교육, 교육만족도 제고, 학교선택권의 보장을 위한
핵심적 요건은 자유로운 학교설립이다. 거주하는 지역으로부터 실제
통학 가능한 거리 내에 선택할 수 있는 학교들이 많이 있어야 소비
자들의 선택권이 실질적으로 보장될 수 있다. 집 근처에서 선택할 학
교가 오로지 하나인 상황에서는 학교가 독점공급자의 지위를 갖게
되고 교육소비자의 선택권은 보장되기 어렵다. 그러나 현재 학교설립
에 대해서는 많은 규제가 있기 때문에 교육소비자의 선택권이 보장
될 정도로 학교가 설립되기 어렵다.

첫째, 학교시설 요건을 대폭 완화할 필요성이다. 현행 법률상 학
교시설 요건에 따르면 운동장, 건물 등을 일정규모 이상으로 갖춰야
학교설립이 가능하다. 최소한의 교육시설을 확보토록 한다는 점에서
교육의 질 관리를 위한 사전규제로 볼 수 있으나, 이것은 지가가 높
은 도시지역에서 학교설립을 원천적으로 가로막는 장애요인이 된다.

운동장 등 체육시설을 갖춰야만 학교설립을 허가할 것이 아니라 스포츠센터 등의 임대를 통해 교육목적을 달성할 수 있으면 충분하도록 규제를 완화해야 한다. 운동장이 없는 학교도 설립할 수 있도록 해야 지가가 높은 도시지역에서도 학교설립이 활성화될 수 있다. 또는, 기존 공립학교를 둘로 나누어 복수의 학교를 만드는 방법도 고려해 볼 수 있다. 대규모 학교가 갖는 규모의 경제는 교육의 획일성을 피하기 어려워서 학교를 특성화하고 다양화하려면 소규모 학교를 다수 만드는 전략이 유효할 수 있다. 이를 위하여 도시지역의 대규모 학교를 운동장 등 공용시설은 같이 활용하되 학교법인은 분할하여 복수로 만듦으로써 교육의 다양성을 보장해주고 소비자가 선택할 수 있도록 개혁하는 안을 검토해 볼 수 있다.

둘째, 영리법인의 학교설립을 허용한다. 현재는 비영리법인만이 학교설립 및 운영을 할 수 있기 때문에 영리기업 형태로 학교설립은 불가능하다. 교육의 공공성, 전문성을 확보하기 위해 영리법인을 배제하고 있지만, 이것이 교육의 다양성을 저해하고 혁신을 가로막으며 소비자 선택권을 제약한다는 점에서 재검토가 필요하다.

영리법인 허용의 이점은 스웨덴, 미국의 교육개혁 사례를 참고할 수 있으므로 여기서 자세한 설명은 생략한다. 다만, 영리법인의 전면 도입에 따른 부작용이 우려되므로 경제자유구역, 제주특별자치도와 같은 제한된 지역에서 시범적으로 실시하는 방안을 고려할 수 있다. 특히 경제자유구역은 외국학교에 대해 과실송금이 불허되어 원활한 사업추진에 애로를 겪는 만큼 영리법인의 학교설립, 과실송금 허용 등의 조치를 검토해볼 만하다.

이의 실시경과를 살펴 긍정적 효과가 기대된다면 그다음 단계로 학원 등 교육 유관 분야에서 일정규모 이상의 업체에 국한하여 영리학교 설립 허용 방안을 고려해 볼 수 있다. 이들의 교육 노하우와 혁신능력을 교육 분야에 접목시키면서도 교육공급 역량이 떨어지는 기업의 무분별한 진입에 따른 시장의 실패를 예방하는 효과적인 방안일 것이기 때문이다. 아울러 과도한 영리추구로 교육의 질이 저하될 여지를 사전에 예방하기 위해 일정수준 이상의 이익은 얻을 수 없도록 사전에 규제하는 방안을 도입한다.

셋째, 학교 설립 시 수요자 주도권이 보장될 수 있도록 일정 수 이상의 학부모들이 학교설립을 희망하는 경우 원칙적으로 허용하는 방안이다. 현재 학교설립허가권한은 정부 관료들이 갖고 있으며 교육소비자는 학교설립에 영향력을 행사할 수 없다. 교육청 공무원이 학교설립허가 여부를 결정하는 것은 교육의 품질을 유지하고 과도한 학교설립을 방지하기 위해 불가피한 측면이 있지만, 이 경우에도 그 허가의 요건이나 기준은 교육소비자의 수요나 만족도에서 찾아야 할 것이다.

'교육수요가 있는 곳에 학교공급이 있다'는 원칙에 따라 일정 수 이상의 학부모가 특정한 형태의 교육을 희망한다면 이를 인정해주자는 것이다. 소중한 자녀를 서툰 학교에 맡기려는 무모하고 무지한 부모는 없을 것이므로 일정 수 이상의 학부모들이 설립을 희망한다면 원칙적으로 허용해도 큰 문제는 없을 것이다. 다만, 학교운영목적, 커리큘럼, 학교운영역량, 학교운영계획 등에 대해서는 일정한 심사를 거치도록 할 필요는 있다.

2) 영리학교체인을 허용하자

자유로운 학교설립, 영리법인의 학교설립과 이윤추구 등의 허용은 필연적으로 복수의 학교를 운영하는 학교체인의 등장을 가져올 것이다. 학교체인은 행정기능을 담당하는 중앙조직이 있고 교육을 실행하는 개별학교들이 이에 소속되어 학교가 운영되는 시스템을 말한다. 이러한 학교체인은 규모의 경제를 가져와 교육방법 개발 및 적용상의 이점이 있고 학교관리 및 운영 면에서도 비용을 낮출 수 있는 등 효율성이 높아서 허용될 필요가 있다. 다만, 어떤 특정지역을 특정 학교체인이 모두 장악하여 교육의 다양성 및 소비자 교육선택권을 침해하는 독점공급자가 되지 않도록 관리할 필요는 있다.

학교체인은 실패한 공립학교를 치유하는 유효한 수단이 될 수 있다. 소정의 성과를 내는 데 실패한 공립학교를 어떻게 재생하느냐는 학교의 성공과 실패를 허용하는 교육개혁이 성공하기 위한 조건이다. 미국 차터스쿨의 경우 실패한 공립학교를 인수하여 이를 전문적으로 재생시키는 'Green Dot School'과 같은 학교기업이 활약하고 있다. 학교체인은 같은 교육모델을 여러 학교에 체인형태로 적용하는 강점이 있기 때문에 실패한 학교를 처리하는 데도 효율성을 발휘할 수 있다.

여러 지역에서 학교를 운영하는 학교체인이 한 지역 학교의 수입을 다른 지역 학교에 투자할 수 있느냐도 검토될 필요가 있다. 학교체인의 교육품질을 일정하게 관리하고 전반적으로 높이기 위해 수입이 충분한 학교의 재정을 그렇지 못한 학교와 나누는 것은 형평성의 관점에서 바람직한 측면이 있다. 하지만, 학교가 바우처에 의해 100% 재정지원을 받는 상황에서 특정 학교의 수입을 다른 학교로 이전시키는 행위는 해당 학교 학생으로서는 교육의 질을 저하할 우려로 인해 부정적으로 비칠 수 있다. 그러나 학교체인의 이점이 규모의 경제에 있음을 고려한다면, 학교 간 재정수입의 공유와 이전 역시도 일정한 범위에서는 허용되는 것이 취지에 맞는다.

3) 교육재정 지원 방식을 바우처로 바꾸자

현재 우리나라의 교육재정 지원방식은 교과부-시도교육청-일선학교로 이어지는 수직적 재정교부 방식에 의존하고 있다. 국회에서 승인된 교육예산을 받은 교육과학기술부가 시도교육청에 예산을 교부하면 시도교육청은 다시 이를 관내 학교들에 배분하는 방식이다. 예산권, 인사권이 조직을 움직이는 가장 중요한 권한이라고 본다면 교과부는 재정지원을 통해 일선학교까지 모두 통제할 수 있는 절대권력을 모두 쥔 셈이다.

자유와 경쟁의 신자유주의적 사고가 확산됨에 따라 공급자 중심의 공교육 체제에 수요자의 요구와 기대를 좀 더 적극적으로 반영하라는 압력이 높아지고 있다. 이에 따라 교육제도에도 학력평가, 교원평가, 학교선택제 등 커다란 변화가 나타나고 있다. 교육 바우처 제도는 공급자 중심으로 짜인 기존의 공교육 체제를 수요자 중심으로 바꾸기 위한 중요한 수단으로 논의되고 있다.

바우처 제도는 다음과 같은 두 방식으로 운영될 수 있다.

첫째, 광의의 바우처 제도는 학부모들이 교육행정 당국에 교육비로 사용될 조세를 내고, 교육행정 당국은 학부모가 선택한 학교에 다닐 그들 자녀의 교육비를 지원하는 것이다. 학부모는 자녀가 취학할 학교를 평가하고, 선택한 학교에 바우처를 제출하면, 학교는 그 증서를 모아 이를 교육행정 당국에 제출하고 교육행정 당국으로부터 공교육비를 배분받는 제도이다.

둘째, 협의의 바우처 제도는 열악한 학교에 다니는 학생(특히, 저소득층, 장애인 등)들에게 1인당 교육비 범위 내에서 일정 금액을 지원하고, 해당 학생은 그 바우처를 가지고 자신이 원하는 학교(사립학교)에 등록할 수 있도록 하는 제도이다.

전자는 공공재원을 교육행정기관에 배분하던 종래의 교육재정 운영방식을 학부모에게 직접 지원하는 방식으로 변경하고, 학부모가 부담하는 교육경비 외에는 교육기관에 별도의 재정지원을 하지 않음으로써 학부모에 의하여 선택받지 못한 실패한 교육기관의 존립을 어렵게 하여 교육서비스의 질을 높이려는 것이다. 반면 후자는 저소득층 자녀가 사회경제적으로 열악한 가정환경 때문에 교육의 기회를 박탈당하는 일이 생기지 않도록 교육 접근기회의 평등을 실현하기 위한 제도라 할 수 있다. 이는 바우처 제도가 단순히 학생, 학부모에게 학교선택권을 부여하는 것뿐만 아니라 사회경제적으로 불리한 학생들에게 원하는 교육을 받을 수 있도록 교육기회를 보장하여주는 복지 제도적 성격을 가지는 것으로 이해할 수 있다.

두 가지 바우처 제도는 상호 배타적이라기보다 보완적인 측면이 강하다. 즉, 교육소비자에게 학교선택권을 보장하는 시장 기능적 요

소를 강조하는 동시에 교육 소외계층에 대하여 교육기회의 실질적
균등을 보장하는 사회복지적 요소를 갖고 있다. 자유학교에 대한 재
정지원은 공립학교와 본질적으로 동등하게 보장한다. 공립학교와 자
유학교가 공정한 조건에서 경쟁토록 하려면 재정지원상 차별은 바
람직하지 않다.

4) 학교의 학생선발권을 폐지하자

자유학교 허용 시 가장 우려되는 현상은 자유학교가 교육혁신에
의해 성과를 내는 것이 아니라 우수학생을 선발하는 방식으로 성과
를 내려는 도덕적 해이 현상이다. 지금 인기를 끄는 외국어고등학교,
과학고등학교, 민족사관고등학교 등은 모두 중학교에서 성적 상위
1% 이내의 우수학생을 선별하여 교육성과를 올리고 있다는 점에서
과연 이들 학교가 무엇을 이바지하고 있는지 묻지 않을 수 없다. 일
부 연구에 따르면 특목고에서 두각을 나타내지 못할 학생들은 차라
리 일반고로 진학하는 것이 더 낫다고 한다. 이것은 무엇을 의미하
는가. 특목고가 교육프로그램을 혁신하고 효과적인 교수학습법을 적
용하기보다 우수한 학생을 뽑아 학생들끼리 경쟁토록 방치하고 있기
때문에 빚어지는 현상은 아닌지 의심된다.

학교가 학생을 선별하는 것은 학교공급이 부족한 상황을 전제로
한다. 반대로 학교가 아주 많다면 학생이 학교를 선택하는 것이 가
능해진다. 시장경제에서 우리가 소비하는 상품과 서비스는 모두 소
비자 선택을 전제로 하지만, 유독 교육만은 공급자가 수요자를 선택

한다. 예컨대, 외국어고등학교가 어떤 이유에서인지 학생들로부터 인기가 높다라면 외국어고등학교를 많이 설립하면 된다. 어차피 대다수 학생의 목적은 대학에 진학하는 것이고 학과나 전공에 제약이 있는 것도 아니어서 외고출신들이 많아진다고 해서 문제 될 것도 없다. 현재 학생과 학부모가 원하는데도 외고를 많이 만들지 못하는 이유는 평준화를 지켜야 하기 때문이다. 평준화에 대해서는 앞에서 충분히 논의했으므로 여기서는 더는 언급하지는 않겠다.

자유학교에 학생선발권을 부여하면 학습능력이 떨어지거나, 저소득층 학생들을 피하여 교육기회를 박탈당하는 불평등의 심화가능성도 있다. 학부모에게 인기 있는 자유학교의 등장은 충분히 예견할 수 있는 상황이고, 자유롭게 학교설립이 가능한 조건에서도 특정지역, 특정시기에 특정학교에 수요가 몰리는 상황은 피하기 어렵다. 이때, 학교가 학생선발권을 갖게 되면 사회적 취약계층을 피하고 특권층에 유리한 방향으로 운영될 가능성이 크다. 이렇게 되면, 자유학교가 계층이동을 방해하고 계층이 대물림되는 통로로 기능할 위험성을 갖게 된다.

이를 방지하려면 자유학교에 학생선발권을 주지 않고 선착순 혹은 추첨에 의해 입학기회를 제공하는 방안이 검토될 수 있다. 선착순이나 추첨으로 학생을 선발할 경우의 이점에는 몇 가지가 있다. **첫째**, 특정학교에 다니는 학생들이 비교적 다양하게 구성될 수 있고 학교가 표방하는 교육목적, 교육방법에 공감하는 학생이 모여들게 될 것이다. 평준화 체제가 거주지역에 따라 계층을 분리하는 문제가 심각하다고 한다면, 자유학교에서는 학교의 교육철학과 소비자의 선

호가 일치하는 조건에서 학교선택이 이루어질 것이고 이렇게 되면
학생의 계층구성이 더욱 다양화될 것이다.

 둘째, 자유학교의 학부모 계층구성이 다양하다는 것을 전제로 설
계, 운영되도록 함으로써 인기 있는 자유학교는 같은 모델을 전국적
으로 확산하는 것이 쉽도록 해준다. 특정 계층의 쏠림현상을 전제
로 계층구성의 특성에 적합하도록 학교가 설계, 운영되는 것을 방지
하고 학생들의 계층구성이 다양하도록 유도할 수 있다. 이렇게 되면
그 학교모델을 가지고 전국에서 학교를 설립하고 체인을 만드는 일
은 그리 어렵지 않게 된다.

 셋째, 학교교육의 파행을 가져오는 입시과열을 막을 수 있다. 사
실 입시에 의해 학생을 선발할 때 점수경쟁은 피할 수 없게 되고 교
육이 능력을 개발하기보다는 점수를 높이는 경쟁으로 변질할 가능
성이 크다. 점수경쟁이 대학입시에서는 불가피한 측면이 있다고 하
더라도 중학교, 고등학교에서 점수를 기준으로 학생을 선발하는 것
은 부작용이 크다고 생각된다. 특목고의 경우가 이를 단적으로 보여
준다. 지금 외고에 진학하려는 학생들은 초등학교 고학년부터 선행
학습을 하고 있고, 이 때문에 과외가 기승을 부리고 학교교육이 파
행되고 있다.

 어떤 자유학교가 학생과 학부모들 사이에서 인기가 높아 입학하
려는 대기자 명단이 길다고 가정해보자. 지금과 같은 상황이라면 학
교는 입학시험을 봐서 성적이 제일 좋은 학생들을 쏙쏙 골라가는 것
이 제일 이득이다. 학생들이 똑똑하니 학교에서 크게 노력하지 않아
도 대학입학 성과는 당연히 좋아지기 때문이다. 학교와 교사는 가만

히 앉아서 학교의 명성에 기대 학교를 운영할 수 있게 되니 교육혁신
은 애초에 불가능해진다.

성적에 의한 학생선발을 원천적으로 봉쇄하면 교육혁신을 하지 않
는 학교는 애초에 성과도 좋을 리 없다. 학생선발이 금지된 상황에서
도 어떤 학교의 교육성과가 좋다면 그것은 해당 학교의 교육프로그
램이 우수하기 때문일 가능성이 크다. 이 학교에 입학하려는 학생이
줄을 선다면 같은 모델의 학교를 더욱 많이 설립하여 공급부족을 없
애면 된다. 우수한 학생을 선발하여 올린 교육성과는 복제할 수 없
지만 우수한 교육프로그램은 충분히 복제할 수 있기 때문이다. 우
수한 교육프로그램을 많이 개발하고 수요가 있는 곳에 그러한 학교
를 많이 설립하는 것이야말로 학교선택권 개혁의 핵심적 가치이다.

5) 학교공시 시스템과 상담서비스를 제공하자

학교 간 경쟁이 유효하게 펼쳐지려면 소비자의 학교선택이 합리적
으로 이루어져야 한다. 소비자의 합리적 선택은 학교선택에 필요한
모든 정보가 소비자에게 비용부담 없이 제공되고 소비자들이 이러
한 정보를 정확하게 해석하여 판단을 내릴 수 있는 능력을 갖출 때
이루어질 수 있다. 대표적으로 공시시스템이 가장 발달한 것이 주식
시장이다. 회사의 회계정보가 분기마다 일반에 공표되고 투자에 필
요한 각종 정보가 실시간으로 공시된다. 특정 기업의 매출이나 기술
개발, 인수합병 등에 관해 시장에 어떤 미확인 소문이 돌면 그것이
사실인지를 해당 기업에 공식적으로 답변하도록 요구할 수도 있다.

이렇게 투자에 필요한 정보가 남김없이 공표되고 그것을 아무런 비용 없이 쉽게 활용할 수 있기 때문에 금융시장이 소문에 휩싸여 이성을 상실하는 일 없이 정상적으로 작동하는 것이다.

학교시장이 정상적으로 작동하게 하려면 몇 가지 장치가 필요하다.

첫째, 학교선택에 필요한 모든 정보, 예를 들면 교육목적, 학교의 특성, 학력평가 점수, 상급학교 진학현황, 교과별 수업시간, 교내 폭력건 수, 교사특성 등을 해당 교육청에서 인터넷으로 종합적으로 비교 검색할 수 있도록 제공해야 한다. 그래야 학부모들이 이러한 정보를 토대로 자신의 자녀에게 가장 적합한 학교를 선택하는 것이 가능해진다. 학부모는 공시된 학교정보를 토대로 기존의 학교처럼 암기식 공부를 시키는 학교로 보낼지, 아니면 기초를 다지고 창의력을 키우는 학교로 보낼지, 인성을 키우고 건전한 사고방식을 함양하는 학교로 보낼 것인지 선택할 수 있다.

둘째, 학부모의 학교선택을 지원하기 위한 상담서비스가 제공되어야 한다. 학부모가 학교선택에 필요한 모든 정보를 입수했다고 하더라도 어떤 학교를 선택하는 것이 학생에게 가장 좋을지 판단능력이 부족할 수도 있다. 이들을 위해 상담서비스를 제공함으로써 학부모의 정보수집 및 판단능력 부족이 그릇된 학교선택으로 이어져 자녀의 학력저하로 귀결되는 악순환을 예방할 수 있을 것이다.

이것은 마치 주식시장에 참여하고 싶지만 어떤 주식을 사야 할지 모르는 투자자에게 증권회사가 투자자문서비스를 제공해 주는 것과 마찬가지다. 상담사는 학생과 가구의 특성, 교육요구, 진로목표 등을 종합적으로 고려하여 이를 가장 잘 충족시켜 줄 수 있는 학교를 추천해 준다. 교육에 대한 특별한 요구가 없는 경우에는 집에서 가장 가까운 학교에 우선으로 배정될 기회를 주는 것도 한 방법이다.

6) 커리큘럼의 자유를 확대하자

학교선택권이 학교 간 경쟁을 통해 교육의 품질을 개선하고 수요자 만족도를 높이기 위한 핵심적 조건은 학교와 교사에게 자율권을 주는 것이다. 이것의 핵심은 획일적이고 엄격하게 교육내용을 규정하는 커리큘럼의 완화이다. 무엇을 가르칠 것인지, 어떻게 가르칠 것인지를 상세히 규정하고 교사와 학교의 교육적 자율권을 전면적으로 부정하는 커리큘럼이 있는 한, 교육의 다양성, 학교선택권은 유명무실해질 수밖에 없다. 붕어빵처럼 똑같은 내용을 가지고 붕어빵처럼 똑같은 순서에 따라 가르쳐야 하는 상황에서 학교가 무엇을 가지고 경쟁할 수 있겠는가.

결국, 현재와 같은 중앙집권적 학교통제 방식하에서 학교 간 경쟁은 교육방법의 혁신이 아니라 공부시간 경쟁으로 귀결될 가능성이 크다. 그런데 이마저도 정권에 따라 학교에서의 자율학습을 금지하기라도 하면 사실상 학교가 할 수 있는 것은 별로 없다. 획일화되고 중앙집권화된 학교교육에 평가의 잣대만 들이댄다고 해서 교육성과가 높아질 리 만무하다. 학업성취도 평가만을 강조하면 교사가 학생에 대해 공부하라는 압력, 감시, 통제를 강화할 가능성이 크고 학교가 무자비한 성적경쟁의 장으로 더욱 악화될 것이라는 우려만 증폭시킨다.

학교와 교사에게 경쟁할 수 있는 여지를 주자는 것이 커리큘럼의 자유 확대 조치이다. 학교와 교사가 경쟁해야 할 영역은 효과적인 교육방법을 개발해서 학생들이 좀 더 재미있고 효과적으로 학습할 수 있도록 도와주는 것이다. 적은 시간 공부하면서도 학습효과를 높이는 교육방법을 개발하는 것, 정보통신기술을 이용하여 교육방법을 혁신하는 것이 학교와 교사가 해야 할 일이고 이를 두고 경쟁이 활발하게 펼쳐질 때 우리 교육이 한 단계 도약할 수 있다.

지금처럼 학생을 오랜 시간 동안 학교에 잡아놓기 위해 자율학습을 강요하고 학생들에게 공부하라고 무조건 다그치는 낡은 방식에서 희생되는 것은 결국 학생들 뿐이다. 경제에서 생산성을 강조하는 것은 적은 시간 일하고도 높은 소득을 얻기 위한 선진화의 길이기 때문이다. 학교도 마찬가지다. 학생들이 적은 시간 공부하면서도 학습 성과는 높은 선진형 학교모델을 만들려면 커리큘럼의 자유 확대가 반드시 필요하다.

국가 차원의 커리큘럼을 완전히 폐기하고 학교와 교사에게 교육의 전권을 위임하는 것은 교육의 혼란을 가져올 우려가 있기 때문에 최소한의 커리큘럼은 정부에서 강제할 필요가 있다. 다만, 그 내용은 지금과 같이 전방위에 걸친 교육내용, 교수방법 등에 관한 사전적인 규제가 아니라 사후적인 교육의 성과에 초점을 맞출 필요가 있다. 혹은 미국과 같이 국가적 차원의 커리큘럼을 별도로 운영하지 않고 모든 자율권을 학교와 교사에게 부여하되 표준화된 시험을 통해 이를 간접적으로 강제하는 방식도 사용할 수 있을 것이다.

7) 교원자격 요건을 완화하자

교육의 수준은 교원의 수준을 능가할 수 없다는 말이 있다. 교사가 교육의 질을 결정하는 핵심적 요소라는 점을 강조한 것이다. 우수한 교원을 확보하고 이들이 교육에 열정을 발휘할 수 있도록 유인을 제공하는 것은 교육의 다양성을 높이고 고품질의 교육서비스를 제공하기 위한 핵심적 전제조건이다. 그런데 현재 사범대학, 교육대학, 일반대학 졸업자 중 소정의 교직과목 이수자 등에게만 교원자격을 부여하고, 교원자격증 소지자를 대상으로 시행되는 교사임용시험을 통과해야만 교원이 될 수 있다. 이러한 시스템에서는 아무리 유능한 인력도 교원자격증이 없으면 교사가 될 수 없다.

대표적인 것이 초등학교의 영어보조교사이다. 이들은 미국 대학에서 석사, 박사 학위를 받고 영어를 유창하게 잘하더라도 초등학교 정교사로는 임용되지 못한다. 바로 교원자격증이 없기 때문이다. 이것은 굉장히 불합리하다. 지금의 교원양성시스템 하에서는 사범대를 나왔어도 영어회화, 작문 등을 유창하게 할 수준이 되지 못함에도 이들에게는 정교사가 되는 길이 열려 있다. 반면, 미국에서 유학하고 유창하게 영어를 구사할 능력은 되지만 단지 교원자격증이 없는 경우에는 정교사가 될 수 없다.

이 밖에도 박사가 대학교수가 되는 데는 아무런 결격사유가 없지만, 초중등학교 교원은 될 수 없다는 것도 이해하기 어렵다. 대학교수는 교원이 아니고 그 무엇이란 말인가. 수학과를 나오면 수학교사가 될 수 없지만, 수학교육과는 가능하다는 발상도 이해하기 어렵다.

수학교육과에서 수학교육에 관한 대단한 기술을 가르치는 것도 아닌데 말이다.

우수인력의 교직진출을 활성화하려면 교원자격을 대폭으로 완화할 필요가 있다. 4년제 대학을 졸업하고 교육학 등 교사로서 갖춰야 할 기본적인 소양을 6개월 정도의 단기 훈련과정을 통해 갖추면 교원자격증을 부여하는 제도개혁을 생각해 볼 수 있다. 지금 원어민 교사를 배치하기 위해 많은 예산을 들이고 있지만, 우리 국민 중에서도 초중등학교 수준의 영어를 가르칠 역량이 충분히 되는 우수한 인력들이 많이 있다. 미국에서 유학하고 돌아온 주부, 주재원, 영문과 출신들……. 이들을 활용할 생각은 아예 하지 않고 무조건 원어민만 고집하는 것은 외화의 낭비고, 부족한 일자리를 빼앗기는 것이며, 우수한 한국 인력을 사장하는 것과 마찬가지다.

8) 교육의 책무성을 강화하자

교육개혁의 목적은 좋은 학교를 만들어 초중등 학교교육만으로 대학에 진학하고 취업을 하는 데 필요한 역량을 모두 학습할 수 있도록 하는 데 있다. 학교에 포괄적인 자율성을 부여하는 동시에 필요한 것은 책무성이다. 규율되지 않는 자유는 방종으로 연결될 수 있으므로 학교와 교사에게 교육의 질과 성과에 대해 책임을 묻고 성과에 대해서는 보상이 필요하다. 이를 위해서는 학교가 제공하는 교육의 질을 확인하고 점검할 수 있는 수단이 요청된다. 학교가 제대로 교육하고 있는지, 성과는 어떠한지를 학교 외부에서 모니터링 할 수 있어야 학교 내부의 도덕적 해이를 방지할 수 있다.

교육의 질을 보장하려는 조치로써 사전적 조치와 사후적 조치가 있다. 사전적인 조치로는 국가 차원의 커리큘럼을 최대한 자세하고 상세히 만들어 교육의 표준을 정하고 품질을 관리하려는 표준화 전략이 있다. 사후적인 조치로는 법과 규정에 따라 교육이 이루어졌는지, 불법이나 위법은 없는가를 따지는 감사가 있다.

커리큘럼에 의한 교육의 질 관리 전략은 앞서 지적한 바와 같이 교육의 획일성, 교사의 창의력과 혁신억제라는 부작용이 있다. 감사는 교육의 질이라는 최종적인 산출물을 점검하는 것이 아니라 법과 규정의 준수, 절차적 정당성을 주로 점검하는 관료주의적 접근이라는 한계를 갖는다. 교육의 질을 확인하기 위하여 감사를 통해 교사가 행하는 수업의 질이나 내용을 확인하고 따지는 것은 사실상 불가능에 가깝다. 또한, 감사는 감사를 받는 학교의 준비부담이 크고 감사자 역시 많은 시간과 인력을 투입해야 한다는 점에서 상시적인 감독수단으로 활용하기에는 한계가 있다.

이처럼 학교 상급기관의 감독과 사전적 규제에 의해 교육의 질을 유지하고 좋은 학교를 만드는 전략에는 한계가 분명하다. 학교에서 진행되는 일상적인 교육활동에 대하여 상시적인 감독과 모니터링이 곤란하고 수요자의 만족이라는 가장 중요한 요소가 반영되기 어려운 탓이다. 감사에서 점검하는 영수증, 공문처리, 상부보고 등의 항목이나 지표, 서류에 대해서만 중점관리하고 정작 교육의 질을 높이는 데 필요한 교안개발, 교육방법의 혁신, 수업의 질 제고, 학생 개인별 상담 등에는 무관심할 수 있다.

학교와 교사의 책무성이라는 관점에서 볼 때 가장 문제가 되는 것이 교원의 순환 근무제이다. 순환 근무제는 도시지역과 농어촌 지역 간 교사수준을 동질적으로 유지하는 장치로써 긍정적 측면이 분명히 존재한다. 또한, 특정 학교에 전속되어 있지 않기 때문에 관료제적 통제에서 벗어나 소신껏 가르칠 수 있도록 하는 이점이 있다. 하지만, 교사의 전문성을 쌓지 못하도록 하고 있을 뿐만 아니라 결과에 대해 책임을 물을 수도 없는 악순환의 고리가 되고 있다. 학교에는 주인이 없어졌고 교사들도 힘들어 봤자 몇 년 참고 다른 학교로 가면 된다는 인식이 팽배하다. 채용, 전보, 승진 등의 교원인사에 관해서는 교육청이 실질적인 권한을 갖고 있기 때문에 교장이 학교를 통제할 수단도 마땅치 않다.

학교와 교사에게 자율권을 부여해주더라도 성과가 좋지 않은 이들에게 책임을 물을 수 없고 좋은 성과를 낸 교사에게 충분히 보상이 돌아가지 않는다면 교육개혁의 효과는 기대하기 어렵다. 기업은 이익을 내지 못하면 종업원 급여가 삭감되고 살벌한 구조조정에 들어간다. 반면 생산성 향상 등을 통해 이익을 많이 남기면 성과급 파티를 여는 장치가 있기 때문에 시장경제가 발전한다. 창의력을 발휘하여 새로운 교육방법을 개발하고 학생 개개인의 특성을 파악하여 열정적으로 가르쳐 성과를 높인 학교 및 교사와 그렇지 않은 이들을 아무런 차이 없이 똑같이 대우해서는 학교교육이 획기적으로 나아지길 기대하기 어렵다.

학교에 책무성의 원리를 적용하려면 학교의 성과에 책임을 져야 할 교사가 그 학교에 계속 남아 있어야 하는 전제조건이 충족되어야 한다. 현재와 같이 교사가 4~5년에 한 번씩 주기적으로 학교를 옮겨 다니는 공립학교에서는 누구에게 책임을 돌릴 것인가가 불투명해지기 때문이다. 좋은 성과이든 그렇지 않든 그것이 누구에 의해 발생한 것인지를 알 수 있는 장치가 필요하며 순환 근무제는 폐지가 불가피하다.

교사가 한 학교에 안정적으로 머물러야 하는 중요한 교육적 이유 중의 하나는 전문성의 축적이다. 교사가 창의적인 교육과정을 개발하여 운영하면서 노하우를 축적하고 이를 학교 차원의 프로그램으로 확립하고 다른 교사와 공유하려면 상당한 시일이 소요된다. 더구나, 창의적인 교육과정의 개발과 적용에는 많은 시간이 소요되고 교육성과가 1~2년의 단기간에 발생하지 않을 수 있다. 순환 근무제 하에서는 교육과정의 개발이 교사 개인적 차원에서는 가능할지 몰라도 학교 차원에서는 교사의 전근과 더불어 그간의 노력이 물거품이 될 수 있다.

순환 근무제가 폐지되면 이와 더불어 교원임용제도 역시 바꿔야 한다. 학교가 다양화되어 있고 교육과정이 특성화되어 있다면 지금과 같이 획일적인 교원임용방식은 부적합해진다. 모든 학교가 같다는 전제하에 표준화된 교원을 선발하는 현행방식으로는 학교별로 특성화된 교육과정을 소화하는 것이 불가능해질 수 있다. 예컨대 토론식 수업과 참여형 수업을 중시하는 학교라면 학생과의 토론, 참여를 유도하는 능력이 중요할 것인데 현행 임용제도에서는 이러한 요소를 측정할 수 없다. 또한, 학교장에게 교원인사에 관한 전권을 주고 학교장이 그 성과에 대해 책임을 지게 하면 교장의 인사 전횡은 제어할 수 있을 것이다.

9) 실패한 학교의 출구전략을 마련하자

학교선택권을 보장하는 학교개혁은 학교 간 경쟁을 전제로 하기 때문에 필연적으로 실패한 학교를 만들게 된다. 자유학교의 설립과 학교 간 경쟁만으로 교육의 질이 저절로 좋아지고 좋은 학교가 만들어지는 것은 당연히 아니다. 미국은 각 주 정부의 예산으로 설립되지만 학교에 독립적 권한을 주어 자율적으로 운영되는 공립학교인 차터스쿨(charter school)을 운영하여 긍정적인 평가를 받고 있다. 하지만, 차터스쿨이 학력평가에서 상대적으로 낮게 평가되어 교육의 질에 대한 의문이 이는 점이 대표적인 사례이다.

따라서 학교설립의 자유에 따른 부실 학교의 양산을 막으려면 제도개혁의 초기에 한하여 과도기적인 질 관리 정책이 필요해 보인다. 예컨대, 학교설립에 대한 진입 장벽을 완전히 없애기보다 과도기적인 조치로써 교육관련 업종의 기업이나, 일정규모 이상의 학원에만 설립자격을 부여하는 방안을 검토해 볼 수 있겠다. 학교선택 개혁이 성공하려면 '자유학교=좋은 학교' 라는 질 관리를 통해 기존 학교와의 경쟁이 실질적으로 이루어질 수 있도록 시장을 만들어 가야 한다. 이것이 어느 정도 정착되면 진입 장벽을 완전히 없애고 완전 경쟁적 시장으로 만들 수 있을 것이다.

이러한 조치를 했음에도 공립학교, 자유학교에서 실패한 학교가 나오는 것은 피할 수 없다. 실패한 학교라는 판단은 바우처 제도에 의해 이루어진 선택의 결과를 존중하는 방법과 교육의 산출물인 학력평가점수 등과 같은 시험성적을 활용하여 개별학교 교육의 질을 평가하는 두 가지 방식이 있을 수 있다. 두 가지 방식을 모두 적용하여 일정 수준 이상의 교육서비스를 제공하는 데 실패한 학교를 식별하고, 일정 기간의 유예기간을 부여했음에도 개선실적이 없다고 판단될 때는 부득이 학교를 폐쇄해야 한다. 자유학교가 폐쇄되는 경우에는 일반기업과 같이 처리할 수 있을 것이므로 인수합병을 하든지, 청산을 하든지 복잡한 문제는 발생하지 않을 것이다.

공립학교일 경우에는 다소 복잡한 문제가 존재할 수 있는데 **첫째로** 학교자산의 처리문제이다. 이를 해결하려면 공립학교를 인수하겠다는 자유학교에 소정의 심사와 절차를 거쳐 학교를 공개매각하고 신속히 학교를 신설하여 운영토록 하는 방법을 도입할 수 있다. **둘째로** 교사의 고용승계 문제이다. 공립학교는 공무원 신분을 갖기 때문에 고용보장을 어디까지 할 것인가가 관건이다. 교사의 수준이 교육의 품질을 결정한다는 격언에서 보듯이 학교실패에 가장 커다란 영향을 미치는 요인은 교사의 낮은 자질일 가능성이 크다.

실패한 공립학교에 근무한 교사 전원을 신설되는 자유학교가 승계해야 한다면 새로 설립되는 학교 역시 실패의 위험에서 벗어나기 어렵다. 계속되는 실패는 결국 학생과 학부모에게 부담이 될 수밖에 없으므로 실패의 확률을 낮추려면 교사의 선별승계를 허용해야 한다. 객관적인 평가를 통해 문제교사를 제외하고 고용 승계하는 방안이 현실적이다.

10) 일반계고와 전문계고를 통합하자

지금 한국의 전문계고는 위기에 놓여 있다.

첫째, 전문계고 졸업생의 진로선택이 변화됨으로써 전문계고의 설립목적과 기능이 당초의 구상과 완전히 달라졌다. 설립 당시 전문계고는 기능 인력의 산실로써 졸업 후 취업을 희망하는 학생들이 직업교육을 받으려고 입학하던 학교였다. 그러나 오늘날은 전문계고 졸업생의 74%가 대학에 진학하고 취업률은 불과 17%에 그칠 정도로 환경이 급변했다. 학생들의 취업을 준비시키기 위한 직업교육은 거의 유명무실해졌고 대학진학을 위한 일반교육이 더욱 중요해졌다.

둘째, 학령인구의 감소와 전문계고에 대한 부정적 인식으로 불과 10년 사이에 전문계고 학생 수가 절반 가까이 줄어들었다. 1999년 전문계고 졸업자 수는 29만1천 명이었지만 2009년에는 15만1천 명으로 무려 14만 명이 감소했다. 2009년 현재 전문계고 학교 수는 691개교로서 1999년에 비해 71개 감소하였다.

셋째, 중도 탈락생 문제가 더는 방치할 수 없는 심각한 상황이다. 전문계고의 학업 중단자 수는 2009년 18,305명으로 일반계고의 16,145명에 비해 2천 명 이상이 많다. 일반계고 학생이 전문계고의 3배 가까이 되는 점을 고려하면 전문계고의 학업중단 문제가 심각한 수위에 이르렀음을 보여준다.

넷째, 전문계고를 대학진출의 통로로 만든 특별전형 제도의 폐해다. 고사위기의 실업교육을 살리고자 2004년에 대학 입학 시 정원 외 특별전형으로 3%를 전문계고 학생으로 뽑도록 법제화하고 2008

학년도부터는 이를 5%로 확대하였다. 이에 따라 중학교에서 어느 정도 공부 좀 하는 학생들은 대거 전문계 특성화 고등학교로 몰린다. 잘 나가는 전문계고 중에는 이미 특성화 고로 변신하여 중학교 성적 상위 15% 이내 학생을 대상으로 선발하는 전문계고가 등장했다. 과거 중학교 성적 상위 40~50%대를 대상으로 선발했던 전문계고는 이제 20%대로, 70~80%대를 대상으로 한 곳은 40%대에서 선발할 정도로 기준을 높이고 있다. 서울은 중학교 성적이 60%만 넘어도 진학할 전문계고를 찾아보기 어렵게 되었다. 이에 따라 서울의 경우 일반계고는 중학교 성적 하위 5%를 제외하면 누구나 갈 수 있는 학교로 전락하여 역차별 문제마저 우려되는 상황으로 치닫게 되었다.

다섯째, 농업, 공업, 상업, 수산, 가사 등으로 편제된 전문계고의 전공이 과연 21세기 한국산업계의 인력수요와 맞느냐는 문제다. 3D로 대표되는 제조업 기피현상이 존재하고 고학력화로 대졸 실업문제가 심각한 상황에서 고졸자가 취업시장에서 만족할만한 구직성과를 내기는 사실상 불가능해졌다. 취업이 된다고 하더라도 중소기업, 비정규직, 단순기능 일자리가 대부분인 상황에서 전문계고에서 배운 것을 가지고 학생 본인의 눈높이에 맞는 일자리를 구하기는 대단히 어렵다. 경제의 서비스화에 맞춘 실업교육의 재편, 창업을 염두에 둔 전문적 교육프로그램의 도입 등과 같은 직업교육의 패러다임 전환이 요청됨에도 전문계고는 아직도 산업화 시대의 기능인력 양성에서 크게 벗어나지 못하고 있다.

이처럼 전문계고가 당면하는 도전을 극복하려면 전문계고라는 구분을 폐지하는 것이 대안이 될 수 있다. 즉, 고등학교를 일반계고교,

전문계고교로 구분하지 말고 그냥 고등학교라는 하나의 통속에 넣자는 것이다. 학생들이 원하는 것이 대학진학인 상황에서 현재와 같이 취업을 전제로 일반계고와는 다른 커리큘럼, 교원, 학교시설 등을 별도로 규정한 전문계고가 왜 존속해야 하는지 의문이다.

대학진학률 80%가 고학력화를 향한 더는 높아질 수 없는 마지노선이라고 한다면 고교에서 배운 것으로 세상을 살아가야 하는 20%의 학생들은 여전히 남는다. 문제는 이 20%의 학생들이 모두 전문계고에만 있는 것이 아니라는 점이다. 일반계고에서도 대학에 진학하지 않고 취업하는 학생들이 3,000명이나 있다. 물론 무직이나 미상까지 합치면 6만 명쯤 되지만 이들 중 상당수는 재수하리라고 보면 3,000명보다는 훨씬 많을 것으로 추정된다.

현재와 같이 일반계고, 전문계고로 나눈 상태에서 고등학교만 마치고 취업할 학생들을 모두 '전문계고등학교'라는 간판 아래 모으는 방법은 사실상 없다. 일반계고에 진학했지만, 취업을 희망할 수도 있고 전문계고에서도 진학할 수 있다. 이러한 상황에서 전문계고에 진학한 학생들에게 대학 진학 시 정원 외 특별전형과 같은 특례를 주는 정책은 도무지 앞뒤가 맞질 않는다.

전문계고가 사회적으로 차별받는 계층의 자녀만 입학하는 학교이기 때문에 사회적 배려가 필요한 것인가. 아니면 전문계고로 아무도 진학하려고 하지 않으니 당근을 주는 차원에서 대학입시에 특혜를 주는 것인가. 후자라면 아무도 가지 않으려는 전문계고를 왜 계속 존속시켜야 하는가. 전문계고를 문 닫을 수는 없으니 학생을 확보해야 한단 말인가. 그런데 누구를 위해서? 전문계고 선생님을 위해서?

어차피 직업교육을 해도 다수가 대학에 진학하는 상황에서 도대체 왜 전문계고가 필요한 것인지 진지한 성찰이 필요하다. 설사 취약계층만이 전문계고에 다니기 때문에 대학특례 정책을 도입했다고 치더라도 대학입시에서 특혜를 주는 정책이 도입되고 중산층, 상류층 가릴 것 없이 몰려들 것은 자명하다. 정책을 도입하기 전과 정책을 도입한 후의 전문계고 학생구성이 달라진다는 말이다.

대학에 진학하지 않고 곧바로 취업할 20%의 학생들을 위한 직업교육은 여전히 필요하다. 다만, 그 방식이 전문계 고교라는 카테고리를 따로 지정하기보다는 고교의 선택에 의해 직업교육에 중점을 둘 수 있도록 커리큘럼을 비롯한 각종 규제를 완화해주면 넉넉하다. 예컨대 특성화 고교에 대하여 다양한 교육상의 재량권을 부여한 것과 마찬가지의 조치를 도입할 필요가 있다. 이렇게 하려면 현행과 같이 교과부와 교육청이 가진 중앙집권적 권한을 학교와 교사에게 상당 부분 위임하고 중앙정부에서는 교육의 큰 방향을 설정하는 정책기능과 학교 및 교육청의 책무성을 묻는데 주안점을 두어야 할 것이다.

이렇게 되면 모든 고등학교는 궁극적으로 특성화되어야 한다. 이제 직업교육과 일반교육을 이분법적으로 구분할 필요도 없어지게 된다. 모든 고등학교가 공통으로 배워야 하는 공통과목의 수와 시수를 획기적으로 축소하고 나머지 과목들은 학교의 자유재량 선택에 의해 다양하게 제공할 수 있도록 바꿔야 한다. 예컨대 모든 고등학교에서 국어, 영어, 수학, 과학, 사회과학, 예체능을 의무적으로 배우도록 하고 나머지 시간에는 학교가 자유로운 선택에 의해 특성화된 전공과목을 가르칠 수 있도록 자율성을 주어야 한다.

의무과목과 선택과목 간의 시수 조정은 스웨덴 등의 사례를 참고할 수 있을 것이다. 선택과목에는 국어 심화, 영어 심화 등과 같은 일반교과, 자동차, 대체에너지 등과 같은 직업 교과 등이 학교마다 특색 있게 제공되도록 하면 된다. 학생들은 자신의 필요에 따라 학교를 선택하고 선택과목을 공부하도록 하면 대학에 진학해서 계속 공부를 하든지, 취업을 하든지 큰 충돌없이 직업교육과 일반교육을 소화할 수 있게 될 것이다.

교육인적자원부(2007).『대안교육백서 1997~2007』.

교육인적자원부(2010). 「고교체제 개편, 학교자율화 등을 위한 초중등 교육법시행령 일부 개정령안」. www.mest.go.kr. 법령정보 (2010.1.28).

김태연(2008). 『대안학교와 대안교육정책』. 한국학술정보(주).

박두영(2008). 『노벨과 교육의 나라 스웨덴』. 북콘서트.

이우학교(2009). 『이우고등학교 교육계획 2010학년도』. 이우학교.

정광필 외(2008). 『이우학교 이야기』. 갤리온.

堀 眞一郎(2009). 『增補 自由學校の 設計』. 黎明書房.

Anders Björklund et. al.(2006). *The Market Comes to Education in Sweden: An Evaluation of Sweden's Surprising School Reforms*. Russell Sage Foundation Publications.

__________(2004). *Education, equality, and efficiency−An analysis of Swedish school reforms during the 1990s*. IFAU

Anders Böhlmark(2008). "Does School Privatization Improve Educational Achievement? Evidence from Sweden's Voucher Reform". Discussion Paper Series IZA DP No.3691. Institute for the Study of Labor.

Anders Böhlmark & Mikael Lindahl(2007). "The Impact of School Choice on Pupil Achievement, Segregation and Costs:

Swedish Evidence". Discussion Paper Series IZA DP No.2786. Institute for the Study of Labor.

Anders Fredriksson(2009). "On the Consequences of the Marketisation of Public Education in Sweden: for-profit charter schools and the emergence of the 'market-oriented teacher' ". *European Educational Research Journal.* Vol.2. No. 2.

Caroline M. Hoxby(2003). *School choice and school competition: Evidence from the United States. Swedish Economic Policy Review.* No. 10. pp. 9-65.

Centre for Educational Research and Innovation(2008). *Trends Shaping Education.* OECD.

Claudia Hepburn and John Merrifield(2006). "School Choice in Sweden-Lessons for Canada". *Studies in Education Policy.* Nov. The Fraser Institute.

Deb Yoder & Judy Rooney(2007). *Charter Schools-Moving to the Next Level.* Authorhouse.

Daisy Meyland-Smith & Natalie Evans(2009). *A guide to school choice reforms.* Policy Exchange.

Dick Carpenter & Scott Noller(2010). "Measuring Charter School Efficiency: An Early Appraisal". Journal of Education Finance. Spring. vol. 35. No. 4 pp. 397~415.

Jaap Dronkers & Peter Robert(2008). "Differences in Scholastic

Achievement of Public, Private Government—Dependent, and Private Independent Schools: A Cross—National Analysis". *Educational Policy.* Vol 22. No. 4. pp. 541~577.

Jeanne Allen and Alison Consoletti(2010). *Annual Survey of America's Charter Schools.* The Center for Education Reform.

John Merrifield(2008). "School Choice Evidence and Its Significance". *Journal of School Choice.* vol. 2. No. 3. pp.223~259.

Leigh Dingerson et. al. (2008). *Keeping the Promise?: The Debate over Charter Schools.* Rethinking Schools Ltd.

Linda Ronnberg(2007). "A Recent Swedish Attempt to Weaken State Control and Strengthen School Autonomy: The Experiment with Local Time Schedules". *European Educational Research Journal.* Vol. 6. No. 3. pp. 287~306.

Mark Berends et al.(2010). "Instructional Conditions in Charter Schools and Students' Mathematics Achievement Gains". *American Journal of Education.* Vol. 116. No. 3. May. pp.303~337.

Nihad Bunar(2010). "The Controlled School Market and Urban Schools in Sweden". *Journal of School Choice.* No.4.

pp. 47~73.

__________(2008). "The Free Schools "Riddle": Between traditional social democratic, liberal and multicultural tenets". *Scandinavian Journal of Educational Research*. Vol. 52. No. 4. pp. 423~438.

Odd Eiken(1994). "Reforming Primary Education: An Outline for Politicians Who Dare". *Journal of Education*. Vol. 176. No. 2. pp.7~14.

Ron Miller(2002). *Free Schools, Free People*. State University of New York Press, Albany.

Skarpnacks Fria Skola(2009). *Skarpnack Free School*.

Skolverket(2009). *What influences Educational Achievement in Swedish School?*. Davidsons.

__________(2009). *Educational results National level*. Report 325.

__________(2008). *Costs National level*. Report 316.

__________(2006). *Curriculum for the compulsory school system, the pre-school class and the leisure-time centre Lpo 94*. Skolverket.

__________(2006). *Schools like any other?-independent schools as part of the system 1991-2004*.

The Swedish National Agency for Education(2003). *School Choice and its Effects in Sweden*. Offprint of Report 230. Lenanders Frafiska.

Wilder Foundation(2010). "Progress in student academic achieve-
  ment-Evaluation of New City Charter School in 2008-
  09". *Wilder Research*. May.

OECD Statistics Online. www.oecd.org

www.youtube.com(2009). Did You Know-Shift Happens: Educa-
  tion 3.0.